摩托车维修入门

杨智勇 主编

金盾出版社

内 容 提 要

本书主要介绍摩托车维修入门知识，从初学者的角度，简明地介绍了摩托车的结构、主要零部件的拆装、检查调整、故障诊断与维修实例等方面的知识。

本书通俗、易懂、简明、实用，可供准备从事摩托车维修行业的战士、学徒工学习使用，也可供广大摩托车爱好者、驾驶人以及相关院校师生阅读和参考。

图书在版编目(CIP)数据

摩托车维修入门/杨智勇主编. —北京：金盾出版社，2017.1(2019.2 重印)
ISBN 978-7-5186-1112-6

Ⅰ.①摩…　Ⅱ.①杨…　Ⅲ.①摩托车—车辆修理—基本知识　Ⅳ.①U483.07

中国版本图书馆 CIP 数据核字(2016)第 282067 号

金盾出版社出版、总发行
北京市太平路 5 号(地铁万寿路站往南)
邮政编码：100036　电话：68214039　83219215
传真：68276683　网址：www.jdcbs.cn
双峰印刷装订有限公司印刷、装订
各地新华书店经销
开本：787×1092 1/16　印张：11　字数：260 千字
2019 年 2 月第 1 版第 3 次印刷
印数：6 001～9 000 册　定价：35.00 元

前　言

目前，摩托车维修已经成为我国社会上比较普遍、较容易就业的岗位。如何快速学习摩托车基本维修方法，初步掌握一技之长，早日走上就业之路，是每一位求职者关心的问题。为了满足准备从事摩托车维修行业的战士、学徒工、社会上的青年或打工者的就业需求，全面提高相关人员的综合素质和职业技能，我们组织编写了本书。

《摩托车维修入门》由长期在摩托车维修和教学工作第一线、具有丰富实践经验的教师和工程技术人员编写。本书以渴望学会一门技术、掌握一项专长的人为目标读者群，围绕初学摩托车修理人员所关心的问题，讲述了摩托车的基本结构、常见故障诊断、使用和维护等方面的知识。本书主要内容包括：摩托车的结构、主要零部件的拆装、检查调整、常见故障诊断与维修实例等。通过学习本书，可了解摩托车维修的基本知识和基本操作技能，掌握常用工具、机器、仪表使用方法，独立完成一般维护作业，熟悉故障诊断等上岗技能。

本书由杨智勇主编，参加编写的还有边伟、刘琦、李兵、侯伟、刘波、韩伟、王海、田立加、马军、段连信、季成久、惠怀策、刘柱、方晓辉、程相宽等。

本书通俗、易懂、简明、实用，可供准备从事摩托车维修行业的战士、学徒工学习使用，也可供广大摩托车爱好者、驾驶人以及相关院校师生阅读和参考。

由于水平所限，不足之处在所难免，敬请读者批评指正。

编　者

目　录

第一章　摩托车基础知识

第一节　摩托车常用术语

摩托车的常用名词术语一般分两大类。一类是关于摩托车发动机（汽油机）方面的，一类是有关摩托车整车方面的。

一、摩托车发动机常用术语

1. 摩托车发动机结构方面的常用术语

（1）二冲程汽油机。活塞经过两个行程完成一个工作循环的汽油机，如图 1-1 所示。

（2）四冲程汽油机。活塞经过四个行程完成一个工作循环的汽油机，如图 1-2 所示。

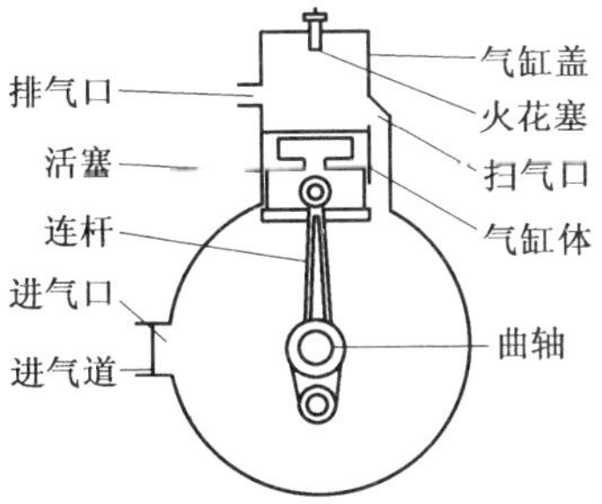

图 1-1　二冲程汽油机示意图

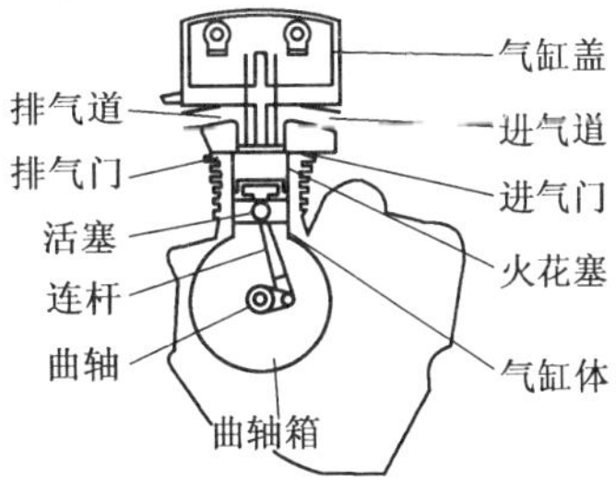

图 1-2　四冲程汽油机示意图

（3）风冷发动机。利用气缸体和气缸盖上的散热片在空气中自然冷却的汽油机，如图 1-3 所示。

（4）强制风冷发动机。靠与曲轴连接的风扇和导风罩将冷却风吹向散热片至机体周围，带走热量来实现冷却的发动机。

（5）气缸直径。气缸的内径，简称缸径，单位为 mm，如图 1-4 所示。

图 1-3　风冷发动机

图 1-4　发动机气缸

(6)活塞的行程。如图 1-5 所示，活塞运行在上、下两个止点间的距离，简称行程，单位为 mm。

(7)气缸工作容积。如图 1-6 所示，在一个工作循环中，气缸的最大容积与最小容积(均包括燃烧室容积)的差值，即活塞在上、下止点之间所扫过的容积，单位为 mL。

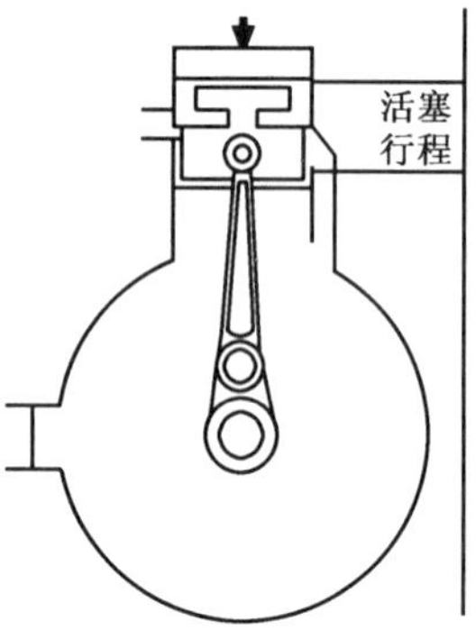

图 1-5 活塞的行程

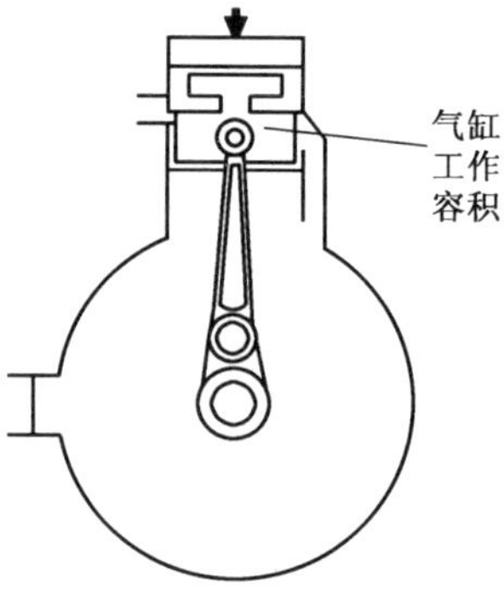

图 1-6 气缸工作容积

(8)排量。指发动机气缸容积，也即是所有气缸的工作容积之和，以毫升(mL)为单位，摩托车型号名称中的数字通常反映的就是排气量。如“嘉陵 125”即指排气量 125mL，排气量越大，发动机功率也越大。

(9)压缩比。如图 1-7 所示，气缸最大容积(燃烧室容积 V_1 + 工作容积 V_2)与燃烧室容积 V_1 的比值，亦称几何压缩比。

(10)活塞阀进气。以活塞控制进气的二冲程汽油机的进气形式，亦称缸体进气。

(11)旋转阀进气。以旋转阀控制进气的二冲程汽油机的进气形式，一般分为轴向旋转阀进气和径向旋转阀进气。

(12)簧片阀进气。以簧片阀自动控制进气的二冲程汽油机的进气形式，一般分为曲轴箱簧片阀进气和缸体簧片阀进气。簧片阀实物如图 1-8 所示。

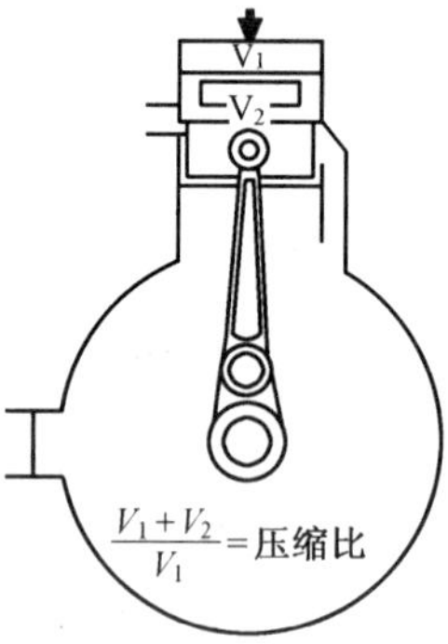

图 1-7 压缩比

图 1-8 簧片阀实物

(13)OHC 发动机。采用高速链驱动顶置凸轮实现配气的四冲程发动机。

(14)OHV 发动机。采用挺杆驱动顶置气门实现配气的四冲程发动机。

(15)混合润滑。二冲程汽油机，预先将汽油和机油按一定容积比混合，并用这种混合油润滑汽油机的运动件。

(16)分离润滑。二冲程汽油机,装有独立的润滑系统,根据汽油机的运转条件供给机油,以润滑汽油机的运动件。

(17)扫气过程。借助于扫气口和排气口之间的压力差,用新鲜的可燃混合气驱赶废气排出气缸的过程,简称扫气。

(18)扫气效率。在一个工作循环中,留在气缸内的新鲜可燃混合气与气缸内含有一部分废气的总气体量之比。

(19)气缸压缩压力。在不燃烧的情况下,仅由活塞压缩空气产生的气缸内最大压力。通常将气缸压力表安装在火花塞孔上,用电机拖动发动机旋转到指定转速而测得。

(20)点火提前角。压缩过程中火花塞跳火的瞬间到活塞行至上止点时的曲轴转角。

(21)配气相位。以活塞在上下止点为基准的扫(进)气、排气机构的开闭时间,以曲轴转角计算。

(22)残余废气。在刚完成一个工作循环后,残留在气缸内的废气。

(23)积炭。由于各种原因造成的不完全燃烧的一部分炭粒和杂质沉积在燃烧室表面、活塞顶部、活塞环槽及排气口等零件部位的现象。

(24)爆燃。爆燃又称爆震,是一种故障现象。汽油机在运转过程中,由于局部可燃混合气完成焰前反应而引起自燃,并以极高的速度传播火焰,产生带爆炸性质的冲击波,发出尖锐的金属敲击声。

(25)气阻。发动机供油系统及其管道中的汽油,由于高温的影响产生气化而出现供油中断的现象。

(26)CDI。国内大部分厂家对无触点电子点火系统的标识。确切的含义为电容放电式点火系统,基本组成如图 1-9 所示。

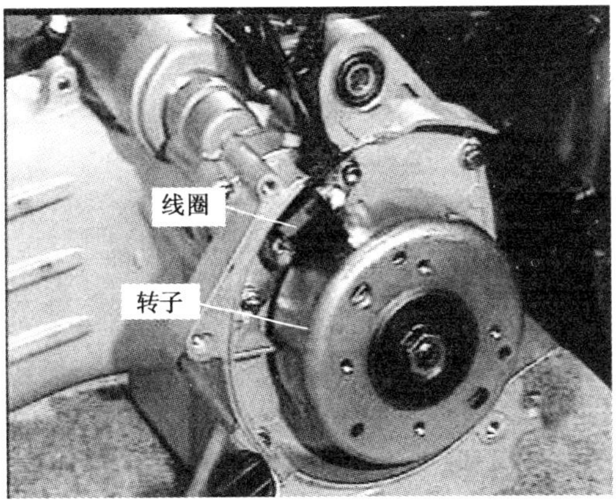

图 1-9　CDI 无触点电子点火系统

(27)P. E. I. 。无触点电子点火系统的另一种英文缩写。

(28)无触点点火。一切用电子开关代替触点式机械断电器点火方式的总称。

2. 摩托车发动机性能的常用术语

(1)最大功率。当节气门全开时,汽油机允许在短时间内运转的最大功率。当标定最大功率时,同时标出的还有发动机发出最大功率的发动机转速。最大功率的单位常用 kW,而发动机的转速用 r/min。

(2)最大扭矩。全负荷下的速度特性曲线上的最大扭矩值。标最大扭矩时也要同时标出相应的发动机转速,扭矩的单位是 N·m。

(3)燃油混合比。采用混合润滑的汽油机,其燃油中汽油与机油的容积比。

(4)标定功率。汽油机制造厂标定的功率,即汽油机允许连续运转 15min 的净功率。

(5)净功率。汽油机装有实际使用条件下的全部附件,在试验台上按制造厂规定的转速运转时所测得的汽油机曲轴或相应轴端的有效功率。

二、摩托车整车常用术语

1. 摩托车主要类型术语

(1)轻便摩托车。凡发动机的气缸容积在 50mL 以内,最高设计车速不超过 50km/h,供单人骑乘的两轮摩托车称为轻便摩托车,如图 1-10 所示。

(2)摩托车。凡发动机的气缸容积大于 50mL,最高车速超过 50km/h,或者空车质量不超过 400kg 的两轮(或三轮)机动车,称为摩托车,如图 1-11 所示。

图 1-10 轻便摩托车

图 1-11 摩托车

(3)踏板式摩托车。踏板式摩托车,又称坐式摩托车。如图 1-12 所示,该种车的驾驶人双腿并拢,两脚自由地放在踏板上。这种如同坐在椅子上的姿势,是其他种摩托车所没有的,也是该种摩托车的名称由来。由于踏板低,无法在踏板下安装发动机,故发动机安装在车座置物箱的下面。因此发动机的离地间隙较小,越野性能差。只适合在平坦的公路上行驶,不能走在崎岖不平的路面。一般排量较小,最大一般不超过 250mL,功率也较低,最高不超过 15kW。踏板车属于全包式摩托车,其仪表、发动机、车架、电器、减振器等全部被塑料外观件覆盖。

(4)普通公路摩托车。如图 1-13 所示,普通公路车,也称道路车,是适用于各种路面行驶的车,也是我国产量最大的摩托车。因其适用面广,故受到广大城乡用户的喜爱。普通公路摩托车大多造型粗犷,结构较简单,采用风冷发动机。

(5)公路赛车。公路赛车是展示速度与力量、制造厂实力的最好道具,故世界各大厂都积极参加。如图 1-14 所示,公路赛车的油箱很大,车座小而薄且低,为降低重心,便于控制,轮胎采用无内胎式子午线轮胎,轮胎宽而且花纹浅,增大摩擦力。许多最新科技都用在公路赛车上,像电子燃油喷射、油气式减振器、可变式排气系统、涡轮增压发动机、ABS 系统等。

(6)越野赛车。如图 1-15 所示,越野赛车的主要特点是骑式车架、宽型车把,座垫偏后,轮辋基本直径不大于 304mm，装有大功率、高转速发动机，是专用于特定跑道上竞赛车速的两轮摩托车。

图 1-12　踏板式摩托车

图 1-13　普通公路摩托车

图 1-14　公路赛车

图 1-15　越野赛车

(7)太子摩托车。太子车，又称美式车。太子摩托车是指那种车把较高、座垫比较低且厚实、前减振较长、一般后轮比前轮小、水滴形油箱、车身多镀铬件、闪闪发光的车型，如图 1-16 所示。其鼻祖是美国 HARLEY DAVIDSON 摩托车。在我国生产的太子车绝大多数都是采用日本或台湾的技术。

2. 摩托车整车尺寸、重量等常用术语

(1)基准平面：基准平面为三维正交坐标系中的 X、Y、Z 平面，如图 1-17 所示。

图 1-16　太子摩托车

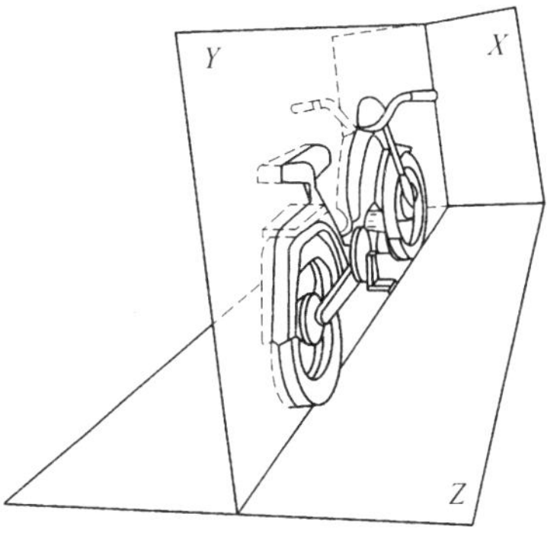

图 1-17　基准平面

其中，Z 为水平面；Y 为铅垂平面（纵向）；X 为垂直于 Y 和 Z 的平面（横向铅垂平面）。

（2）长：垂直于纵向中心平面 Y 且分别与车辆前、后端相接触的两个铅垂面间的距离，如图 1-18 所示，单位为 mm。

（3）宽：平行于纵向中心平面 Y 且分别与车辆两侧（后视镜除外）相接触的两平面间的距离，如图 1-19 单位为 mm。

图 1-18 摩托车的长

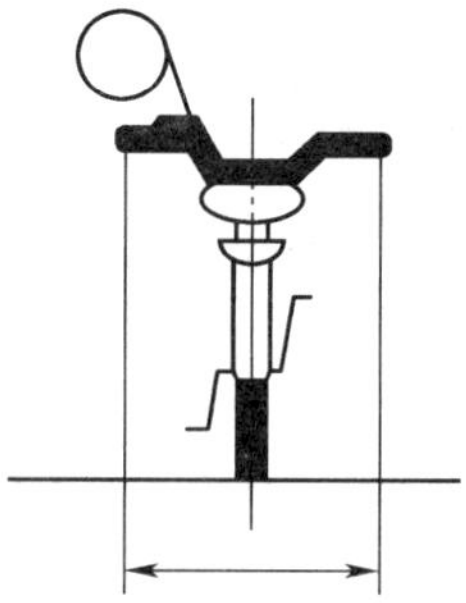

图 1-19 摩托车的宽

（4）高：支承面与接触车辆顶端（后视镜除外）的水平面间的距离，如图 1-20 所示，单位为 mm。

（5）轴距：分别通过前、后或边轮中心且平行于 X 面的两平面间的距离，如图 1-21 所示，单位为 mm。

图 1-20 摩托车的高

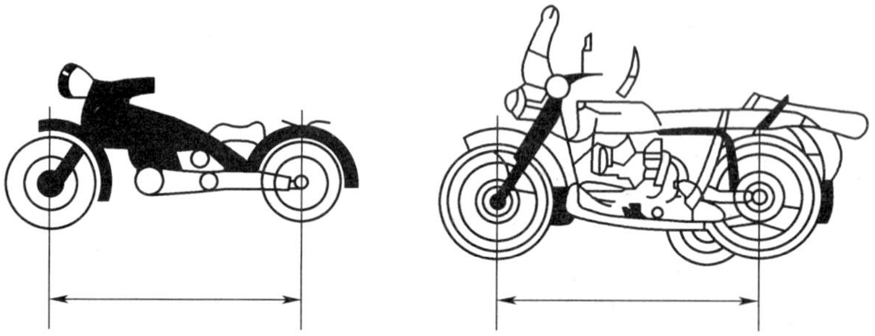

图 1-21 摩托车的轴距

（6）轮距：通过两个后轮或后轮与边轮中心且平行于 Y 面的两平面间距离，如图 1-22 所示，单位 mm。

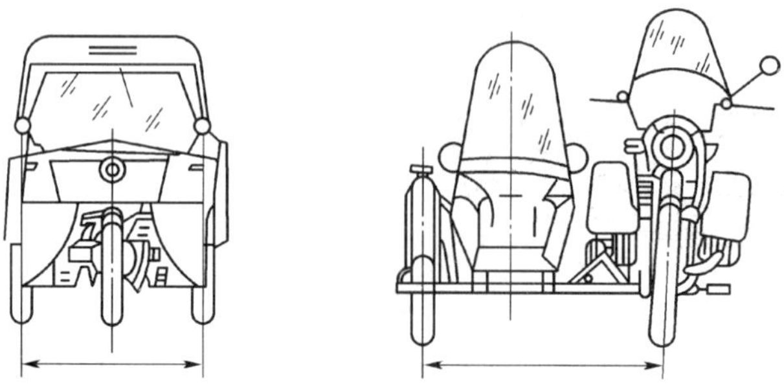

图 1-22 摩托车的轮距

(7)离地间隙:除前、后轮和挡泥板外,处于轴距内的车辆最低点(包括脚蹬的使用最低位置)与支承面的距离,如图 1-23 所示,单位 mm。

图 1-23 摩托车的离地间隙

(8)车辆净重(正常运行并装有下列设备的车辆重量):

①正常运行必须的附件;

②全部电器设备(包括制造厂供给的照明及信号装置);

③按照有关规定要求装备的全部仪器和接头;

④保证车辆每一零件正常工作的各种液体(注:燃油及燃油和润滑油的混合油不包括在内,但包括蓄电池电解液、液压油、冷却液及汽油机润滑油等),单位为 kg。

(9)空车重量(车辆净重量加上下列重量):

①燃油或燃油和润滑油的混合油(油箱注油量不少于规定容量的 90%);

②除正常运行必须的附件外,加上制造厂供应的附件(工具包、行李架、风挡、保护设备等)。

3. 摩托车整车性能常用术语

(1)走合:指新装配的车辆按一定规范进行行驶,使车辆各摩擦副表面配合良好。

(2)走合里程:指新装配的车辆从走合行驶开始,到走合行驶结束所通过的全部里程单位为 km。

(3)最高车速:在规定的行驶条件下,车辆能够稳定的、重复出现的最大速度,单位为 km/h。

(4)最低稳定车速:汽油机在工作时车辆能稳定行驶的最低速度,单位是 km/h。

(5)经济车速:燃油消耗量为最小时的车速,单位为 km/h。

(6)经济油耗:车辆以经济车速行驶时所消耗的燃油(汽油)量,单位是 L/100km。

(7)爬坡能力:在规定的条件下,车辆能够通过的最大坡度,单位是(°)。

(8)制动距离:车辆接受制动信号时的位置与车辆停止时的位置间的距离,单位为 m。

(9)滑行距离:车辆以指定车速行驶时,从切断动力源或离合器脱开到车辆停止时所通过的距离,单位为 m。

(10)起动性能:在规定的环境温度下,车辆从接受起动信号开始到汽油机能够连续运转的最短时间,单位为 s。

(11)总传动比:汽油机曲轴的转速与驱动轮转速之比。

(12)可靠性:产品在规定条件下和规定时间内,完成规定功能的能力。

(13)耐久性:产品在规定的使用和维修条件下,达到某种技术或经济指标极限量,完成规定功能的能力。

三、摩托车上的图形标志

在摩托车上,常常在仪表板、操纵把、按钮、开关等地方看到各种各样的图形标志。其所以用图形而不用文字,一是为让使用者易于辨认,减少差错,保证行车安全;二是为了克服文字障碍,使不论是哪个国家的人都能看得懂。这些图形标志在许多国家中其含义都是统一的，它告诉使用者该器件的功能，或者显示出某部件或总成的工作状况。例如，发动机冷却水温度和哪一个转向灯在工作等。表 1-1 列出了摩托车上常见的图形标志及其含义。

表 1-1　摩托车上的图形标志及含义

序号	项　　目		图形符号	显示颜色
1	大灯灯束控制	远光灯		蓝色
		近光灯		
2	转向信号		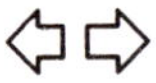	琥珀色或绿色
3	危险警告灯（两者挑一）	两箭头一起闪动		
				红色
4	手动阻风门（冷起动用）			—
5	喇叭			—
6	燃料			琥珀色
7	发动机冷却温度			红色
8	蓄电池充电灯			红色
9	发动机润滑油			红色
10	前雾灯			绿色
11	后雾灯		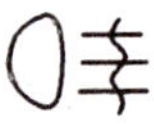	琥珀色
12	燃料箱开关阀	断开	·	—
		接通		—
		储备		—
13	发动机熄火辅助装置	断开		—
		行驶		—

续表 1-1

序号	项目		图形符号	显示颜色
14	灯开关(可与点火开关结合在一起)	行驶灯	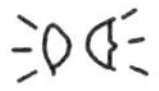	—
		总灯开关		—
		停车灯		红色
15	空挡指示灯		N	绿色
16	电起动机			—

第二节 摩托车的结构

摩托车型号不同,其结构也有所不同。一般情况下,摩托车由发动机部分、传动部分、车架部分、行走部分、前后减振装置、电气仪表部分、操纵部分等组成,如图 1 24 所示。

图 1-24 摩托车的组成

1. 操纵部分 2. 电气仪表部分 3. 前减振器 4. 行走部分 5. 车架部分 6. 发动机部分 7. 传动部分 8. 后减振器

一、发动机

发动机是摩托车行驶的动力来源。它通过燃料在发动机的气缸内燃烧,将热能转变为机械能,驱动摩托车向前行驶。发动机由机体、曲柄连杆机构、配气机构、燃料供给系统、进排气系统、冷却系统、润滑系统和点火系统等组成。图 1-25 所示为发动机总成实物、图 1-26 所示为发动机与传动部分实物与示意图。

图 1-25 发动机总成

（a）发动机与传动部分剖开实物

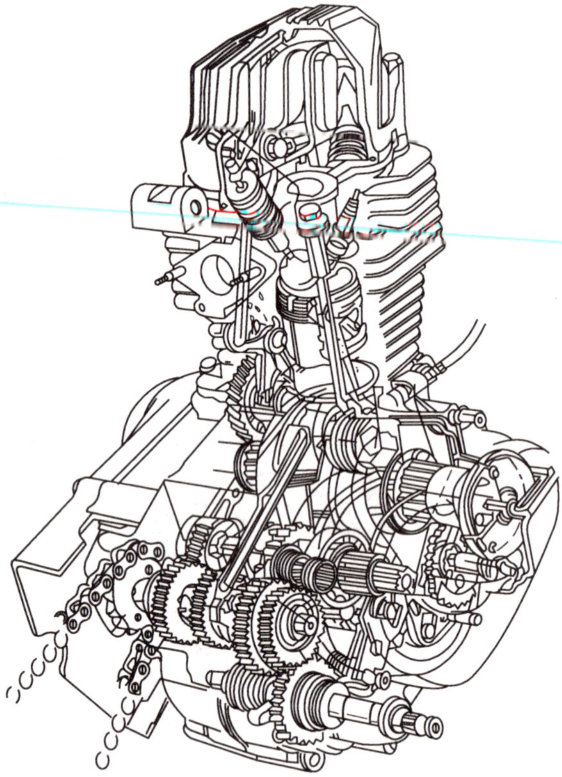

（b）发动机与传动部分示意图

图 1-26 发动机与传动部分剖开实物和示意图

1. 机体

机体由曲轴箱、气缸盖、气缸头、气缸体等组成。

(1)曲轴箱实物如图 1-27 所示。曲轴箱的作用是支承和安装整个发动机的其他零部件、承受发动机工作时产生的各种冲击力和扭矩。

(2)气缸体(如图 1-28 所示)是发动机完成工作循环的场所，也是活塞运动的轨道，它承受着高温高压的作用，由于外表铸有若干散热片，还起散发热量的作用。

图 1-27　曲轴箱

图 1-28　气缸体

(3)气缸盖(如图 1-29 所示)的作用是用来封闭气缸体的上部,与气缸体及活塞顶部共同构成发动机的燃烧室,气缸盖上也铸有很多散热片,起散热作用;四冲程汽油发动机还设有气缸头(如图 1-30 所示),气缸头的作用是用来固定进排气门,与气缸体及活塞顶部组成燃烧室,外表也铸有散热片,起散热作用。

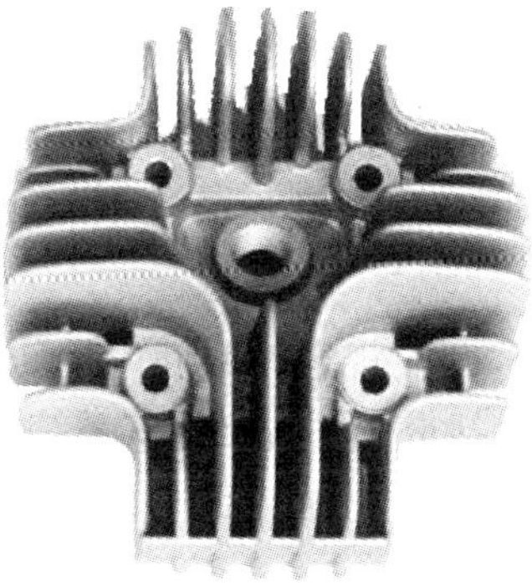
图 1-29　发动机的气缸盖(二冲程发动机)

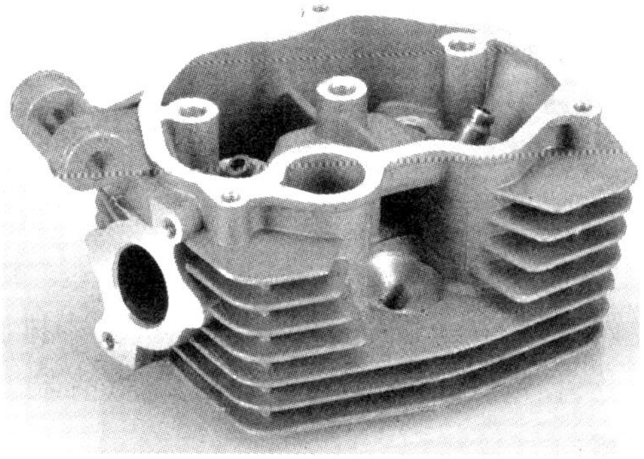
图 1-30　四冲程发动机的气缸头

2. 曲柄连杆机构

曲柄连杆机构包括:活塞组、连杆组、曲轴组。

(1)活塞组的作用是与缸盖构成燃烧室,与气缸体构成气缸工作容积,承受气体压力并作功。如图 1-31 所示,活塞组包括活塞、活塞环、活塞销、活塞销挡圈。典型活塞环如图 1-32 所示,活塞如图 1-33 所示。

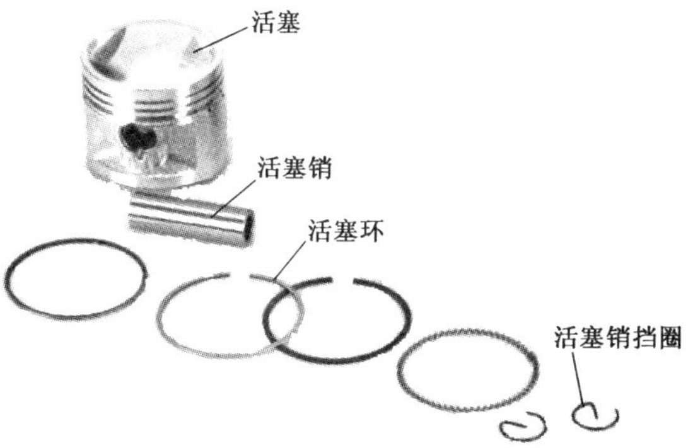

图 1-31　活塞组

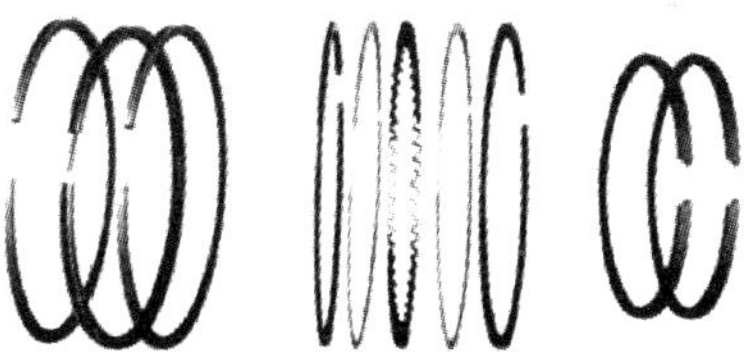
图 1-32　活塞环

(2)连杆组的作用是连接活塞与曲轴,将活塞的直线运动变为曲轴的转动。连杆组包括连杆及连杆大小头轴承。

(3)曲轴组的作用是通过连杆将活塞往复运动变为自身的旋转运动,驱动附件并输出功率。由于曲轴组在工作时受拉、压、弯、扭等交变载荷,容易引起疲劳和振动,因此要求它具有足够的强度、刚度、耐磨性及平衡性。曲轴组包括曲轴和飞轮。曲轴与连杆实物如图 1-34 所示。

图 1-33 活塞

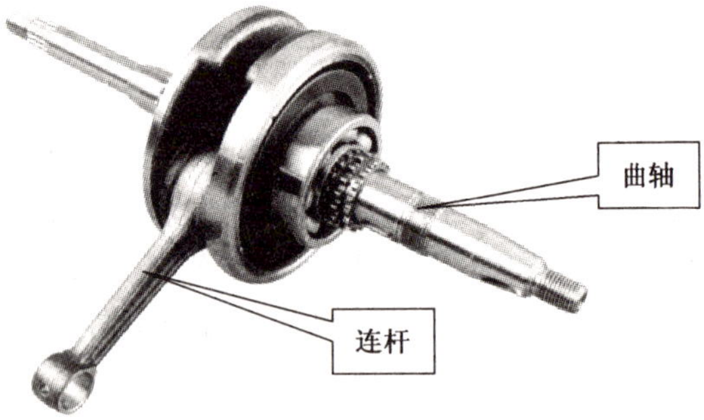

图 1-34 曲轴与连杆

3. 配气系统

配气系统的作用是实现发动机气缸中混合气的更换,即在规定的时间内把新鲜混合气吸入气缸,并把燃烧后的废气从气缸中排出。配气系统包括进气系统和排气系统。

(1)进气系统。主要由空气滤清器、进气管(进气支管)及配气机构组成,如图 1-35 所示。

配气机构现在采用的有气孔式和气门式两种方式。

二冲程发动机采用气孔式,四冲程发动机则采用气门式。气孔式结构比较简单,气门式结构比较复杂。

(2)排气系统。主要由排气管和排气消声器组成,如图 1-36 所示。

图 1-35 进气系统

1. 空气滤清器 2. 化油器 3. 进气管

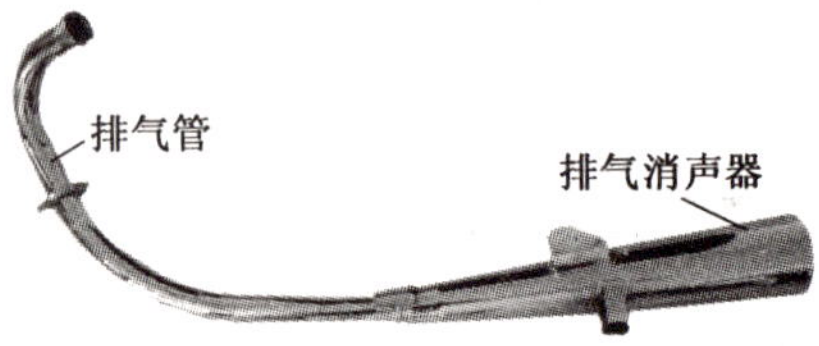

图 1-36 排气系统

四冲程发动机配气机构主要零件如图 1-37～图 1-43 所示。

图 1-37　凸轮

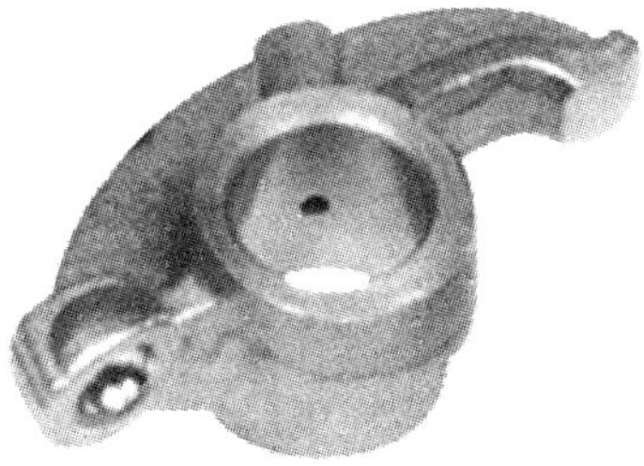

图 1-38　摇臂

图 1-39　气门

图 1-40　气门导管

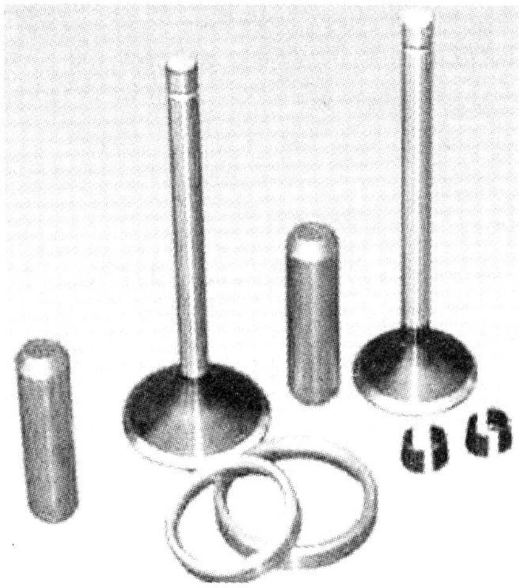

(a) 实物

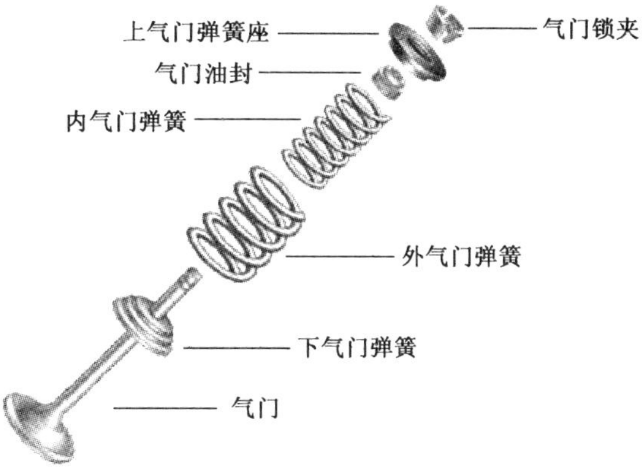

(b) 装配关系

图 1-41　气门组零件

4. 点火系统

点火系统的作用是及时提供足够强度的电火花，点燃气缸内的可燃混合气。传统点火系统由蓄电池、断电器、磁电机、点火线圈和火花塞等组成，如图 1-44 所示。

图 1-42 气门油封

图 1-43 气门弹簧

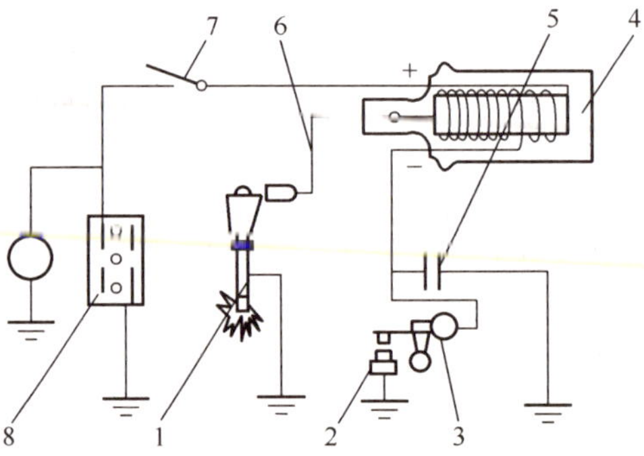

图 1-44 蓄电池点火系统的组成

1. 火花塞 2. 断电器 3. 磁电机 4. 点火线圈 5. 电容器
6. 高压导线 7. 点火开关 8. 蓄电池

CDI 无触点电子点火系统由电子点火器(也称点火控制器)代替断电器。

磁电机实物如图 1-45 所示,电子点火器实物如图 1-46 所示,点火线圈实物如图 1-47 所示,火花塞实物如图 1-48 所示。

图 1-45 磁电机

图 1-46　电子点火器

图 1-47　点火线圈

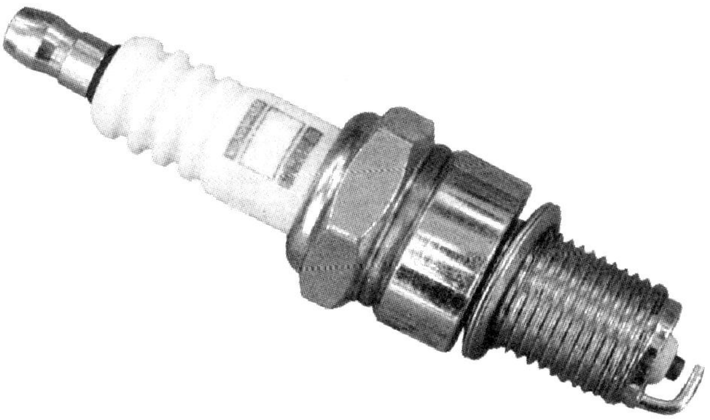

图 1-48　火花塞

摩托车发动机的点火电源有蓄电池和磁电机两种，基本原理相似：磁电机或蓄电池发出的电，经过电子点火器控制低压电路的通断，点火线圈将低压升为高压（通常为 1 万伏以上）后，供给火花塞跳火点燃混合气。点火系统不仅保证点火，而且要提供一个良好的点火时机，以保证在气缸内被压缩的可燃混合气充分地燃烧，使发动机得以正常运转。

5. 润滑系统

润滑系统的作用是润滑发动机中相互摩擦零件的表面，以减小磨损。

四冲程发动机的润滑系统，由机油箱（如图 1-49 所示）、机油滤清器（如图 1-50 所示）、机油泵（如图 1-51 所示）及油路通道组成。

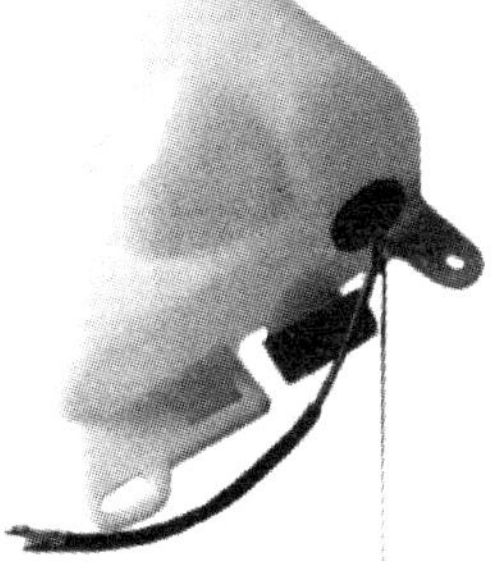

图 1-49　机油箱

图 1-50　机油滤清器

图 1-51　机油泵

由于摩托车要求发动机体积小、重量轻，所以润滑系统结构非常紧凑，油路通道几乎不用油管，而是借助于箱体上的孔和沟槽。机油滤清器常采用网式和离心式两种，而机油泵多采用体积较小的转子泵。

两冲程发动机的润滑方式有两种，一种是混合油润滑方式（汽油和机油按一定比例混合），另一种是分离润滑方式（如图 1-52 所示）。采用混合油的二冲程发动机，无所谓润滑系统；采用分离润滑的二冲程发动机，其润滑系统由一个机油箱和一个机油泵（也叫滑油泵、点滴泵）组成。

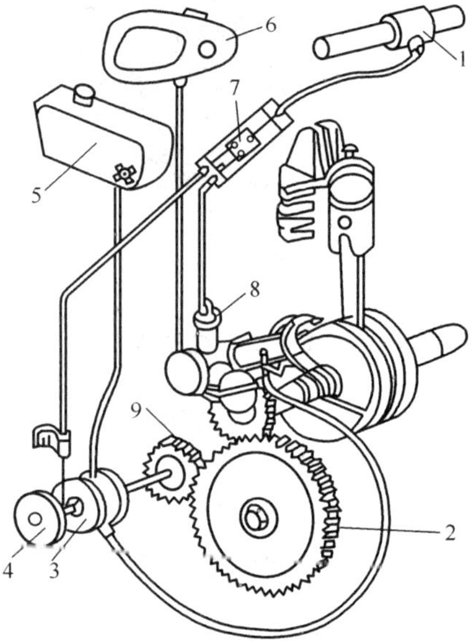

图 1-52 分离润滑系统

1. 油门转把 2. 减速齿轮 3. 润滑油泵 4. 联动滑轮 5. 润滑油箱 6. 汽油箱 7. 联动器 8. 化油器 9. 小齿轮

该系统将润滑油滴到进气管内，当其遇上由化油器雾化了的高速可燃混合气后，使雾化气掺和到可燃混合气中，其润滑作用与混合油润滑方式一样。所不同的是，分离润滑可随发动机转速的变化而自动增加或减少机油供油量，进入气缸的可燃混合气中润滑油的含量是变化的，而混合油中润滑油的含量不变。

6. 冷却系统

冷却系统的作用是及时把发动机产生的多余热量散掉，防止发动机过热。

发动机的冷却方式一般有自然风冷、强制风冷和水冷三种形式。

（1）自然风冷。就是靠摩托车行驶中的迎面风来冷却，所以又叫走行风冷。从发动机结构上看，主要是利用散热片散热冷却（如图 1-53 所示）。这种冷却方式是早期摩托车的主要冷却方式，现在的大部分摩托车也还采用这种冷却方式。

（2）强制风冷。是靠与曲轴联接的风扇（如图 1-54 所示）与导风罩将冷却风吹向散热片及至机体周围，带走热量来实现冷却。强制风冷的特点就是只要发动机转动，就会强行冷却，而且发动机转速越高，冷却风越大。强制风冷多用于踏板车、三轮车上。

图 1-53 散热片

图 1-54 摩托车用散热风扇

(3)水冷方式。是在发动机机体上铸有水道,利用发动机的动力带动水泵以驱动水道中的水循环来带走发动机产生的热量。其特点是冷却效果好,发动机噪声低。水冷发动机是由散热器(水箱)、水泵、水套及水管组成,如图1-55所示。水冷缸体与水冷缸盖实物分别如图1-56和图1-57所示。

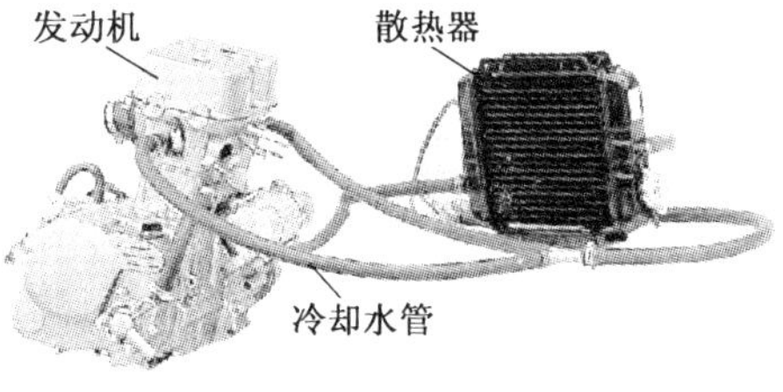

图1-55　水冷发动机组成

图1-56　水冷缸体

图1-57　水冷缸盖

散热器一般安装在发动机的前面,如图1-58所示。此外,在摩托车赛车中,还有采用油冷的冷却系统。

7. 燃料供给系统

燃料供给系统的作用是按发动机的工况供给一定成分和数量的可燃混合气。

如图1-59所示,燃料供给系统由油箱、油箱开关、化油器(实物如图1-60所示)、燃油滤清器(实物如图1-61所示)及其管路等组成。

图1-58　散热器安装位置

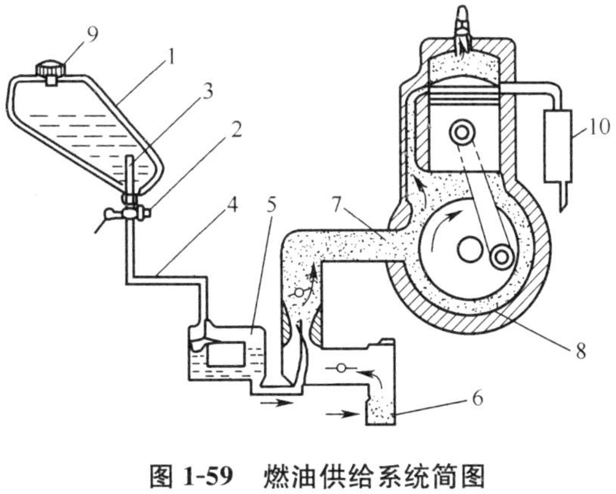

图1-59　燃油供给系统简图

1. 油箱　2. 油箱开关　3. 燃油滤清器
4. 输油管　5. 化油器　6. 空气滤清器
7. 进气阀片　8. 曲轴箱　9. 油箱盖　10. 消声器

图 1-60 化油器

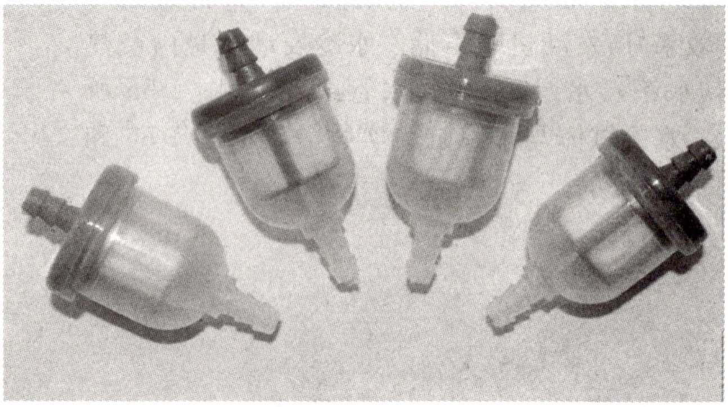
图 1-61 燃油滤清器

摩托车多采用化油器式，化油器安装位置如图 1-62 所示。

一些高级摩托车有的已经采用燃油喷射系统代替化油器工作。电控燃油喷射系统一般由控制单元（ECU）、传感器和执行器等组成，如图 1-63 所示。由于采用的是智能控制，无论从性能、节油，还是排放污染方面都优于化油器形式的发动机。

图 1-62 化油器安装位置

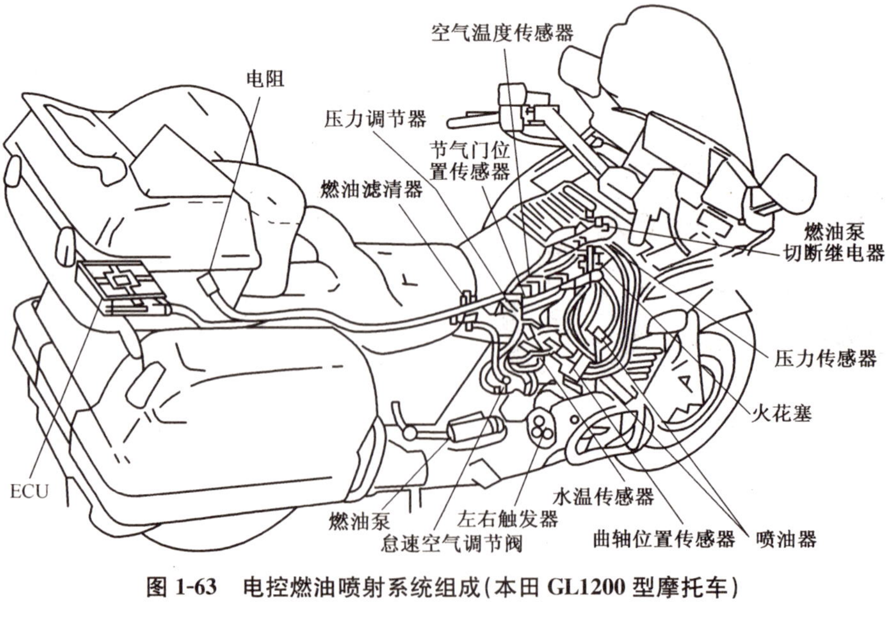

图 1-63 电控燃油喷射系统组成（本田 GL1200 型摩托车）

二、传动系统

传动系统的作用是把发动机产生的动力传递到后轮，以驱动摩托车行驶。传动系统包括离合器、变速器、末级传动三部分。

1. 离合器

离合器安装在发动机曲轴与变速器之间，它的作用是及时可靠地切断和接合发动机到变速器的动力传送。

摩托车的离合器有干式离心式、湿式多片式和自动离合等几种形式。图1-64所示为湿式多片式离合器结构，图1-65所示为湿式多片式离合器实物。

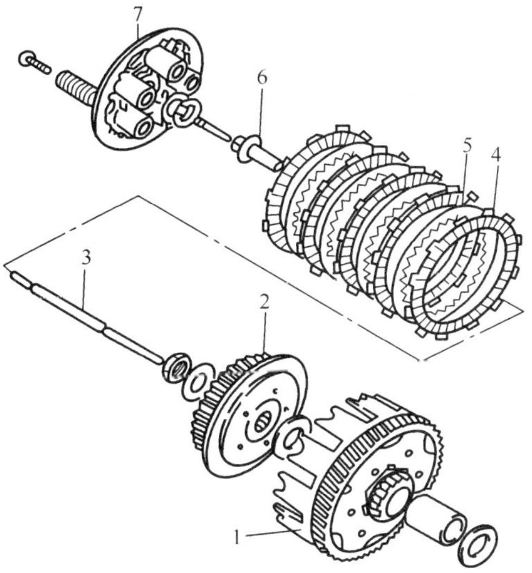

图1-64　离合器结构

1. 离合器大毂组合　2. 离合器花键套　3. 离合器推杆　4. 主动摩擦片　5. 从动摩擦片　6. 推进杆　7. 离合器弹簧盘

图1-65　离合器实物

2. 变速器

变速器的作用是改变摩托车的转速和扭矩，使摩托车具有合适的牵引力和速度，以适应经常变化的行驶条件，使发动机在功率发挥得最好而燃油消耗最节省的状态下工作。

变速器一般都安装在离合器的后面，末级传动的前面，经过一定速比变化可得几种不同的速度，增大扭矩将动力输出。变速器还有使发动机运转而不把动力传递给末级传动的空运转状态，我们习惯称这种状态为变速器的“空挡”，空挡时便于发动机起动和使发动机作单独运转。

摩托车变速器分为有级变速器和无级变速器，摩托车的无级变速主要采用末级V带传动，利用传动带随转速变化改变传动比的特性来实现无级变速；而摩托车的有级变速大部分是通过齿轮的传动获得。

有级变速摩托车多采用3～5个挡位，挡位的设置有前进式、循环式等，如图1-66所示。

五羊-本田WY125系列摩托车变速器包括变速传动机构、操纵机构和脚踏反冲起动机构三部分。

(1)变速传动机构。变速器主、副轴共有 12 个齿轮,除两个为主、副轴起动齿轮外,其余 10 个均为 5 个挡位的变速齿轮,如图 1-67 所示。

(2)操纵机构。变速器操纵机构主要由拨叉、拨叉轴、变速凸轮轴、控制板、换挡轴、止动器、换挡脚踏板等零件构成,如图 1-68 所示。

156F-Ⅱ型发动机共有 3 个拨叉,左拨叉控制副轴五挡齿轮,中拨叉控制主轴四挡齿轮,右拨叉控制副轴三挡齿轮。3 个拨叉安装在拨叉轴上,拨叉背部的销由变速凸轮轴固定,拨叉头部则固定齿轮。

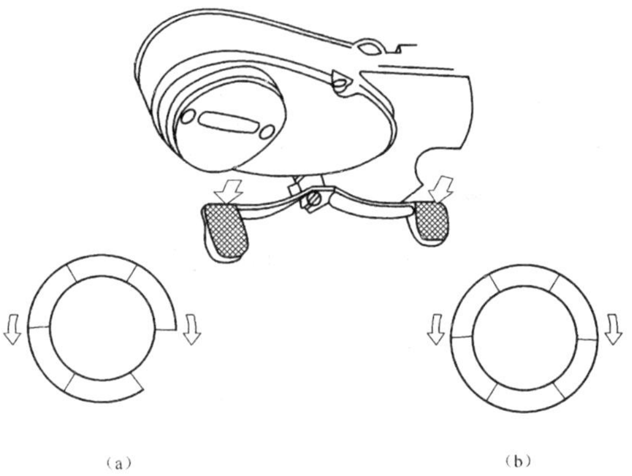

图 1-66 常见摩托车的排挡型式

(a)前进式 (b)循环式

(3)起动机构。156F-Ⅱ型发动机的起动机构为初级反冲起动装置,如图 1-69 所示。

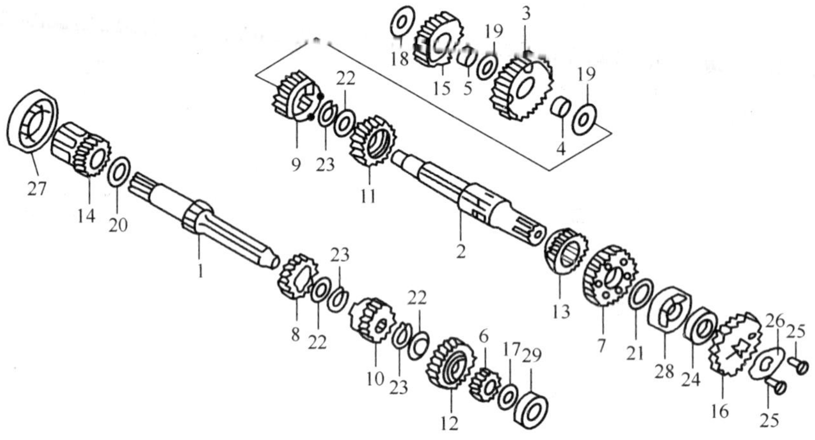

图 1-67 变速器传动机构

1. 变速器主轴(13 齿) 2. 变速器副轴 3. 副轴一挡齿轮 4. 副轴一挡齿轮衬套 5. 起动惰轮衬套 6. 主轴二挡齿轮 7. 副轴二挡齿轮 8. 主轴三挡齿轮(20 齿) 9. 副轴三挡齿轮(28 齿) 10. 主轴四挡齿轮(23 齿) 11. 副轴四挡齿轮(26 齿) 12. 主轴五挡齿轮 13. 副轴五挡齿轮 14. 起动齿轮组合 15. 起动惰轮 16. 驱动链轮 17、18. 止推垫圈(15) 19. 止推垫圈(16) 20、21. 止推垫圈(20) 22. 花键垫圈 23. 卡环(20) 24. 油封(20×34×7) 25. 六角螺栓(M6×10) 26. 锁紧垫片 27. 轴承(6006) 28. 轴承(6204) 29. 轴承(6202Z)

三、操控系统

操控系统是使摩托车起动、行驶、转向、制动、灯光及信号装置工作而专门设置的机构。操控系统主要由转向装置、制动装置、手把总成、减压阀操纵、油门操纵、前后制动器操纵及电器开关操纵等机构组成。

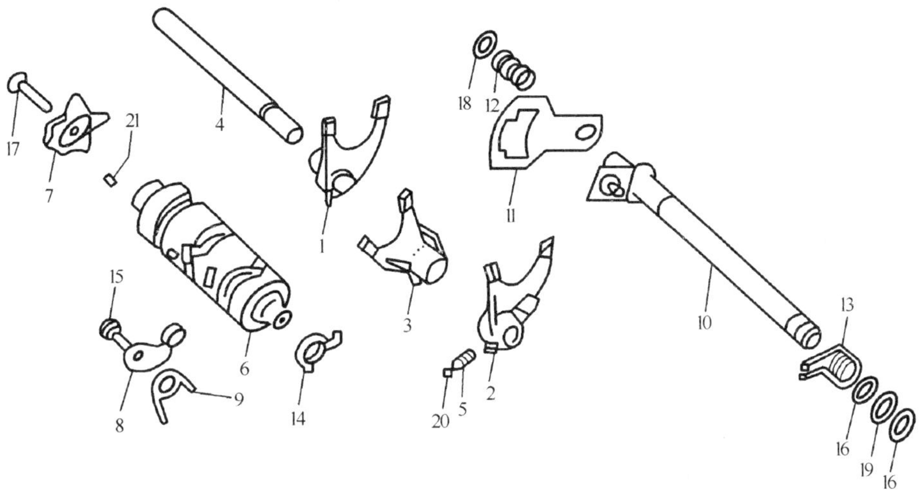

图 1-68　变速器操纵机构

1. 右换挡拨叉　2. 左换挡拨叉　3. 中换挡拨叉　4. 换挡拨叉轴　5. 弹簧　6. 变速凸轮轴　7. 变速凸轮轴盖　8. 变速凸轮轴定位轮组合　9. 变速凸轮轴定位轮弹簧　10. 换挡轴组合　11. 换挡板　12. 换挡轴弹簧　13. 换挡轴回位弹簧　14. 空挡指示器转动触头　15. 变速凸轮轴定位轮螺钉　16. 止推垫圈　17. 六角螺栓(M6×25)　18. 挡圈　19. 挡圈(14)　20. 滚珠　21. 滚针

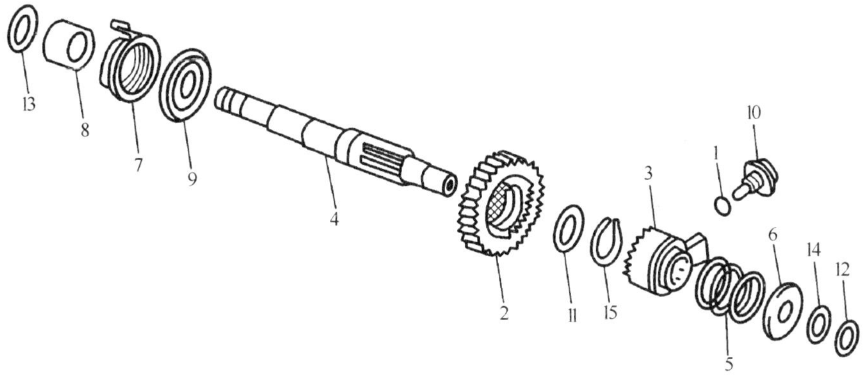

图 1-69　起动机构

1. O形密封圈(11.8×2.4)　2. 反冲起动齿轮　3. 反冲起动棘轮　4. 反冲起动轴　5. 反冲起动棘轮弹簧　6. 棘轮弹簧座　7. 扭簧　8. 反冲起动衬套　9. 起动弹簧座　10. 反冲起动棘轮螺栓　11. 止推垫圈(20)　12. 止推垫圈(18)　13. 止推垫圈(16)　14. 挡圈(16)　15. 卡环(20)

尽管摩托车的操控系统随不同的车型稍有不同,但大部分都差异不大。一般国产摩托车操控系统的设置是:起动踏杆(图 1-70)位于发动机右侧;变速踏板(图 1-71)位于发动机的左侧;离合器操纵把(图 1-72)设置在方向把(图 1-73)的左手把上;油门转把设置在右手把上;前制动把位于方向把右手端;后制动踏板位于发动机的右侧等。

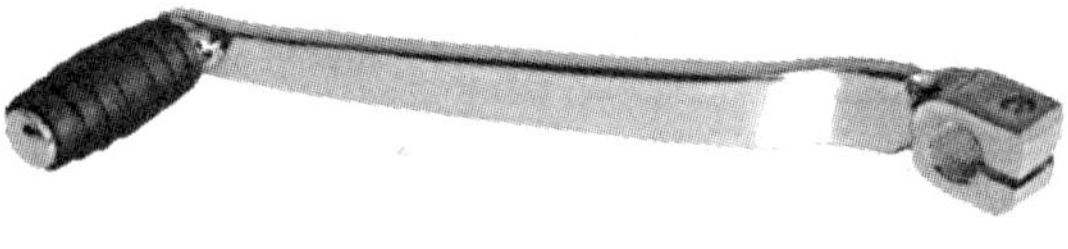

图 1-70 起动踏杆

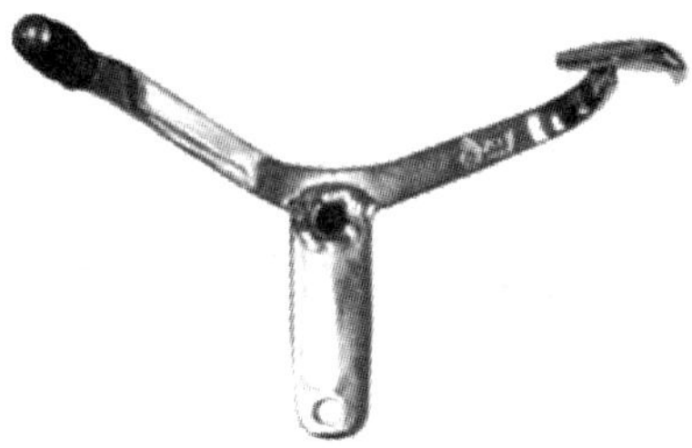

图 1-71 变速踏板

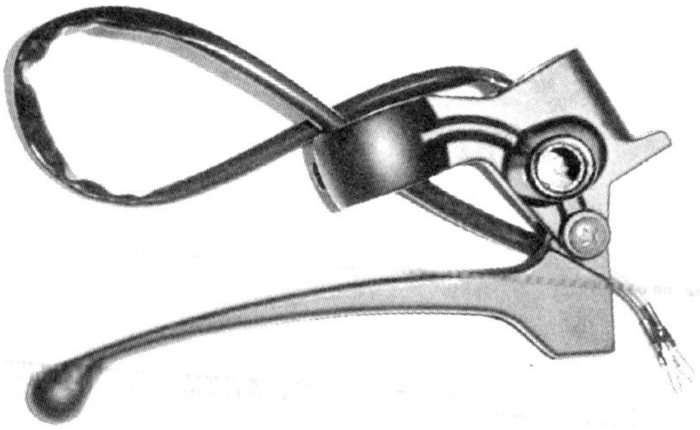

图 1-72 离合器操纵把

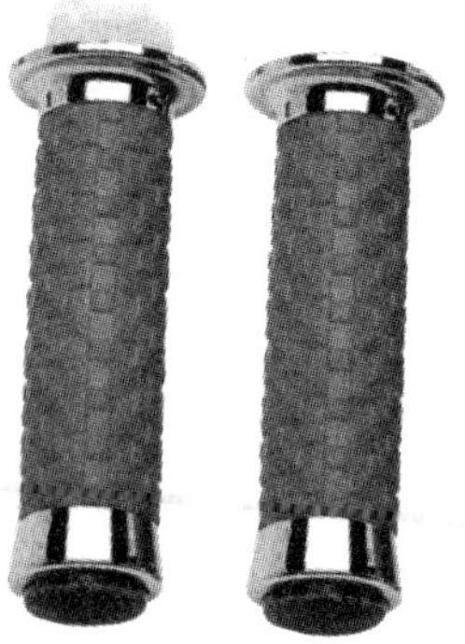

图 1-73 方向把

四、行走系统

行走系统是摩托车的躯干，它不但承受摩托车本身及负载的全部重量，而且通过它把摩托车的零部件集合成一个整体，使摩托车可以正常运行和停放。它把发动机经过传动装置输出的扭矩变成使摩托车前进的牵引力，使摩托车在不同的路面上可以平稳地行驶，并有一定的行驶速度和通过能力。行走系统由悬挂部分（前减振器和后减振器，如图 1-74 所示）、车轮部分（前轮和后轮）、车体部分组成。

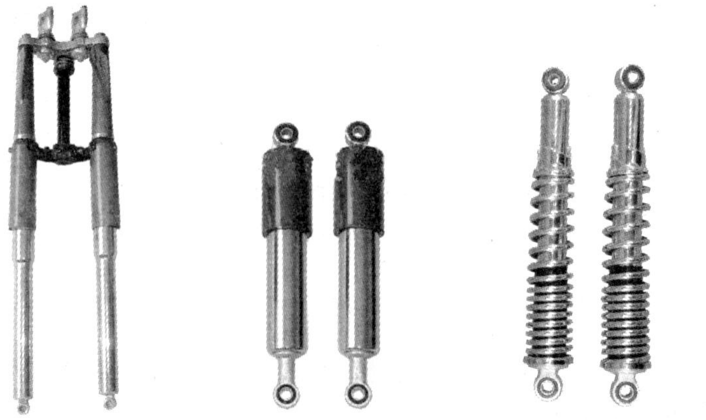

(a) 前减振器　(b) 筒式后减振器　(c) 带螺旋弹簧后减振器

图 1-74 减振器实物

车体是摩托车的骨架，它主要由车架（如图1-75所示）、油箱、平叉、座垫、支架、前后挡泥板及其他附件组成。

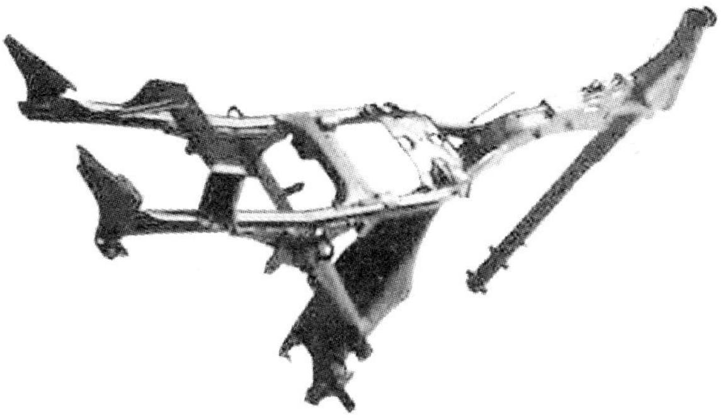

图1-75　摩托车车架

五、电气仪表系统

摩托车电气部分的作用是点燃可燃混合气使发动机正常运转，提供灯光照明，发出各种声光信号，以保证摩托车行驶的安全性和可靠性。

电气仪表部分包括电源系统、点火系统、照明系统、信号系统及仪表装置等。

1. 电源系统

电源系统由蓄电池、发电机（磁电机）组成。蓄电池的作用是将化学能转变为电能，当发动机低速运转或不工作时，向用电设备供电；当发动机转速较高时，又可将发电机发出的多余电能储存起来。发电机的作用是将机械能变为电能。它与调节器配合工作，当发电机达到一定转速后，输出电流，供照明和信号系统使用，同时对蓄电池充电。摩托车蓄电池实物如图1-76所示。

2. 照明系统

照明系统的作用是当摩托车夜间行驶时提供灯光照明。照明系统主要包括前大灯、尾灯及仪表照明灯等，如图1-77所示。

图1-76　摩托车用蓄电池

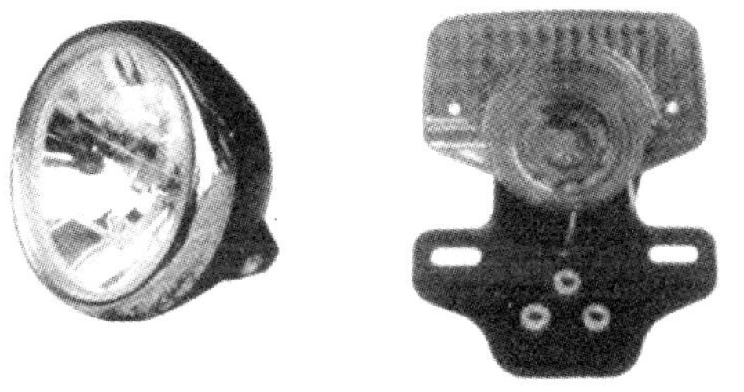

（a）前大灯　（b）尾灯

图1-77　摩托车照明系统

3. 信号系统

信号系统的作用是发出各种声光信号，以保证驾驶人正确操纵和引起行人及其他车辆的注意，确保行驶安全。信号系统主要由转向灯（图1-78）、停车灯、电喇叭（图1-79）及各种指示灯等组成。

4. 仪表装置

如图1-80所示，摩托车上的仪表装置主要有车速里程表、发动机转速表和燃油表等。车速里程表用于指示行驶车速和累计里程；发动机转速表则可随时显示发动机的转速；燃油表则能随时表明油箱中燃油的储存量。目前，一些摩托车也装备液晶显示仪表装置，如图1-81所示。

（a）普通转向灯　　（b）LED转向灯

图 1-78　转向灯

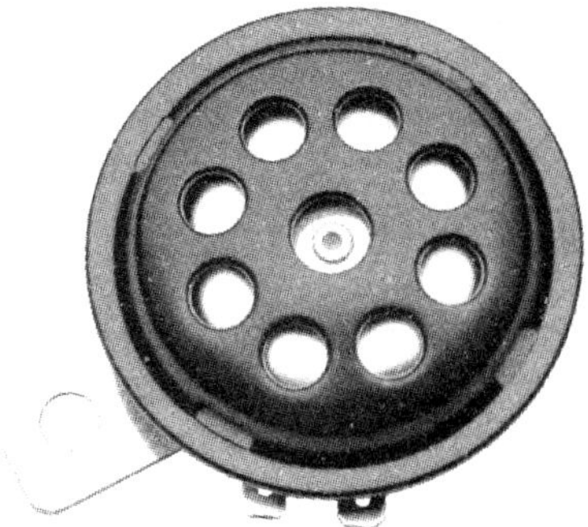

图 1-79　电喇叭

图 1-80　摩托车仪表装置

1. 车速里程表　2. 发动机转速表　3. 燃油表

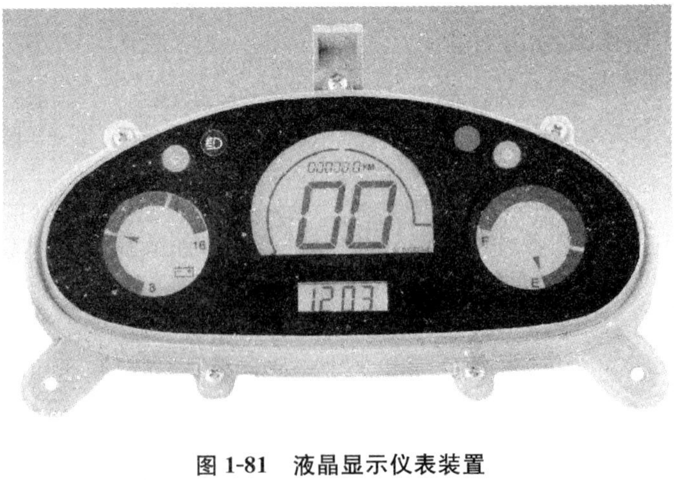

图 1-81　液晶显示仪表装置

第三节　维修工具与量具

一、常用工具的使用

1. 钳子

摩托车维修作业中常用的钳子有鲤鱼钳、钢丝钳、尖嘴钳和弯嘴钳、断线钳、挡圈钳和多用钳等，种类与用途及使用注意事项见表1-2。钳子的规格一般以钳身长度来表示。

表1-2　钳子的种类与用途及使用注意事项

<table>
<tr><th>名称</th><th>图　片</th><th>规格</th><th>用途、用法</th><th>注意事项</th></tr>
<tr><td>鲤鱼钳</td><td>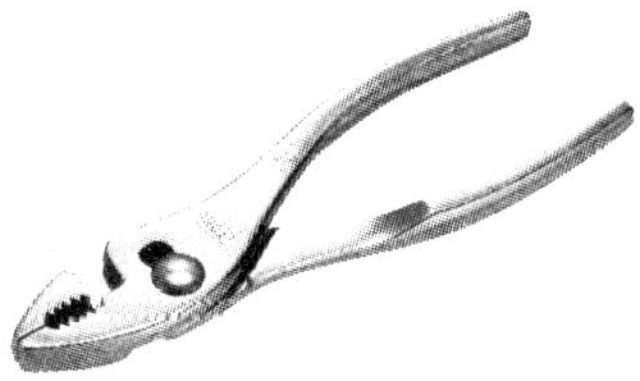</td><td>按长度通常分为150mm、200mm、250mm三种</td><td>鲤鱼钳可用来切割金属丝，弯扭小型金属棒料，夹持扁的或圆柱形小工件</td><td rowspan="3">①钳子的规格应与工件规格相适应，以免钳子小工件大造成钳子受力过大而损坏
②使用前应先擦净钳子柄上的油污，以免工作时滑脱而导致事故
③使用完应保持清洁，及时擦净
④严禁用钳子代替扳手拧紧或拧松螺栓、螺母等带棱角的工件，以免损坏螺栓、螺母等工件的棱角</td></tr>
<tr><td>尖嘴钳</td><td></td><td rowspan="2">按长度分有130mm、160mm、180mm、200mm四种</td><td rowspan="2">该种钳能在较狭小的工件空间操作，不带刃口的只能夹捏工件，带刃口的能切剪细小零件，是修理仪表及电讯器材的常用工具</td></tr>
<tr><td>弯嘴钳</td><td></td></tr>
</table>

续表 1-2

名称	图　片	规格	用途、用法	注意事项
钢丝钳		按长度分有 150mm、175mm、200mm 三种	钢丝钳上带有旁刃口，除能夹持工件外，还能折断金属薄板以及切断直径较小的金属线。钳柄上套有橡胶绝缘套的钢丝钳多在带电的场合使用	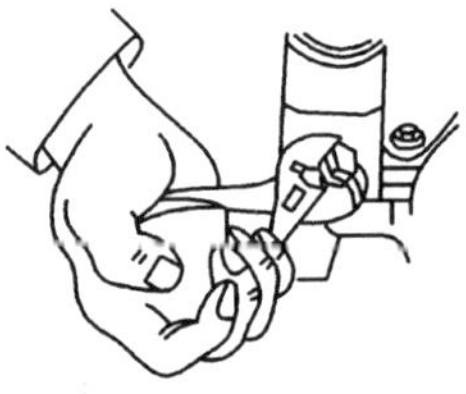 ⑤使用时，不允许用钳子切割过硬的金属丝，以免造成刃口损坏或钳体损坏 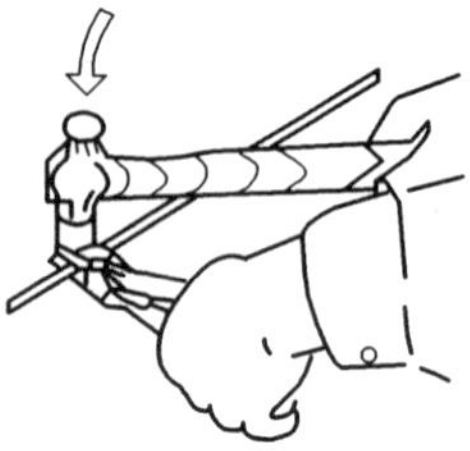 ⑥使用时，不允许用钳柄代替撬棒撬物体，以免造成钳柄弯曲、折断或损坏，也不可以用钳子代替锤子敲击零件
外卡环钳	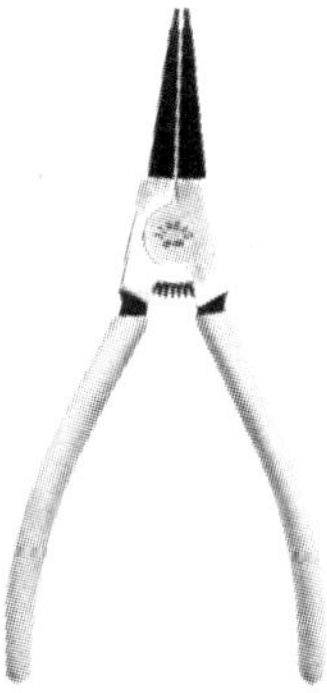	—	卡环钳是专门用于拆装带有拆装孔的弹性挡圈	
内卡环钳	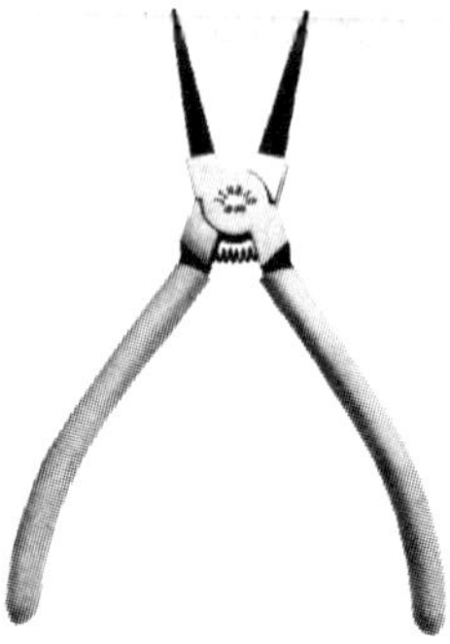			
特种卡环钳	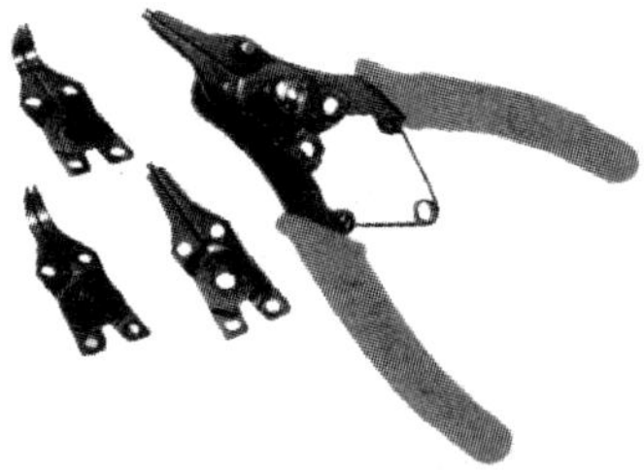			
断线钳	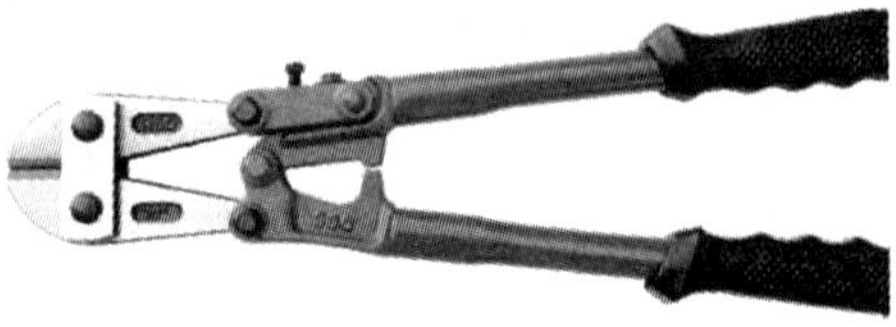	常用的有 750mm、900mm 两种规格	断线钳能比较省力地剪断较粗的金属线材	
多用钳	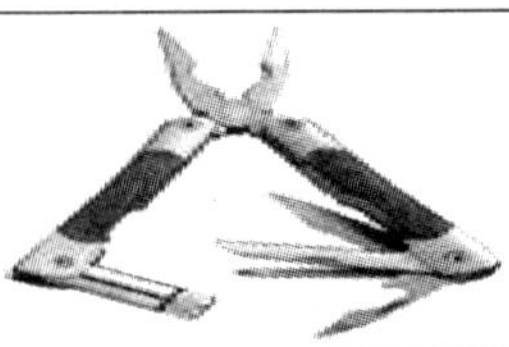	—	多用钳是利用一组复合杠杆能产生很大夹紧力，兼有活动扳手、普通手钳和夹具的功能	

2. 螺钉旋具

螺钉旋具的种类、用途及注意事项见表 1-3。

表 1-3　螺钉旋具的种类、用途及注意事项

名称	图　片	规格	用途、用法	注意事项
一字旋具	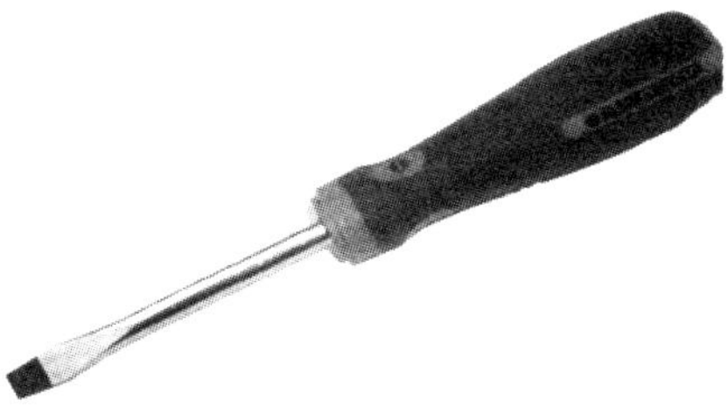	常以钢杆部分的长度来区分，其常用的规格有 50mm、75mm、125mm、150mm 等几种	主要用于拆装一字槽的螺钉、木螺钉等	①旋具有木柄和塑料柄之分，塑料柄具有一定的绝缘性，适宜电工使用 ②使用前应先擦净旋具柄和口端的油污，以免工作时滑脱而发生意外 ③选用的旋具口端应与螺栓（钉）上的槽口相吻合 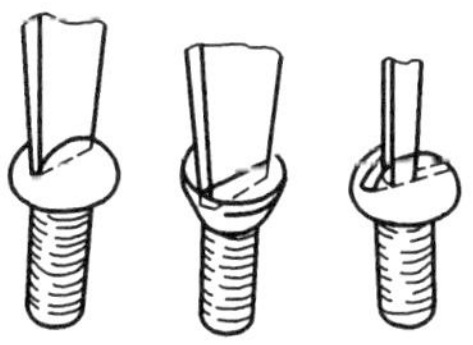 旋具口端太薄易折断，太厚不能完全嵌入槽口内，而易使旋具口和螺栓（钉）槽口损坏 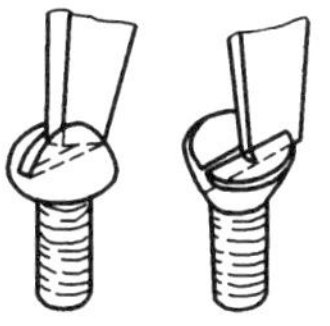 ④使用时，不允许将工件拿在手上用旋具拆装螺栓（钉），以免旋具从槽口中滑出伤手 ⑤使用时，不可用旋具当撬棒或錾子使用，除夹柄螺钉旋具外，不允许用锤子敲击旋具柄 ⑥不允许用扳手或钳子扳转旋具口端的方法来增大扭力，以免使旋具发生弯曲或扭曲变形
十字旋具		按十字口的直径可分为 2～2.5mm、3～5mm、5.5～8mm、10～12mm 四种规格	专用于拆装十字槽口的螺钉	
花键头旋具	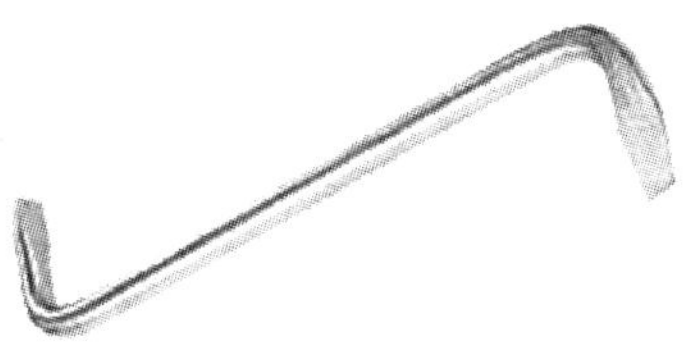	—	是一种使用简便的旋具与较高夹紧力的套筒相结合的工具。适用于在空间受到限制的安装位置处，拆装小螺母或螺钉	

续表 1-3

名称	图　片	规格	用途、用法	注意事项
				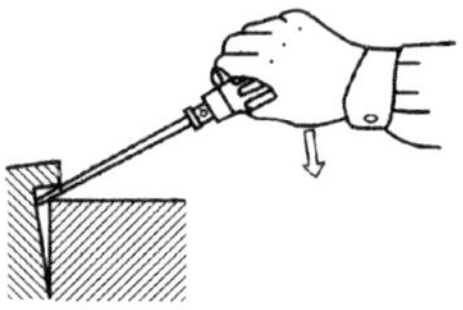 ⑦正确的握持方法应以右手握持旋具，手心抵住旋具柄端，让旋具口端与螺栓（钉）槽口处于垂直吻合状态。当开始拧松或最后拧紧时，应用力将旋具压紧后再用手腕力按需要的力矩扭转旋具。当螺栓（钉）松动后，即可使手心轻压住旋具柄，用拇指、中指和食指快速扭转。使用较长的螺钉旋具时，可用右手压紧和转动旋具柄，左手握在旋具柄中部，防止旋具滑脱，以保证安全工作 ⑧使用完毕，应将旋具擦拭干净

3. 锤子

锤子的种类、用途及注意事项见表 1-4。

表 1-4　锤子的种类、用途及注意事项

名称	图　片	规格	用途、用法	注意事项
钢制圆头锤	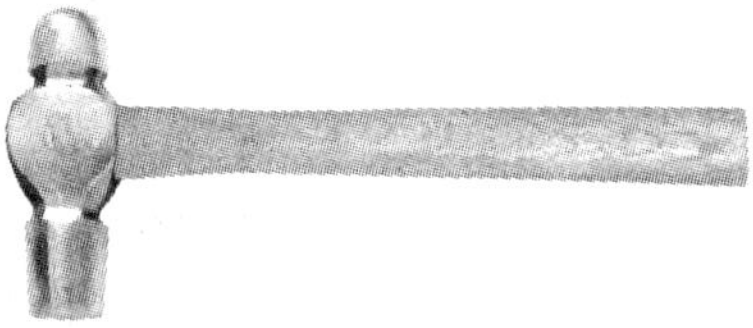	钢制圆头锤和横头锤的规格是以锤头的质量单位规定的。常用的有 0.25kg、0.5kg、0.75kg、1kg、1.25kg 和 1.5kg 六种	拆装较硬组合时使用	①使用前，必须检查锤柄是否安装牢固，如松动应重新安装，以防在使用时由于锤头脱出而发生伤人或损物事故 ②使用时，应将手上和锤柄上的汗水和油污擦干净，以免锤子从手中滑脱而发生伤人或损物事故 ③使用时，手要握住锤柄后端，握柄时手的握持力要松紧适度，这样才能保证锤击时灵活自如
横头锤	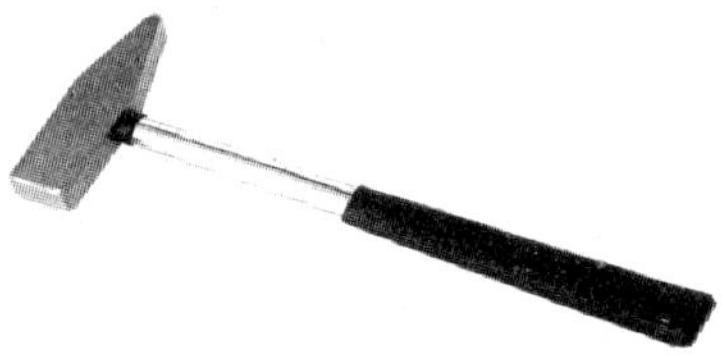		维修钣金等用力不大的零件	

续表 1-4

名称	图　片	规格	用途、用法	注意事项
软面锤		常用的有塑料、皮革、木质和黄铜软面锤	软面锤一般用于过盈配合的组合件的拆装，当敲开或压紧组合件时，使用软面锤不会使零件产生损坏	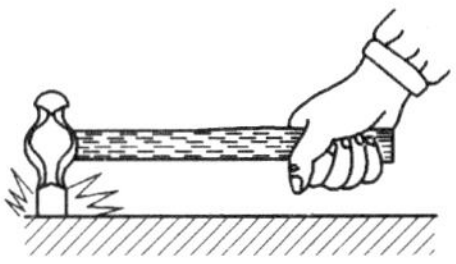 锤击时要靠手腕的运动，眼应注视工件，锤头工作面和工件锤击面应平行，才能使锤面平整地打在工件上，不能有如图中所示的操作方法 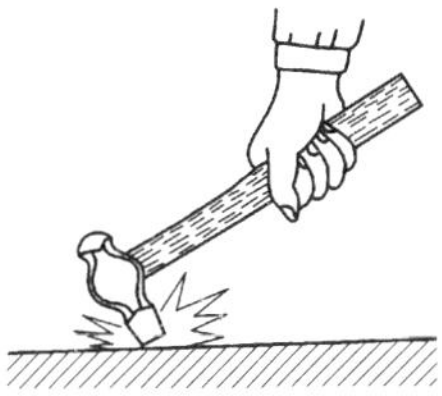 ④使用前，应清洁锤头工作面上的油污，以免锤击时发生滑脱而敲偏，损坏工件或发生意外 ⑤在锤击铸铁等脆性工件和截面较薄的零件或悬空未垫实的工件时，不能用力太猛，以免损坏工件 ⑥使用完毕，应将锤子擦拭干净

4. 扳手

扳手的种类、用途及注意事项见表 1-5。

表 1-5　扳手的种类、用途及注意事项

工具名称	图　片	规格	用途、用法	注意事项
呆扳手（双头）	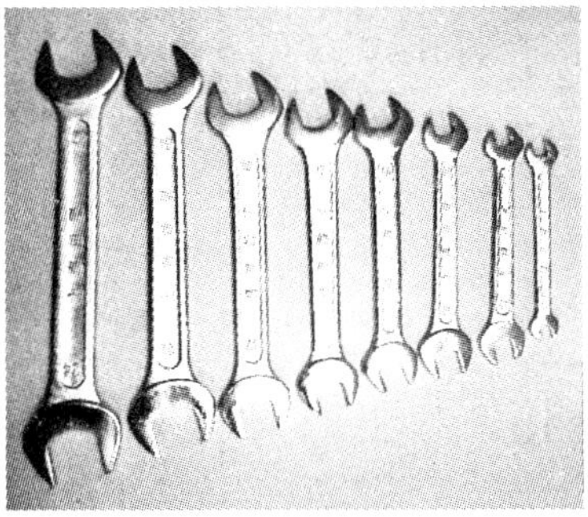	常用的有 6 件套、8 件套两种，适用范围在 6～24mm 之间。按其结构形式可分为双头扳手和单头两种；按其开口角度又可分为 15°、45°、90°三种	这种扳手主要用于拆装一般标准规格的螺栓或螺母。使用时可以上、下套入或直接插入，具有使用方便的特点	①一定要选择与所拆装螺栓（螺母）相同规格的扳手。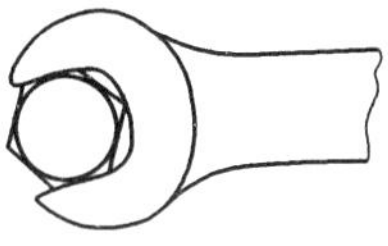 不要使用尺寸过大的扳手，以免因扳手尺寸过大而损坏螺栓（螺母）的棱角

续表 1-5

工具名称	图　片	规格	用途、用法	注意事项
				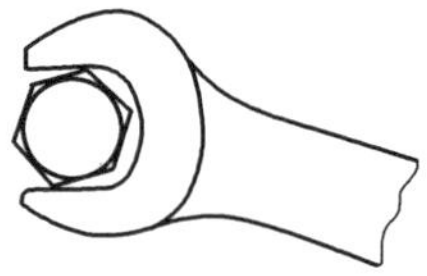 ②当使用推力拆装时，应用手掌力来推动 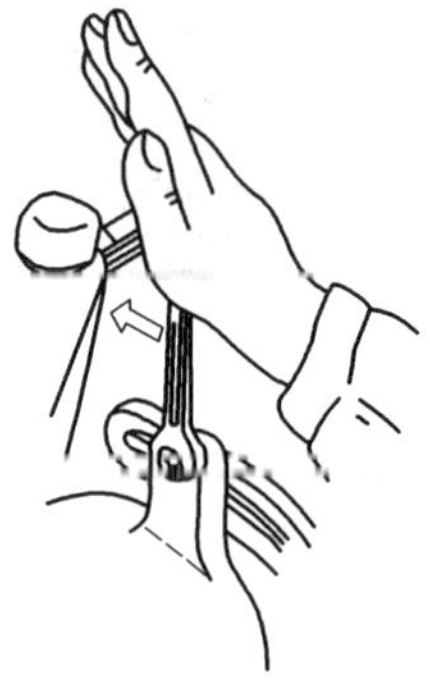 不能采用握推的方式，以免碰伤手指 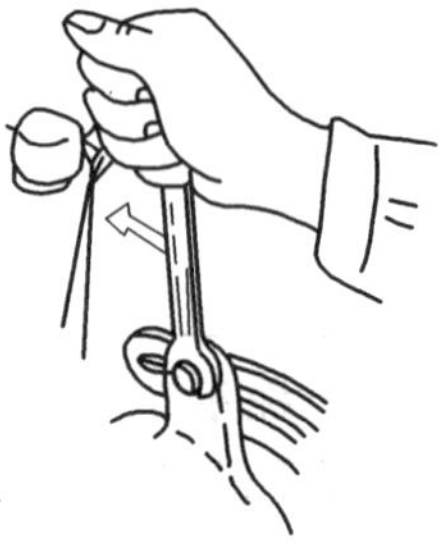 不能采用两个扳手对接或用套筒等套接的方式来加长扳手，以免损坏扳手或发生事故 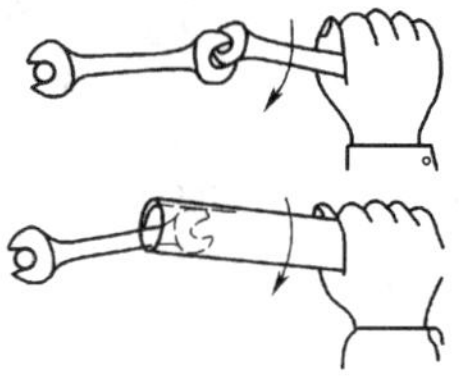

续表 1-5

<table>
<tr><th>工具名称</th><th colspan="2">图　片</th><th>规格</th><th>用途、用法</th><th>注意事项</th></tr>
<tr><td>梅花扳手</td><td colspan="2">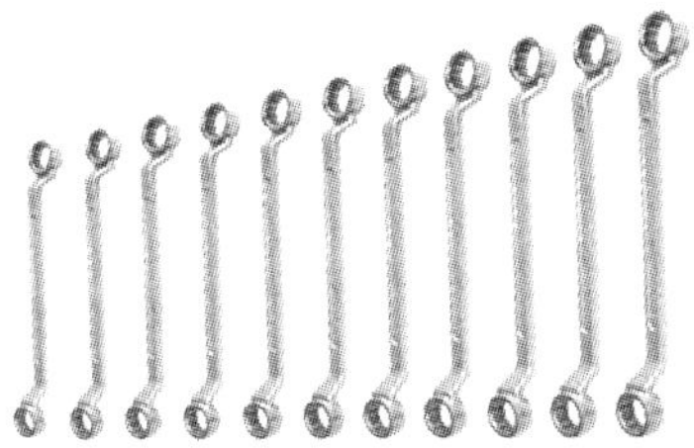</td><td>常用的有6件套、8件套两种，适用范围在5.5～27mm之间</td><td>梅花扳手两端是套筒式圆部分或全部围住，从而保证工作的安全可靠性。其用途与开口扳手相似，具有更安全可靠的特点</td><td>使用注意事项与开口扳手相同</td></tr>
<tr><td rowspan="4">套筒扳手</td><td>套筒头</td><td></td><td rowspan="4">套筒扳手是一种组合型工具，使用时由几件共同组合成一扳手。常用的套筒扳手有13件套、17件套和24件套等多种规格</td><td rowspan="4">套筒扳手适合拆装部位狭小、特别隐蔽的螺栓或螺母。其套筒部分与梅花扳手的端头相似，并制成单件，根据需要，选用不同规格的套筒和各种手柄进行组合。如活动手柄可以调整所需力臂；棘轮扳手用于快速拆装螺栓、螺母。有的扳手同时还能配用扭力扳手显示扭紧力矩，具有功能多、使用方便、安全可靠的特点</td><td rowspan="4">使用时一定要选择与所拆装螺栓(螺母)相同规格的扳手</td></tr>
<tr><td>套筒头手柄</td><td>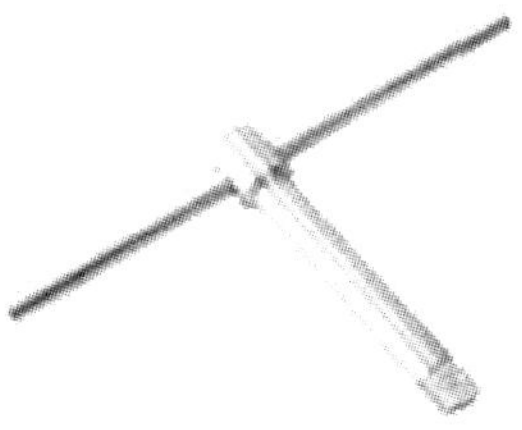</td></tr>
<tr><td>长接杆</td><td></td></tr>
<tr><td>棘轮扳手</td><td>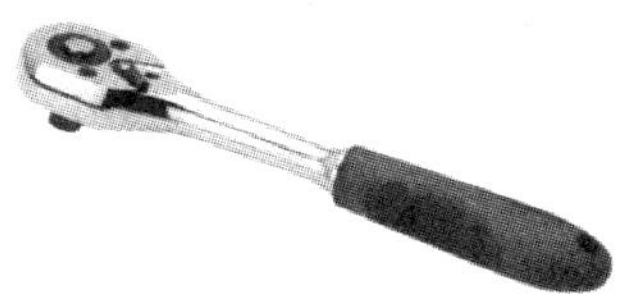</td></tr>
</table>

续表 1-5

工具名称	图　片	规格	用途、用法	注意事项
活扳手		活扳手的开口端根据需要可以在一定范围内进行调节	主要用于拆装不规则的带有棱角的螺栓或螺母	使用时必须将活动钳口的开口尺寸调整合适，用力要均匀，以免损坏扳手或使螺栓、螺母的棱角变形，造成打滑而发生事故。应使扳手的活动钳口承受推力，固定钳口承受拉力，正确的使用见图a所示 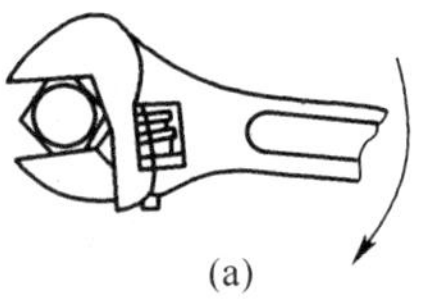 (a) 错误的使用见图b所示。 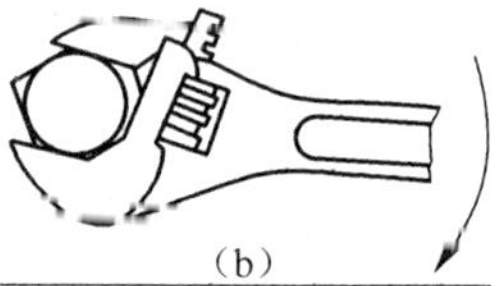 (b)
管子扳手	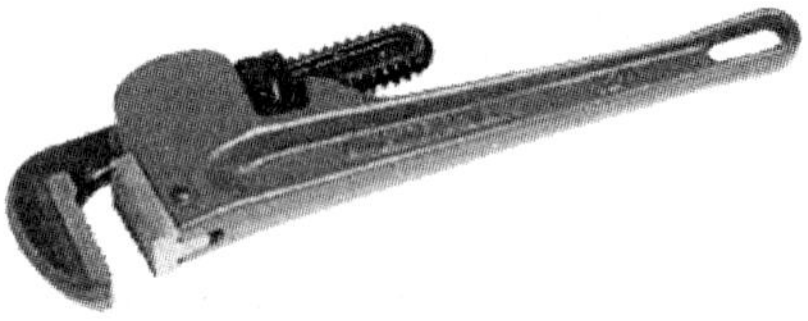	管子扳手的开口端根据需要可以在一定范围内进行调节	是一种专门用于扭转管子、圆棒以及用其他扳手难以夹持，扭转光滑的圆柱形工件的工具	由于管子扳手的钳口上有齿槽，使用时应尽量避免将工件表面咬毛；另外不能用管子扳手代替其他扳手来旋转螺栓、螺母或其他带有棱角的工件等，以免损坏螺栓、螺母等棱角
扭力扳手		是一种与套筒扳手中的套筒配合使用，能显示扭转力矩的专用工具。用扭力扳手拧紧螺栓或螺母时，其转矩的大小能及时显示出来，扭矩的单位是N·m。摩托车维护中常用扭力扳手的规格为0～300N·m	在维修作业中，凡是有扭紧力矩要求的螺栓或螺母，均需用扭力扳手将螺栓或螺母拧紧到规定力矩	使用扭力扳手，必须符合规定，切忌在过载情况下使用而造成扭力扳手的失准或损坏。用完应将扭力扳手平稳放置，避免因重物撞、压，造成扳手杆或扳手指针变形而影响扳手的精度，甚至损坏扳手

续表 1-5

工具名称	图片		规格	用途、用法	注意事项
专用扳手	内六角扳手	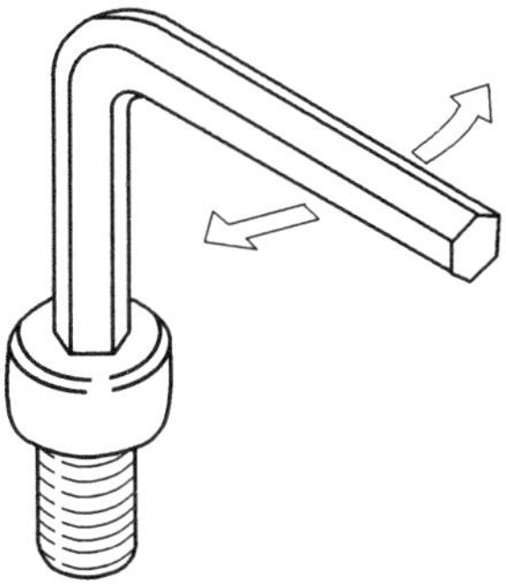	一般是不同规格的成套工具	用于扭转内六角头部的螺栓	—
	气门芯扳手	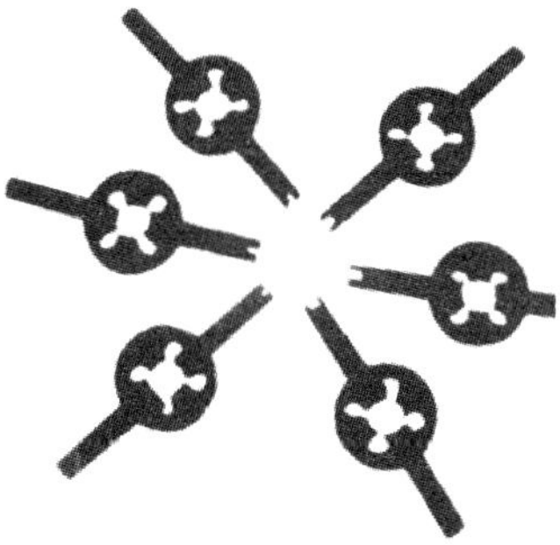	—	用于拆装轮胎气门芯	—

5. 其他常用工具

其他常用工具的种类、用途及注意事项见表 1-6。

表 1-6 其他常用工具的种类、用途及注意事项

名称	图片	规格	用途、用法	注意事项
铲刀		—	铲除积炭、油泥等杂物。	—
钢丝刷	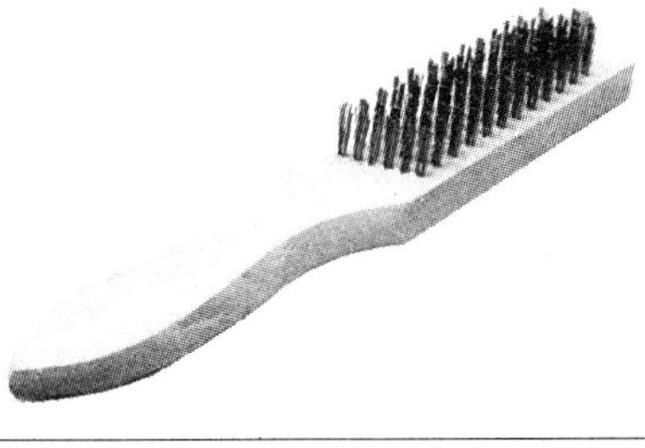	—	清除零件表面的油污等杂物	钢丝刷的硬度较大，如果用于清洗相关零件时，容易给表面造成磨损或者划伤。因此，使用时用力不可过大
镊子		150	夹取细小的零件等。使用时，用大拇指和食指夹住镊子，使镊子后柄位于掌心，视需要而加上中指	注意不要太用力，以避免手发抖

续表 1-6

名称	图　　片	规格	用途、用法	注意事项
冲子		冲子通常以几种尺寸配成套，每套 3～5 只	用于冲出直的或有锥度的销钉	①销钉移动或部分地从孔中冲出后，冲子就不要再继续使用 ②所选用的圆凿和与孔眼相匹配的尖冲头的尺寸要尽可能大。绝不能使用尖冲头开始冲销钉，因为其冲柄较细，不能承受大的冲击负荷。否则，冲柄就会弯曲或折断 ③因为有的冲头较尖，在硬金属上一般不得使用冲子
錾子		160×13，150×3（长×錾口宽）	錾子是一种靠锤子敲击来对金属工件进行切削加工，可以除去毛坯的飞边、毛刺、浇冒口，切割板料、条料，开槽以及对金属表面进行粗加工等	①使用时防止锤头飞出 ②使用时应及时磨掉錾子头部的毛刺 ③操作者应戴上防护眼镜，工作地周围应装有安全网 ④经常对錾子进行刃磨，保持正确的后角，錾削时防止錾子滑出工件表面
油石		100×25×13	油石是供手工研磨使用的一种磨具。广泛用于手工修磨各种工具、模具和零件	油石比较容易断，使用时应注意
锉刀	扁平细锉 	150（锉身长度）	锉刀是用来锉削金属板、金属棍或塑料板等各种材料的一种工具。最典型的钢锉使用方法如图所示，右手握锉柄，用力方向与锉的方向一致，左手握住锉头处。锉的方向与工件成 45°角，还要保持锉成水平状态 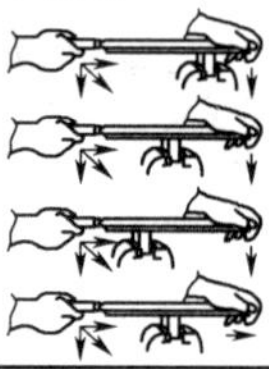	不同的加工对象，选择不同的锉刀
	什锦锉 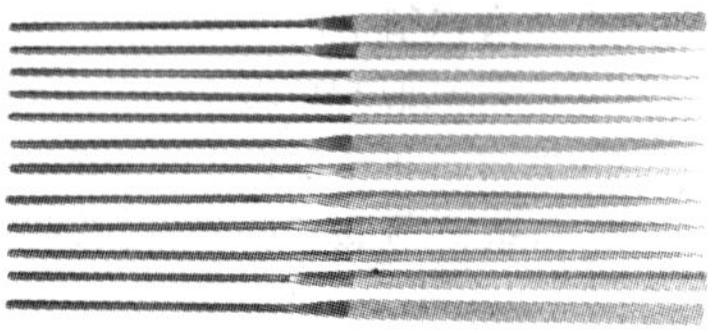	—		

二、专用工具的使用

(1)专用套筒扳手(如图 1-82 所示)。用于拆装磁电机飞轮螺母。

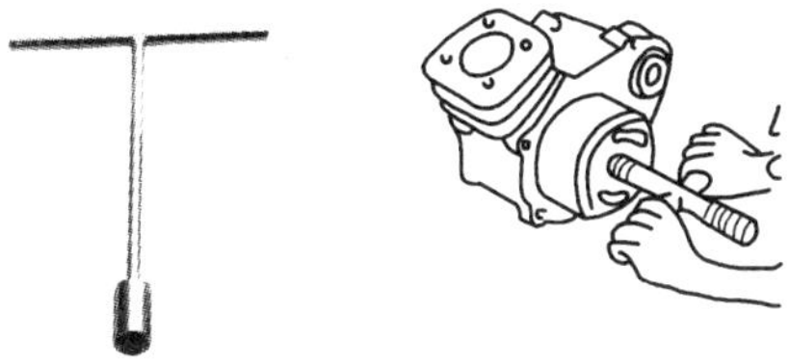

(a)外形　(b)使用方法

图 1-82　专用套筒扳手

(2)飞轮夹持器(如图 1-83 所示)。拆卸飞轮时,用于固定飞轮。

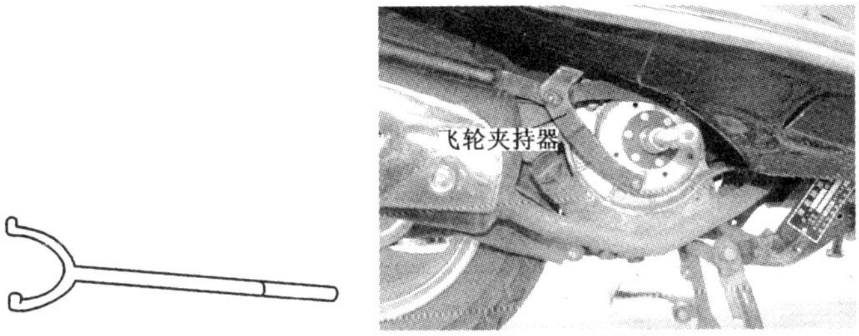

(a)外形　(b)使用方法

图 1-83　飞轮夹持器

(3)离合器夹持器(如图 1-84 所示)。拆卸离合器时,用于固定离合器。

(4)磁电机飞轮拔出器(如图 1-85 所示)。用于拆卸磁电机飞轮。

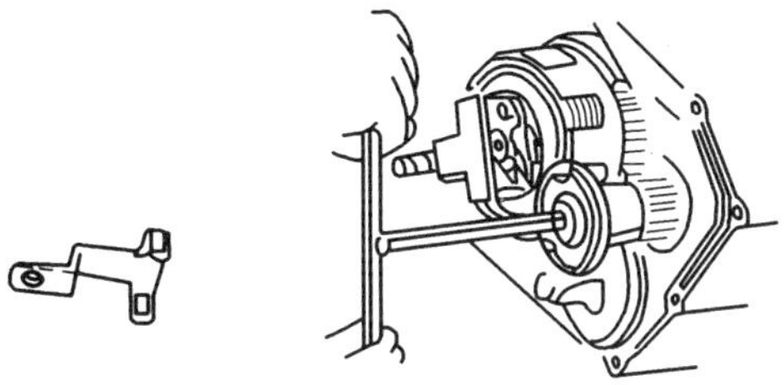

(a)外形　(b)使用方法

图 1-84　离合器夹持器

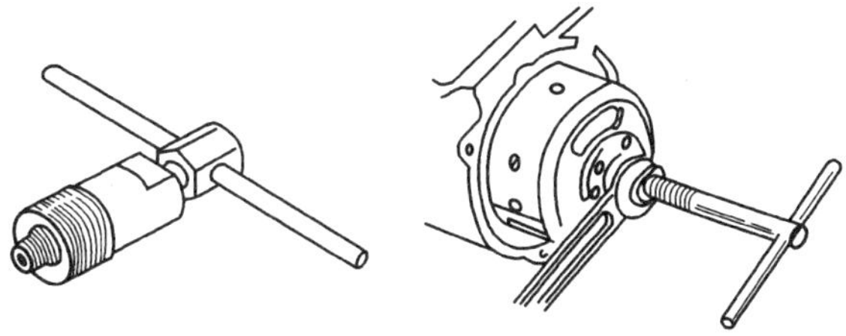

(a)外形　(b)使用方法

图 1-85　磁电机飞轮拔出器

(5)气门拆装钳(如图 1-86 所示)。用于拆装气门。

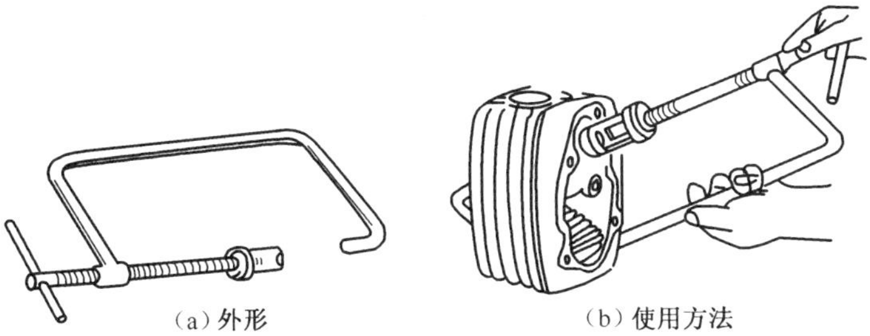

(a)外形　(b)使用方法

图 1-86　气门拆装钳

(6)活塞销拆卸器(如图 1-87 所示)。用于拆装活塞销。

(7)大螺母专用扳手(如图 1-88 所示)。用于拆装大螺母。

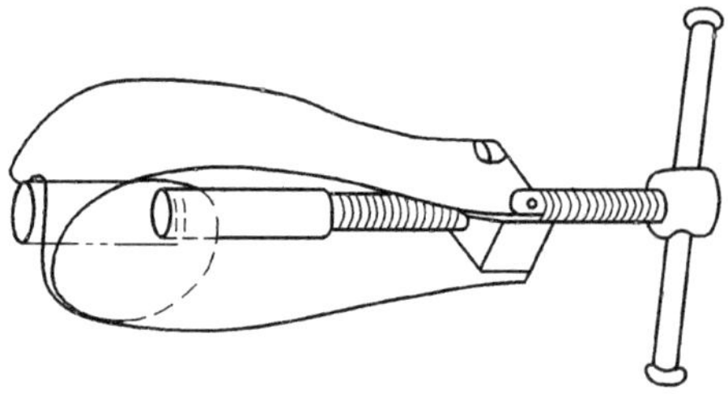

图 1-87 活塞销拆卸器

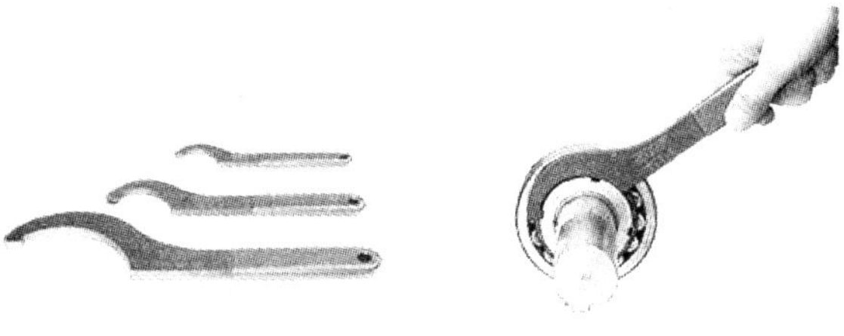

(a) 外形　(b) 使用方法

图 1-88 大螺母专用扳手

(8)冒孔轴承拆卸工具(如图 1-89 所示)。

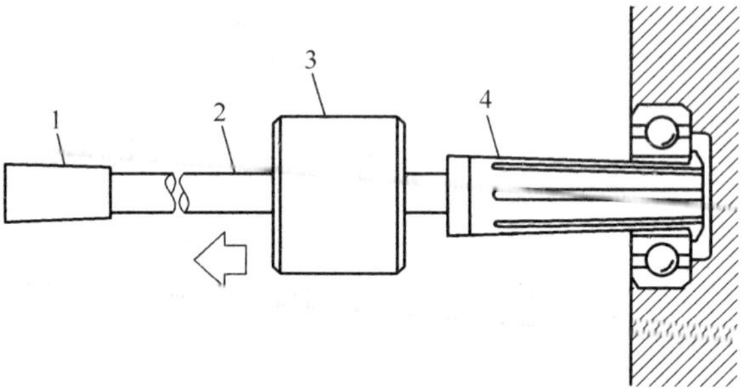

图 1-89 冒孔轴承拆卸工具

1. 手柄　2. 轴　3. 拆卸工具重锤　4. 轴承拆卸工具

(9)车轮轴承拆卸工具(如图 1-90 所示)。用于拆卸车轮轴承。

(10)车轮轴承安装工具(如图 1-91 所示)。用于安装车轮轴承。

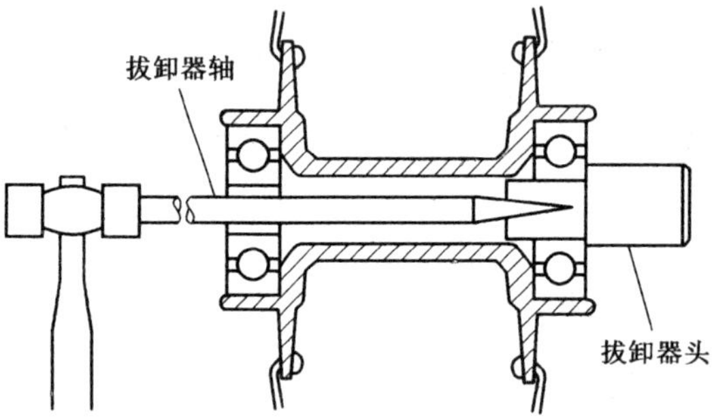

图 1-90 车轮轴承拆卸工具

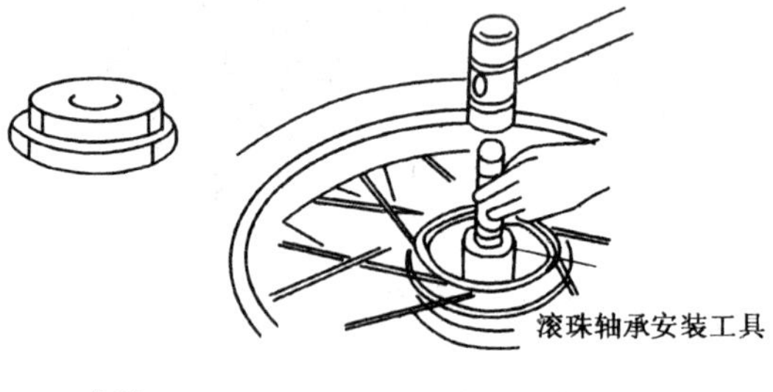

(a) 外形　(b) 使用方法

图 1-91 车轮轴承安装工具

(11)轴承安装工具(如图 1-92 所示)。用于安装相关轴承。

(12)转向轴承安装工具(如图 1-93 所示)。用于安装转向轴承。

(13)前减振器油封拆装器(如图 1-94 所示)。用于拆装前减振器油封。

(14)拆装工具手柄(如图 1-95 所示)。用于配合拆装零件时的专用工具。

(15)后减振器拆装工具(如图 1-96 所示)。用于拆装后减振器。

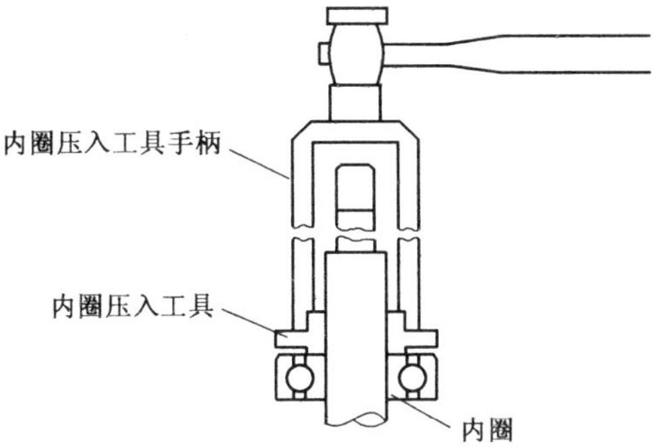

图 1-92 轴承安装工具

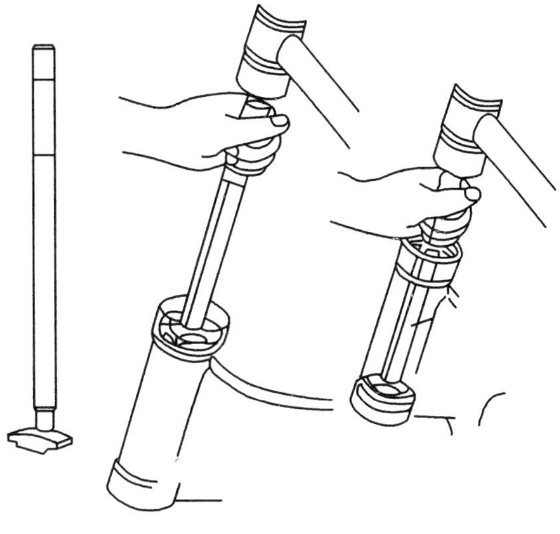

(a) 外形 (b) 使用方法

图 1-93 转向轴承安装工具

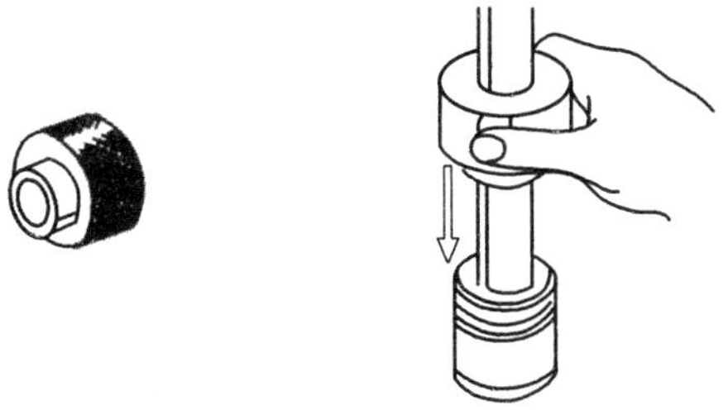

(a) 外形 (b) 使用方法

图 1-94 前减振器油封拆装器

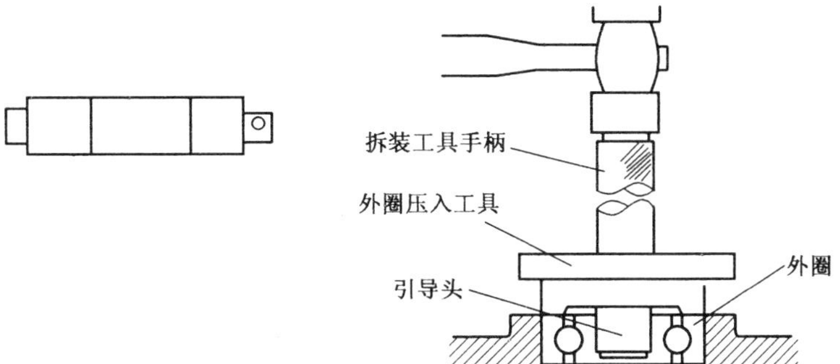

(a) 外形 (b) 使用方法

图 1-95 拆装工具手柄

(16)前减振器拆装工具(如图 1-97 所示)。用于拆装前减振器。

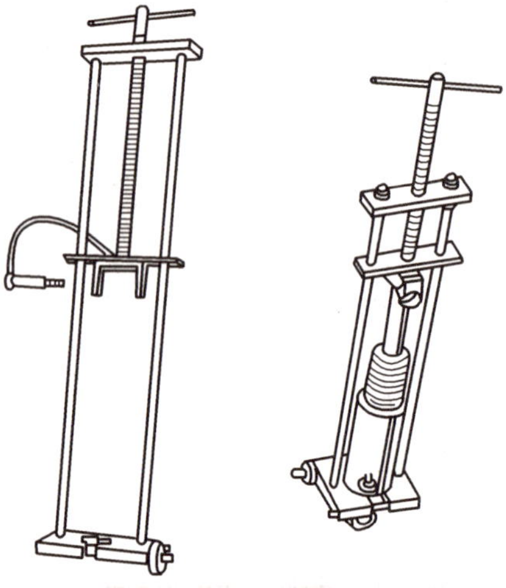

(a)外形 (b)使用方法

图 1-96 后减振器拆装工具

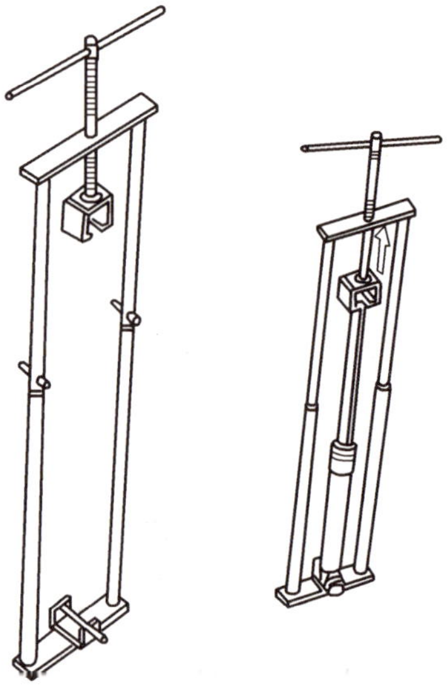

(a)外形 (b)使用方法

图 1-97 前减振器拆装工具

(17)气门导管铰刀(如图 1-98 所示)。用于铰削气门导管。

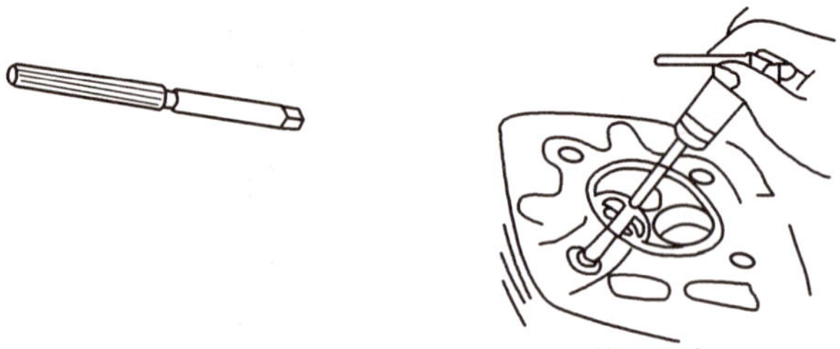

(a)外形 (b)使用方法

图 1-98 气门导管铰刀

(18)活塞环拆装钳(如图 1-99 所示)。用于拆装活塞环。

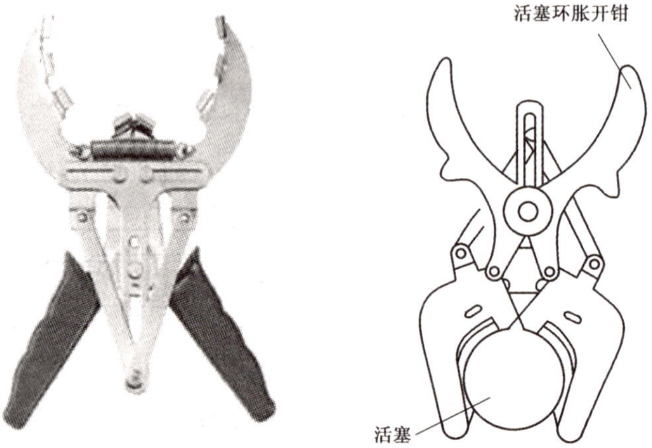

(a)外形 (b)使用方法

图 1-99 活塞环拆装钳

(19)活塞环压缩器。安装活塞环时，也可以用如图 1-100 所示的活塞环压缩器。

(20)辐条扳手(如图 1-101 所示)。用于调整车轮辐条的松紧度。

图 1-100　活塞环压缩器

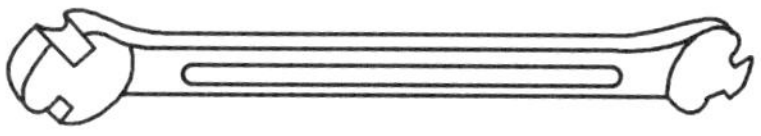

(a) 长扳手

(b) 圆扳手

图 1-101　辐条扳手

(21)火花塞套筒扳手(如图 1-102 所示)。用于拆装火花塞。

(a) 外形

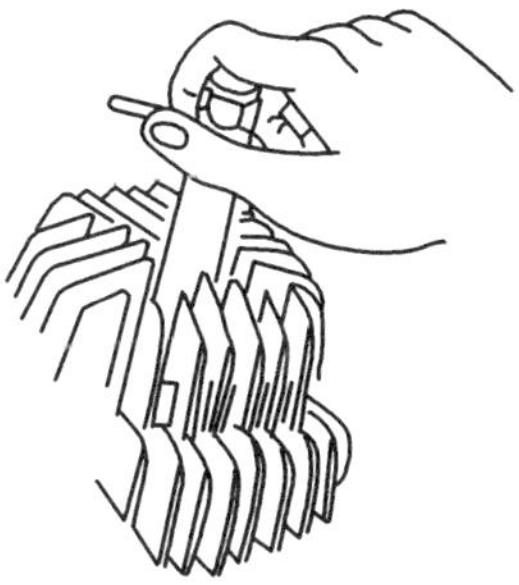

(b) 使用方法

图 1-102　火花塞套筒扳手

(22)曲轴箱拆卸工具(如图 1-103 所示)。用于拆卸曲轴箱。

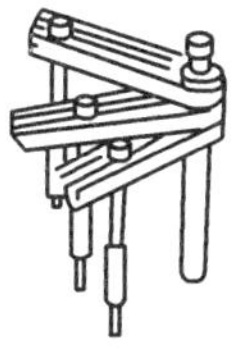

(a) 外形

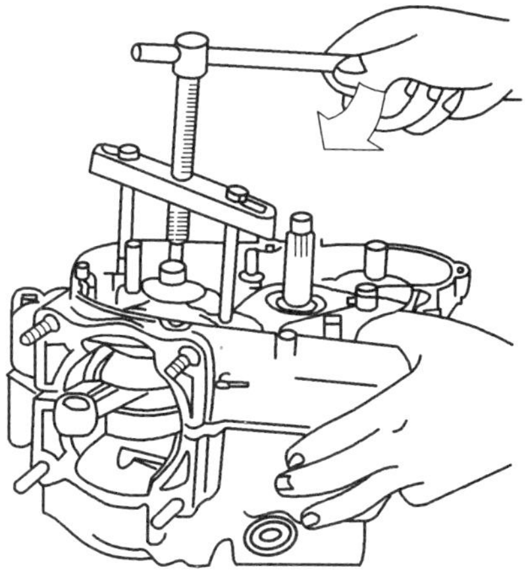

(b) 使用方法

图 1-103　曲轴箱拆卸工具

(23)重块(如图 1-104 所示)。用于拆卸相关零件。

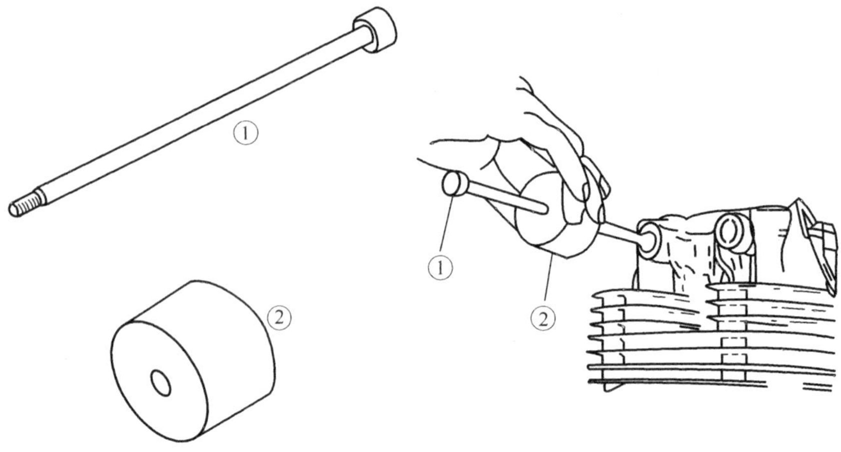

（a）外形　　（b）使用方法

图 1-104　重块

①连接杆　②重块

（24）气门导管拆卸工具（如图 1-105 所示）。用于拆卸气门导管。

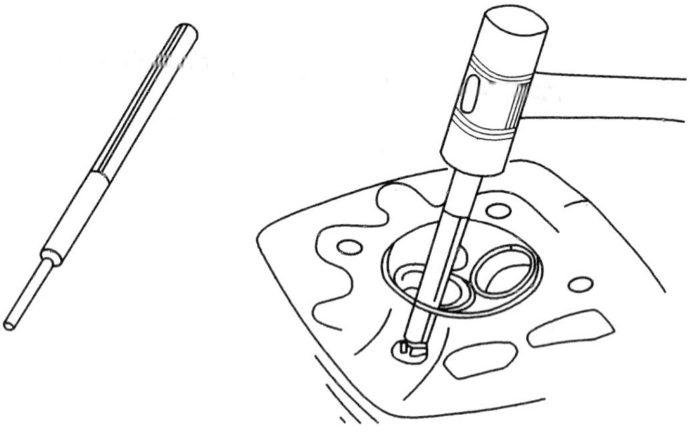

（a）外形　　（b）使用方法

图 1-105　气门导管拆卸工具

（25）气门导管安装工具（如图 1-106 所示）。用于安装气门导管。

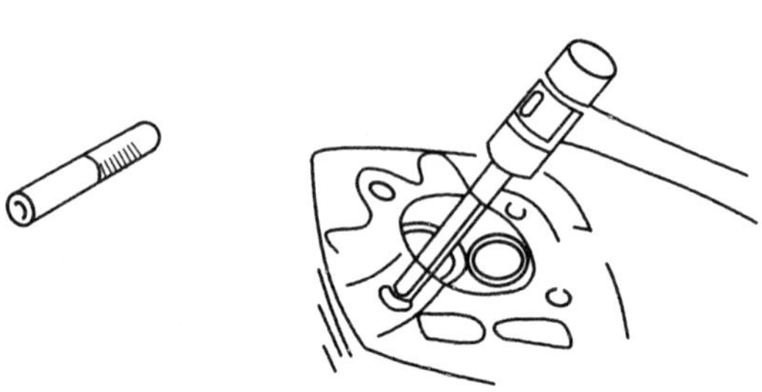

（a）外形　　（b）使用方法

图 1-106　气门导管安装工具

（26）链条切断器（如图 1-107 所示）。用于切断链条。

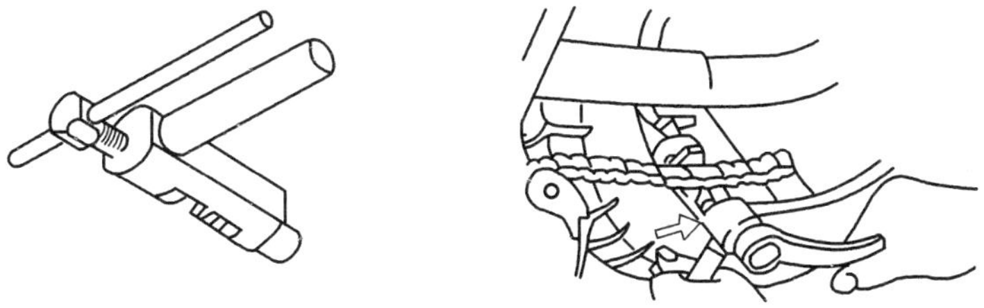

(a) 外形　　(b) 使用方法

图 1-107　链条切断器

(27)气门间隙调整工具(如图 1-108 所示)。用于调整气门间隙。

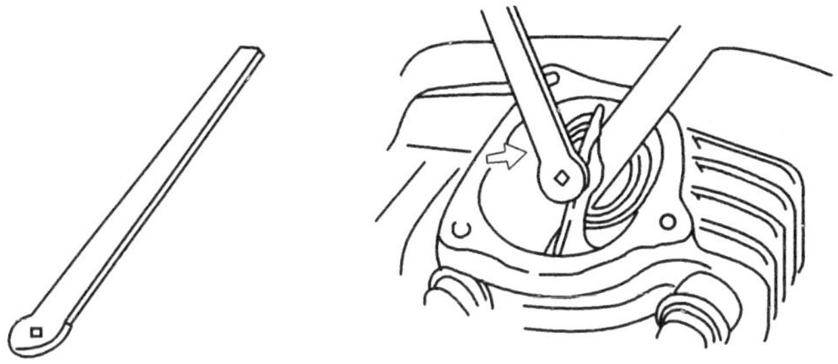

(a) 外形　　(b) 使用方法

图 1-108　气门间隙调整工具

(28)扳杠(如图 1-109 所示)。用于拆卸相关零件。

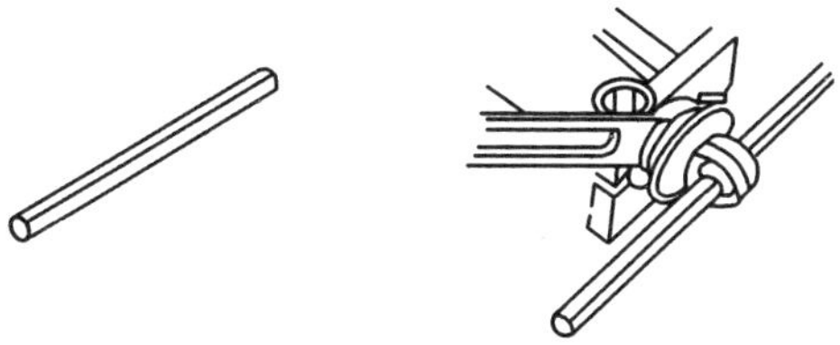

(a) 外形　　(b) 使用方法

图 1-109　扳杠

三、量具的使用

1. 塞尺

(1)用途。如图 1-110 所示,塞尺是一种由多片不同厚度的标准钢片所组成的测量工具,每片钢片有平行的两个测量平面,并在钢片上标出其厚度值。主要用于两个接合面之间的间隙值的检验。使用时,可以用一片进行测量,也可以由多片组合

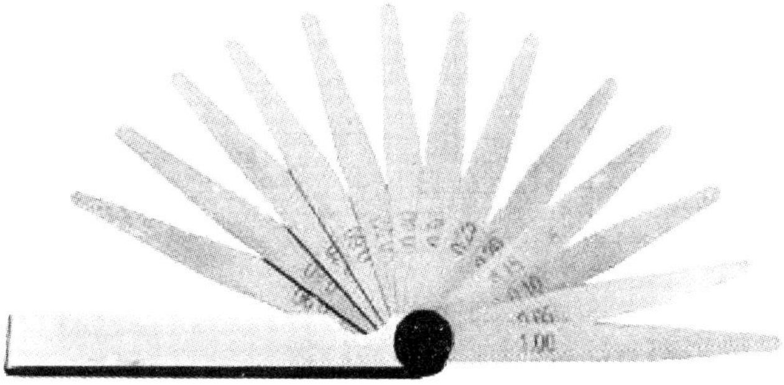

图 1-110　塞尺

在一起进行测量。

(2)使用方法。

①用干净布将塞尺片两测量表面擦拭干净，不能在沾有油污或金属屑末的情况下进行测量，否则将直接影响测量结果的准确性。

②将塞尺片插入被测间隙中，来回拉动塞尺片，感到稍有阻力则该间隙值接近塞尺片上所标出的数值。如果拉动时阻力过大或过小，则该间隙值小于或大于塞尺片上所标出数值。

③间隙测量和调整时，先选择符合间隙规定的塞尺，插入被测间隙中，然后一边调整，一边拉动塞尺片，直到感觉稍有阻力，这时即可拧紧锁紧螺母。图 1-111 为塞尺使用实例。

(a) 测量气门间隙　　(b) 测量活塞环开口间隙

图 1-111　塞尺的使用

1. 锁紧螺母　2. 调整螺栓　3. 旋具　4. 塞尺

(3)使用注意事项。

①不允许在测量过程中，剧烈折塞尺片，或用较大的力硬将塞尺片插入被检测间隙中，否则将损坏(伤)塞尺片的测量表面或零件表面。

②用毕，应将塞尺片擦干净，并涂上一薄层润滑油或工业凡士林，然后将塞尺片折回夹框内，以防锈蚀、变曲、变形而损坏。

③存放时，不能放在重物下面以免损坏塞尺。

2. 游标卡尺

(1)用途。游标卡尺是一种能直接测量零件内、外直径、宽度、长度或深度的量具。

(2)种类。按照测量功能可以分为普通游标卡尺、深度游标卡尺、带表卡尺等；按照读数值可以分为 0.05mm、0.02mm 等几种，如图 1-112 所示。

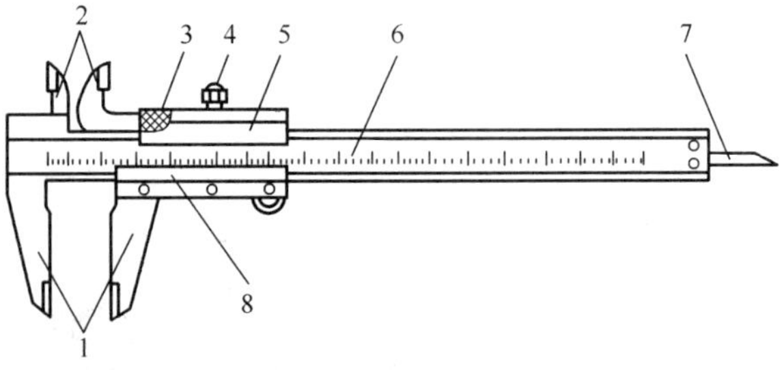

图 1-112　游标卡尺

1. 外量爪　2. 内量爪　3. 弹簧片　4. 紧固螺钉　5. 尺框　6. 尺身(主尺)　7. 深度尺　8. 游标

(3)使用方法。

①使用前,先将零件被测表面和卡脚接触表面擦干净。

②测量零件外径时,将活动量爪向外移动,使两量爪间距大于零件外径,然后再慢慢地移动游标,使两量爪与零件接触,切忌硬卡硬拉,以免影响游标卡尺的精度和读数的准确性。

③测量零件内径时,将活动量爪向内移动,使两量爪间距小于零件内径,然后再缓慢地向外移动游标,使两量爪与零件接触,如图 1-113 所示。

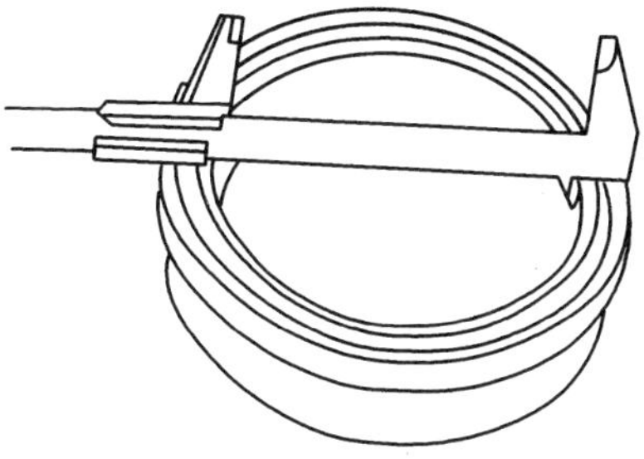

图 1-113 测量零件内径

④测量时,应使游标卡尺与零件垂直,固定锁紧螺钉。测外径时,记下最小尺寸,测内径时,记下最大尺寸。

⑤用深度游标卡尺测量零件深度时,将固定量爪与零件被测表面平整接触,然后缓慢地移动游标,使量爪与零件接触。移动力不宜过大,以免硬压游标而影响测量精度和读数的准确性,如图 1-114 所示。

⑥用毕,应将游标卡尺擦拭干净,并涂一薄层工业凡士林,放入盒内存放,切忌折、重压。

(4)读数方法,如图 1-115 所示。

图 1-114 测量零件深度

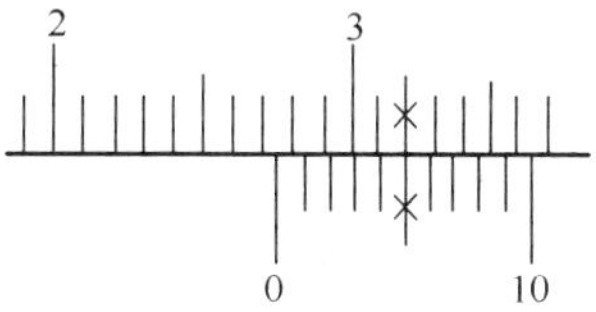

图 1-115 读数方法

①读出游标零刻线所指示尺身上左边刻线的毫米数。

②观察游标上零刻线右边第几条刻线与尺身某一刻线对准,将读数乘以游标上的格数,即为毫米小数值。

③将尺身上整数和游标上的小数值相加即得被测零件的尺寸。计算公式如下:

零件尺寸=尺身整数+游标读数值

图 1-115 中的读数值 2.7mm+0.05mm=2.75mm。

3. 千分尺

(1)用途。千分尺是一种用于测量加工精度要求较高的精密量具,其测量精度可达到 0.01mm。

(2)种类。按照测量范围可以分为 0~25mm、25~50mm、50~75mm、75~100mm、100~125mm 等多种不同规格,但每一种千分尺的测量范围均为 25mm,其结构如图 1-116 所示。

(3)千分尺误差检查。

①把千分尺砧端表面擦拭干净。

②旋转棘轮盘，使两个砧端先靠拢，直到棘轮发出 2～3 响“咔咔”声响，这时检视指示值。

③微分筒前端应与固定套筒的“0”线对齐。

④微分筒的“0”线与固定套筒的基线对齐。

⑤若两者中有一个“0”线不能对齐，则该千分尺有误差，应予检调后才能测量。

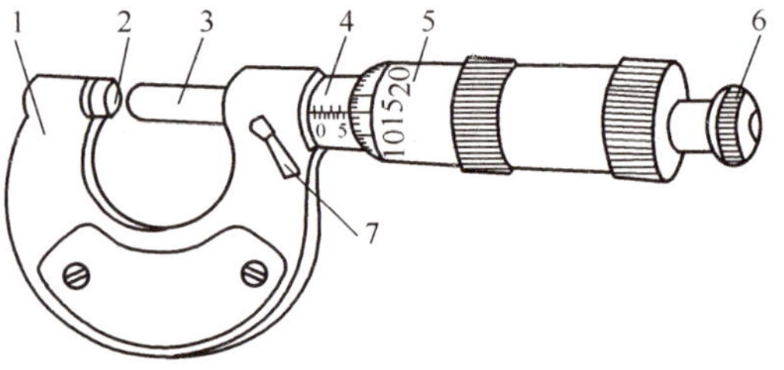

图 1-116　千分尺

1. 尺架　2. 测砧　3. 测微螺杆　4. 固定套筒　5. 微分筒　6. 测力装置　7. 锁紧装置

(4)使用方法。

①将零件被测表面擦拭干净，并置于千分尺两砧端之间，使千分尺螺杆轴线与零件中心线垂直或平行，若歪斜着测量，则直接影响到测量的准确性。

②旋转旋钮，使砧端与零件测量表面接近，这时改用旋转棘轮盘，直到棘轮发出“咔咔”声响时为止，这时的指示数值就是所测量到的零件尺寸。

③测量完毕，必须倒转微分筒后才能取下千分尺。

使用完毕，应将千分尺擦拭干净，保持清洁，并涂抹一薄层工业凡士林，然后放入盒内保存。禁止重压、弯曲千分尺，且两砧端不得接触，以免影响千分尺精度。

(5)读数方法。

①从固定套筒上露出的刻线读出零件的毫米整数和半毫米整数。

②从微分筒上由固定套筒纵向线所对准的刻线读出零件的小数部分(百分之几毫米)，不足一格数(千分之几毫米)，可用估算读法确定。

③将两次读数相加就是零件的测量尺寸。

图 1-117 为千分尺的三个读数实例。

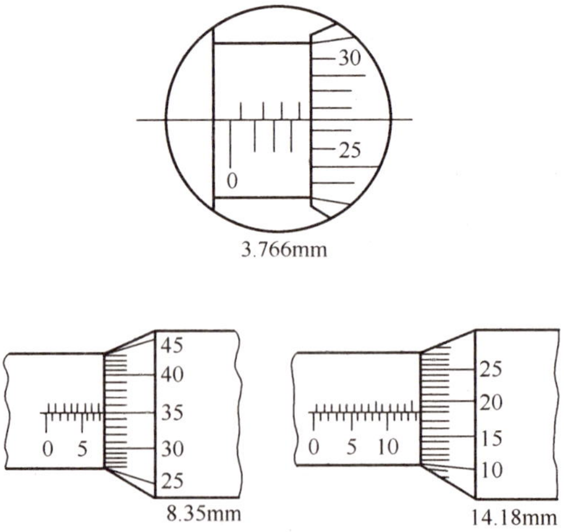

图 1-117　千分尺读数实例

4. 百分表

(1)用途。百分表是一种比较性测量仪器，如图 1-118 所示，主要用于测定零件的偏差值、零件平面度、直线度、跳动量、气缸圆度、圆柱度误差以及配合间隙等。

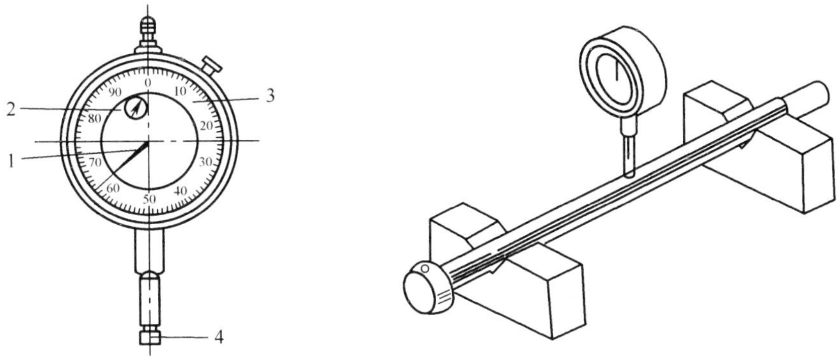

（a）百分表　　（b）使用方法

图 1-118　百分表

1. 大指针　2. 小指针　3. 表盘　4. 测头

（2）读数方法。百分表的表盘刻度一般分为 100 格，当测头每移动 0.01mm 时，大指针就偏转 1 格（表示 0.01mm）；当人指针超过 1 圈时，小指针偏转 1 格（表示 lmm）；指针的偏转量就是被测零件的实际偏差或间隙值。

（3）使用方法。

①先将百分表固定在表架（支架）上，以测杆端测头抵住被测零件表面，并使量头产生一定位移（即指针存在一个预偏转值）。

②移动被测零件，同时观察百分表表盘上指针的偏转量，该偏转量即被测物体的偏差尺寸或间隙值。

（4）使用注意事项。

①测杆轴线应与被测零件表面垂直。

②百分表用毕，应解除所有的负荷，用干净布将表面拭干净，并在容易生锈的金属表面涂抹一薄层工业凡士林，水平地放置盒内，严禁重压。

5. 内径百分表（量缸表）

（1）用途。内径百分表又称量缸表，如图 1-119 所示，是一种用于测量孔径的比较性量具，在摩托车维修中，主要用于测量发动机气缸和轴承座孔的圆度、圆柱度误差或零件磨损情况。

（2）构造。由百分表、表杆、表杆座、活动测杆（测头）、支撑架和一套长度不等的接杆等组成。

（3）使用方法。

①用手拿住绝热套（图 1-120 所示），另一只手尽量托住表杆下部，轻轻摆动表杆，使内径百分表测杆与气缸轴线垂直，可通过观察百分表指针摆动情况来判断，当表针指示到最小数值时，即表示测杆已垂直于气缸轴线。

②内径百分表读数方法与百分表相同，读出百分表表头指示数值。

③确定零件尺寸。

a. 如果百分表头的大指针正好指在“0”处，说明被测零件的孔径（缸径）与其校表尺寸

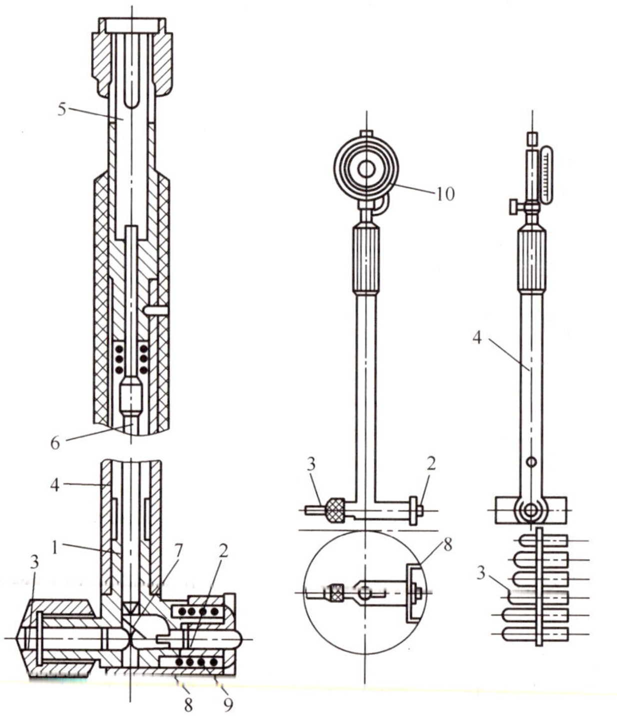

图 1-119 内径百分表

1. 三通管 2. 活动量杆 3. 固定量杆 4. 表管 5. 插口 6. 活动杆 7. 杠杆 8. 活动套 9. 弹簧 10. 百分表

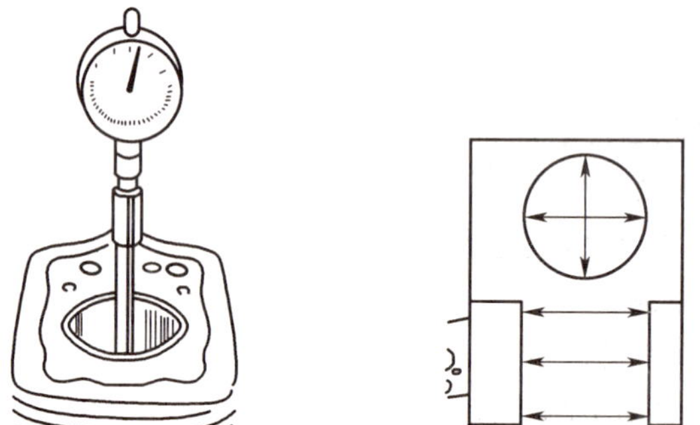

（a）量缸表的放置 （b）量缸表的测量位置

图 1-120 量缸表使用方法

相等，若以标准尺寸进行校表，则表示零件尺寸与标准尺寸相同。

b. 如果百分表头大指针顺时针方向转离“0”位，则表示零件尺寸小于标准尺寸，反之则表示大于标准尺寸。

c. 通过对不同测量点的测量，即可得到圆度、圆柱度的误差量或零件的磨损情况。

6. 气缸压力表

气缸压力表如图 1-121 所示。用于测量气缸的压缩压力。

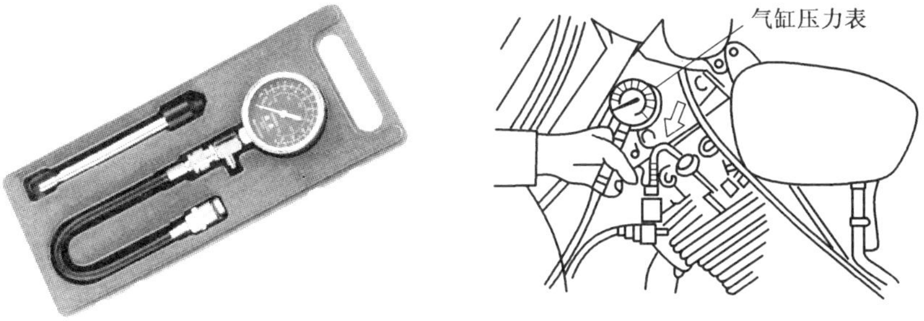

（a）外形　（b）使用方法

图 1-121　气缸压力表

7. 万用表

万用表如图 1-122 所示，用于测量电阻、电压、电流。

（a）指针式万用表　（b）数字式万用表　（c）使用方法

图 1-122　万用表

8. 电解液密度计

电解液密度计如图 1-123 所示，用于测量蓄电池电解液的密度。

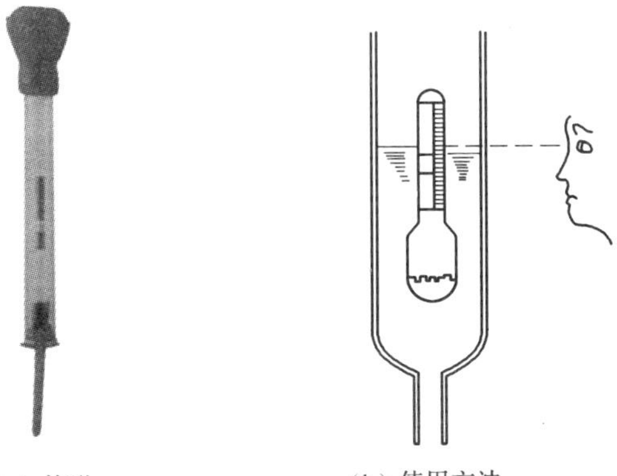

（a）外形　（b）使用方法

图 1-123　电解液密度计

9. 正时灯

正时灯如图 1-124 所示。用于测量点火时间。

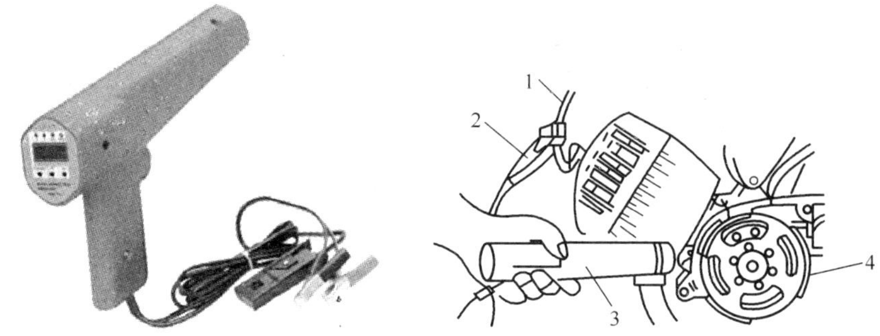

（a）外形　（b）使用方法

图 1-124　正时灯

1. 高压导线　2. 导线夹头　3. 正时灯　4. 正时刻线

10. 感应式转速表

感应式转速表如图 1-125 所示。用于测量发动机的转速。

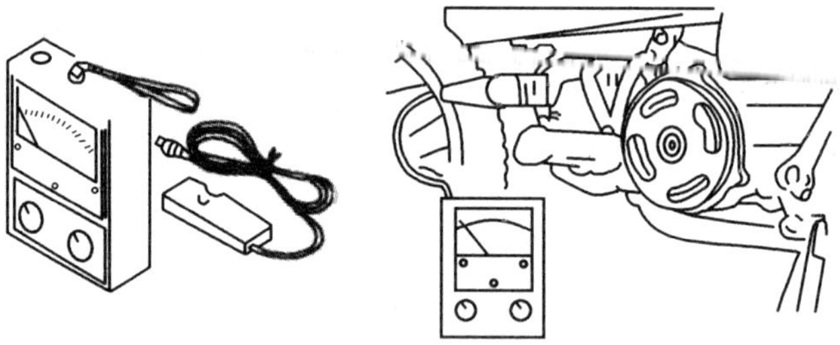

（a）外形　（b）使用方法

图 1-125　感应式转速表

11. 燃油液位计

燃油液位计如图 1-126 所示。用于测量油位高低。

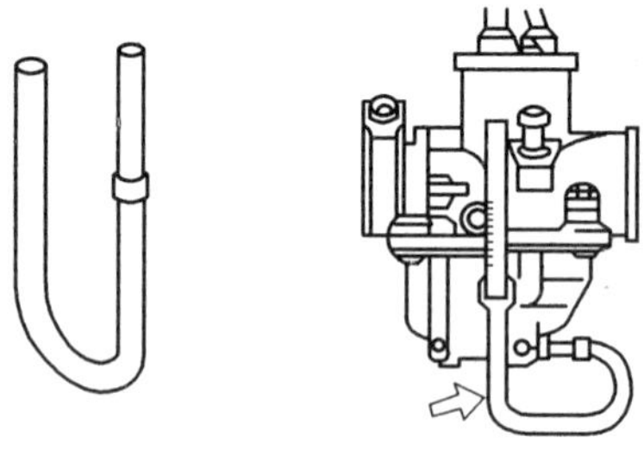

（a）外形　（b）使用方法

图 1-126　燃油液位计

12. 点火线圈检测仪

点火线圈检测仪如图 1-127 所示，用于检测点火线圈高压电的输出。

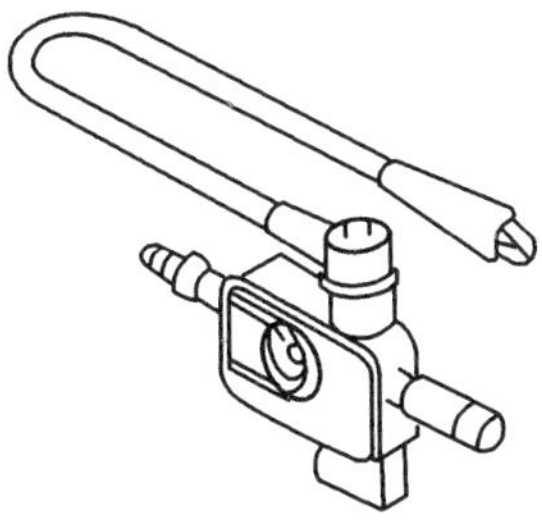

(a) 外形

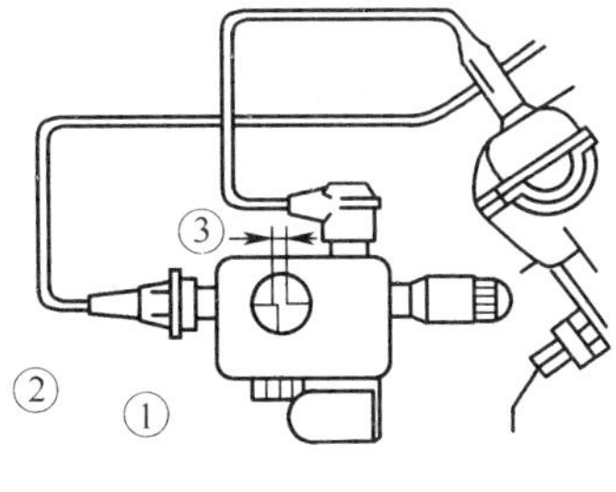

(b) 使用方法

图 1-127　点火线圈检测仪

第四节　安全生产与安全操作

在摩托车维修过程中要特别重视安全问题，不仅包括个人的安全，还包括他人的安全、设备的安全、车辆的安全等。

一、人身安全与防护

常见的个人安全防护设备如图 1-128 所示。

1. 眼睛的防护

在摩托车维修中，眼睛经常会受到各种伤害，如飞来的物体、腐蚀性的化学飞溅、有毒的气体或烟雾等，这些伤害几乎都是可以防护的。

常见的保护眼睛的装备是护目镜（如图 1-129 所示）和安全面具（如图 1-130 所示）。护目镜可以防护各种对眼睛的伤害，如飞来物体或飞溅的液体。在下列情况下，应考虑佩戴护目镜：进行金属切削加工、用錾子或冲子铲剔、使用压缩空气、使用清洗剂等。安全面具不仅能够保护眼睛，还能保护整个面部。如果进行电弧焊或气焊，要使用带有色镜片的护目镜或深色镜片的特殊面罩，以防止有害光线或过强的光线伤害眼睛。

注意：在摘下护目镜时，要闭上眼睛，防止粘在护目镜外的金属颗粒掉进眼睛里。

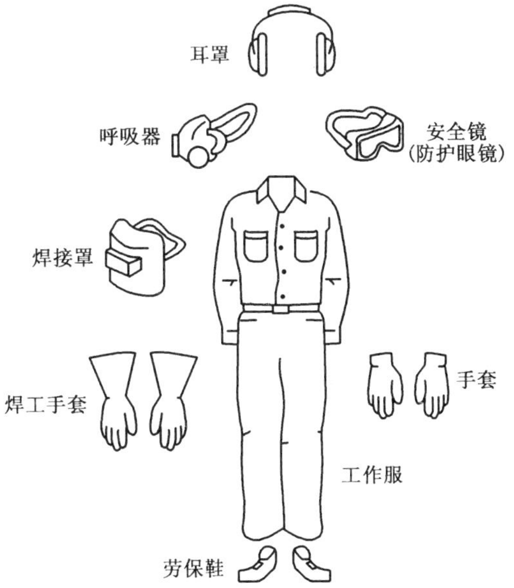

图 1-128　常见的个人安全防护设备

2. 听觉的保护

摩托车修理厂是个噪声很大的场所，各种设备如冲击扳手、空气压缩机、砂轮机、发动机等都使噪声很大。短时的高噪声会造成暂时性听力丧失，但持续的较低噪声则更有害。

常见的听力保护装备有耳罩和耳塞，噪声极高时可同时佩戴。

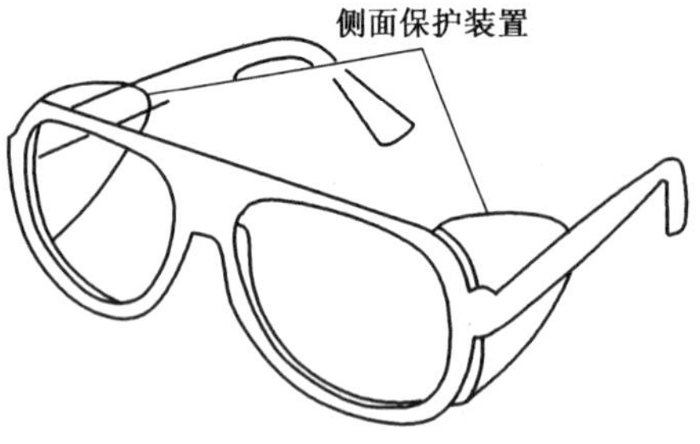

图 1-129 护目镜

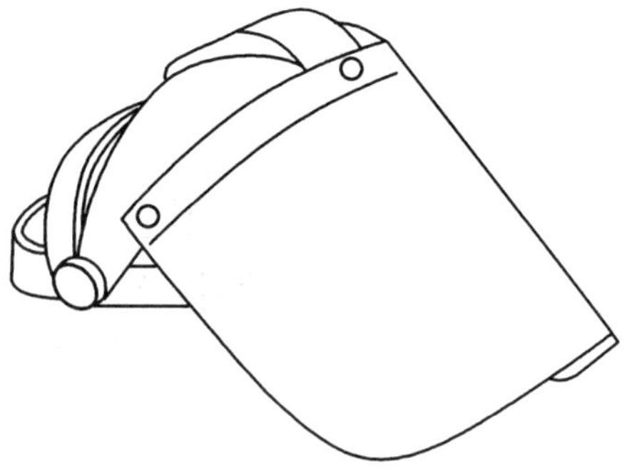

图 1-130 安全面具

3. 手的保护

手是身体经常受伤的部位之一，保护手要从两方面着手：一是不要把手伸到危险区域，如发动机前部转动的皮带区域、发动机排气管道附近等。二是必要时戴上防护手套。不同的场合需要不同的防护手套，做金属加工有劳保安全手套，接触化学品有橡胶手套。是否需要戴手套取决于工作的类型，工作在有旋转的地方就不应戴手套，如使用砂轮机、台钻等设备时不能戴手套，以免手套卷入旋转的部分导致手部的伤害。

4. 衣服、头发及饰物

(1)宽松的衣服、长袖子、领带都容易卷进旋转的机器中，所以在修理厂中，首先一定要穿合体的工作服，最好是连体工作服，外套、工装裤也可以，这些比平时衣着安全多了。如果戴领带要把它塞到衬衫里。

衣兜里不要装有工具、零部件等，特别是带有尖头的物体，否则容易伤到自身或车辆。

(2)工作时不要戴手表或其他饰物，特别是金属饰物，在进行电气维修时可能导入电流而烧伤皮肤，或导致电路短路而损坏电子元件或设备。

(3)在工厂内要穿劳保鞋，可以保护脚面不被落下的重物砸伤，且劳保鞋的鞋底是防油、防滑的。

(4)长发很容易被卷入运转的机器中，所以长发一定要扎起来，并戴上帽子。

(5)在搬举重物时应采用如图 1-131 所示的方式进行，以避免损伤身体。

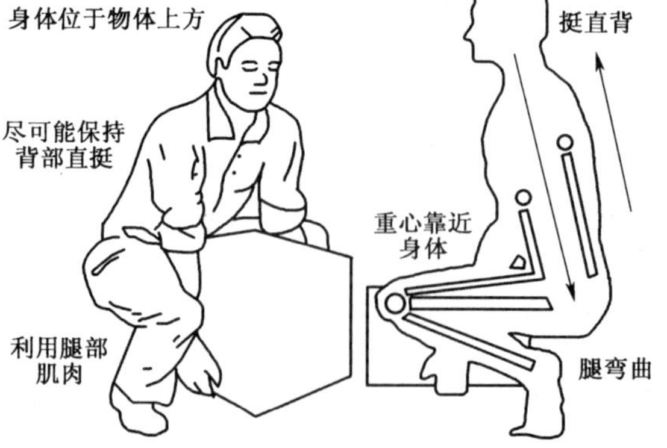

图 1-131 搬运重物

二、工具和设备的安全操作

(1)手动工具看起来是安全的,但使用不当也会导致事故,如用一字旋具代替撬棍,会导致旋具崩裂、损坏,飞溅物打伤自己或他人,扳手从油腻的手中滑落,掉到旋转的元件上,再飞出来伤人,等等。

使用带锐边的工具时,锐边不要对着自己和同事。传递工具时要将手柄朝向对方。

(2)所有的电气设备都要使用三相插座,地线要安全接地,电缆或装配松动应及时维护;所有旋转的设备都应有安全罩,以减少发生部件飞出伤人的可能性。

在进行电子系统维修时,应断开电路的电源,方法是断开蓄电池的负极搭铁线,这不仅保护人身安全,还能防止对电器的损坏。

(3)工具和设备都要定期检查和保养。

(4)使用压缩空气时,应非常小心,不要将压缩空气对着自己或别人,不要对着地面或设备、车辆乱吹。压缩空气会撕裂鼓膜,造成失聪,损伤肺部或伤及皮肤,被压缩空气吹起的尘土或金属颗粒会造成皮肤、眼睛损伤。

三、日常安全操作规程

(1)工具不使用时应保持干净并放到正确的位置。

(2)各种设备和工具要及时检查和保养。

(3)手上应避免油污,以免工具滑脱。

(4)不要在车间内随意走动。

(5)在车间内起动发动机要保持通风良好。

(6)在车间内穿戴、着装要合适,并佩戴必要的装备,如手套、护目镜、耳塞等。

(7)不要将压缩空气对着人或设备吹。

(8)尖锐的工具不要放到口袋里,以免扎伤自己或划伤车辆。

(9)常用通道上不要放工具、设备、车辆等。

(10)用正确的方法使用正确的工具。

(11)手、衣服、工具应远离旋转设备或部件。

(12)开车进出车间时要格外小心。

(13)在极疲劳或消沉时不要工作,这种情况会降低注意力,有可能导致自身或他人的伤害。

(14)如果不知道车间设备如何使用,应先向明白的人请教,以得到正确、安全的使用方法。

(15)应知道车间灭火器、医疗急救包、洗眼处的位置。

第二章　摩托车拆装

第一节　整车的拆装

一、摩托车拆装注意事项

1. 摩托车拆卸时应注意的事项

摩托车的拆卸是摩托车使用维护、维修的重要内容。摩托车正确拆卸，可以保证摩托车维护维修的质量，延长摩托车的使用寿命，杜绝零部件损坏。

摩托车拆卸时，应在清洁场地进行。先放净油箱中的燃油，将摩托车的外部清洗干净，放净传动箱中的润滑油。

摩托车拆装的注意事项见表 2-1。

表 2-1　摩托车拆装的注意事项

序号	内　容
1	应按先外后内、先附件后主体的顺序拆卸。对有方向性要求的零件，在拆卸时应记准方向，以免装反
2	拆卸齿轮、带轮、离合器时，应用专用工具，也可以用铝棒直接敲打
3	拆卸过盈配合的衬套、销轴时，应用铜或铝棒，严禁用锤子敲打
4	拆卸带有调整垫片的零部件时，要避免将调整垫片损坏
5	螺栓因生锈而造成拆卸困难时，可先用煤油浸润，或用专用松动螺栓溶液浸润，几分钟后再将螺栓或螺母旋出
6	螺栓扭断在螺孔内时，应先在中心部位钻一个小于螺纹直径的孔，再将淬火的四棱锥形杆打入已钻孔内旋出；也可以在已钻孔内攻下反方向的螺纹，拧入螺栓旋出。如果已断的螺栓高出平面一定高度也可以再焊接上一个螺栓旋出
7	拧下的螺栓、螺钉、螺母和垫片等，在不影响修理的情况下，应尽量旋在原位或分别放置以免错乱或丢失
8	为了防止磕碰、拉毛等质量事故，活塞、曲轴零部件应单独存放
9	在拆卸接头时，要拿住连接器本身进行拆卸，不要拉扯电线束
10	在操作前，应先将蓄电池的负极卸下
11	在拆装中，禁止用工具将蓄电池负极与车架接触

2. 摩托车整车分解时的注意事项

(1)对位置配合要求较高的零件，在拆卸时应检查其配合标记，如标记不清，应重新做好标记。

(2)分解前减振器、前轮、后轮、后减振器等总成时，应将主车架支撑好，以防车架翻倒伤人或损坏零件。

(3)拆下来的零部件应按拆卸的顺序摆放整齐，精密度要求高的零件不要直接放在地面上。

(4)拆下来的螺母或螺栓应分开放置，不要乱丢乱放。也可将这些紧固件装到原来的位置上，但不要拧紧。

(5)拆卸有过盈配合的零件时，应使用专用工具。无专用工具时，可垫在木质或软质金属器具上，用锤子敲击。勿用锤子直接敲击，以防损伤零件。

3. 摩托车组装时应注意的事项

摩托车组装时应注意的事项见表 2-2。

表 2-2　摩托车组装时应注意的事项

序号	注意事项
1	垫圈、O 形圈、开口销和开口环，在重新组装摩托车时应更换新件
2	在安装螺栓、螺母、螺钉时，要先用手试旋，然后按照从大直径到小直径、从里到外的对角线顺序，用十字交叉法紧固到规定的扭矩值
3	零部件和润滑油应使用厂家要求的合格品或推荐的零部件
4	要按规定使用专用或通用工具
5	将零部件拆卸后，在对其进行检查、测量之前应先清洗洁净，安装时要在滑动面上涂抹润滑油
6	组装后必须对各个部位的紧固、动作情况进行检查
7	操作结束后，要对各个部位的连接固定、接线再次检查
8	电线束不应与下列部位接触：旋转或转动部位；产生高温部位；车身边缘及锐角部位；螺栓及螺钉的头部前端。如电线束无论如何也躲不过边缘、锐角部位时，应用胶管或胶带进行保护
9	电线束不应有松弛或强行拉扯现象
10	电线束或钢索不允许扭曲安装
11	配线时，应注意电线束不能在将方向把向左右转满角度时，出现绷紧或松弛，且应无突出的弯曲、被压倒的现象
12	在熔丝熔断时，要检查其原因，必须按规定规格更换相应的熔丝，不允许用大规格的熔丝

4. 摩托车电缆、软轴、钢索安装时的注意事项

摩托车电缆、软轴、钢索安装时的注意事项见表 2-3。

表 2-3　摩托车电缆、软轴、钢索安装时的注意事项

序号	注意事项
1	一旦电缆、软轴或钢索松脱，就可能导致危险情况的发生，所以当电缆、软轴或钢索夹紧之后，要检查其是否确实紧固
2	使用焊接式夹紧装置时，不要将电缆强行塞入焊接部位或夹紧装置端部
3	凡车架部位与导线或电缆的连接，要按各相关位置采用不同箍带，并扭紧箍带
4	安装电缆时，电缆线要适当拉紧，但不能拉得太紧，也不能出现松弛现象
5	凡须与很锋利边缘或角部位置相接触的导线或电缆，应采用胶布或管子保护导线。使用胶布保护导线时，应先将接触表面洗干净后再包胶布
6	不要使用绝缘已断开的导线或电缆，要先用胶布修好之后才使用，或更换新的电缆
7	布置导线或钢索时，尽量避免经过锋利边缘或转角部位
8	不要经过有螺栓或螺钉端头的部位
9	电缆应远离排气管或其他温度较高的部位
10	垫圈一定要正确地装入其凹槽内
11	布置导线后，要检查线束是否紧固，并且不能干扰其他任何活动部件的活动
12	沿有握把位置布设的电缆，不能拉得太紧，也不能太松或压紧。不能与各转向位置或相邻部位相互干扰
13	装好电缆之后，检查电缆是否有扭曲或扭结点

二、摩托车整车拆装顺序

1. 摩托车各部件拆卸顺序

表 2-4 是以雅马哈 CY80 摩托车为例，介绍各部件拆卸顺序。

表 2-4 摩托车各部件拆卸顺序

<table>
<tr><th>序号</th><th colspan="2">摩托车各部件拆卸顺序</th></tr>
<tr><td>1</td><td colspan="2">先拆下火花塞,卸下气缸盖上4个紧固螺母,拆下气缸盖和气缸盖垫片,最后拆下气缸</td></tr>
<tr><td>2</td><td colspan="2">卸下活塞、活塞环和活塞销。拆卸活塞销时应注意,在拆下活塞销卡簧以前,应用清洁的布盖住曲轴箱,防止卡簧突然跌落到曲轴箱内。应清除卡簧沟槽区域的污物</td></tr>
<tr><td>3</td><td>拆卸飞轮磁电机</td><td>①使用专用工具卸下飞轮固定螺母。注意垫圈位置和方向
②将飞轮拔出器装上飞轮,并加以拧紧。注意拔出器的本体上有左旋螺纹
③抓紧拔出器本体,旋拧推出螺栓,就可以使飞轮推出曲轴锥端
④从曲轴上拆下半圆键,拆下固定螺钉,并拆下磁电机座</td></tr>
<tr><td>4</td><td colspan="2">拆下起动蹬杆,拆下固定曲轴箱盖的螺栓和盖</td></tr>
<tr><td>5</td><td>拆卸离合器总成和传动齿轮</td><td>①先在初级齿轮之间垫入折叠的布片,并固定好,拧松初级齿轮,再拧松传动齿轮螺母,拆下螺母和垫圈
②把固定的工具装上离合器壳,拆下锁紧螺母,把离合器总成向外推,拆下隔片和止推板
③拆下初级传动齿轮、泵传动齿轮和定位销</td></tr>
<tr><td>6</td><td colspan="2">由变速轴左边卸出夹环,然后握住轴臂,卸下变速轴总成,拆下挡杆,拆下挡板、板盖和油封座</td></tr>
<tr><td>7</td><td>拆卸曲轴箱</td><td>①由曲轴箱拆下簧片阀
②以交叉方式顺次将十字螺钉旋拧松动,再把它们拆下
③把曲轴箱分离工具装上曲轴箱,用一个薄平垫圈垫护曲轴头。拧紧专用工具的固定螺栓,但要确保工具的位置和曲轴箱平行。拆卸总成时,要注意各个部件的位置</td></tr>
</table>

2. 摩托车各部件的安装要求

表2-5是以雅马哈CY80摩托车为例,介绍各部件安装要求。

表 2-5 摩托车各部件的安装要求

<table>
<tr><th>序号</th><th colspan="2">摩托车各部件安装要求</th></tr>
<tr><td>1</td><td>垫片和油封的安装要求</td><td>①所有垫片和油封,在发动机大修时应更换。各垫片表面和油封的唇部应清洁干净
②装配时,各匹配零件应适当润滑。装配前,各挡圈应严格检查
③活塞销夹使用一次以后就得更换
④有缺陷的挡圈应更换
⑤装上挡圈时,一定要确认锐边角位于与接受止推力相反的位置</td></tr>
<tr><td>2</td><td>轴承和油封的安装要求</td><td>①安装轴承和油封,厂标和编号等文字应位于可以看到的位置
②安装油封时,使用轻—重型锂基润滑脂在油封唇部涂一薄层
③轴承也要适当润滑。用润滑脂填充油封
④使用曲柄安装壶、曲柄安装螺栓和曲轴安装螺母安装曲轴总成
⑤注意安装时应使连杆位于上止点位置</td></tr>
<tr><td>3</td><td>变速器和变速凸轮安装要求</td><td>①注意垫圈位置,变速器应在空挡位置
②在曲轴箱匹配表面涂上粘接剂,把右半曲轴箱装在曲轴上,用木锤轻轻敲入,不能敲击机器表面、曲轴头</td></tr>
<tr><td>4</td><td>曲轴箱总成的安装要求</td><td>①旋转曲轴箱,并按十字形顺序拧紧螺栓
②装好后,在曲柄销和轴承上涂一定量的二冲程发动机机油</td></tr>
</table>

续表 2-5

序号	摩托车各部件安装要求	
4	曲轴箱总成的安装要求	③检查曲轴和变速器轴运动是否正常 ④安装簧片阀总成。注意使用新的垫片
5	挡杆和变速轴的安装	①安装挡板、板盖和油封座 ②安装挡杆和挡板弹簧 ③固定住变速臂，然后安装变速轴总成。把挡圈安装在变速轴上
6	反冲起动器的安装	①安装反冲轴总成 ②旋转反冲弹簧，把它拉入曲轴箱 ③把反冲弹簧钩在弹簧挡头之上 ④旋转反冲曲柄，把反冲轴推到位
7	初级齿轮和离合器的安装	①把半圆键装入曲轴 ②安装初级传动齿轮、板垫圈、圆锥弹簧垫圈和螺母 ③顺次安装止推板、隔片和离合器总成 ④安装离合器固定工具于离合器壳，并拧紧锁紧螺母 ⑤在初级齿轮的齿间垫入折叠的布片，固定好，拧紧初级传动锁紧螺母。离合器锁紧螺母力矩为 40N·m，初级传动锁紧螺母力矩 40N·m
8	飞轮磁电机的安装	①把盘板装在曲轴箱上面 ②把半圆键装于曲轴上，并安装飞轮磁电机。装时磁电机的键槽应和曲轴的键对准 ③安装飞轮滑轮，并把固定螺母按规定力矩拧紧。其拧紧力矩为 36N·m

第二节 发动机的拆装

一、发动机拆装注意事项

1. 拆卸发动机时应注意的事项

(1)拆卸的零部件，特别是发动机分解时，一定要按拆卸的顺序清洗干净，分别放置在清洁的盘子里，以便准确而迅速地进行组装。

(2)对易生锈的加工表面应及时涂上润滑油，对拆卸零件需要存放时间长时，应少量涂些油脂封严包装，以防零件锈蚀。

维修提示：

◆对加工表面和配合偶件严禁直接使用铁锤子等金属工具敲打。必要时，可用橡胶锤敲打。

2. 组装发动机时应注意的事项

(1)在发动机组装前，应将所有的零部件都清洗干净。各种经过修理的零部件应按技术要求检查合格后，方可进行组装。

(2)安装曲轴箱轴承时，应使用加热器对曲轴箱轴承孔周围进行加热。

(3)所有配合的零件表面在装配前，应涂抹润滑油加以适当的润滑。

(4)各种卡环、挡圈和密封胶圈，在装配前应加以严格的检查，有缺陷、变形及失去弹性者应一律予以更换。

注意：

◆对于需要涂抹密封胶的接合表面，应用酒精将其表面擦干净，不得有润滑油和密封胶凝固残余物。

◆有条件时，各紧固件螺纹部件涂以螺纹胶结剂，以防紧固件松动。

◆运动件装配之后，都要进行转动检查，以确认装配是否合适。

二、从车架上拆装发动机

1. 发动机的拆卸

维修提示：

◆对发动机的拆卸要求有一定的技术水平，严格按照拆装程序进行，禁止在不具备应有的技术水平的情况下随意拆卸。否则不仅达不到维护维修的目的，反而会增添发动机新的故障。

◆对新的或较新的发动机，在没有准确判断出其内部故障的前提下，不要轻易地拆开。经验证明，新发动机每大拆一次就会相应地减少一定的使用寿命。

(1)如图 2-1 所示，取下摩托车车体两侧的护盖。

(2)如图 2-2 所示，拆下蓄电池上的连接导线，取下蓄电池。注意，应先拆蓄电池负极导线，后拆蓄电池正极导线。

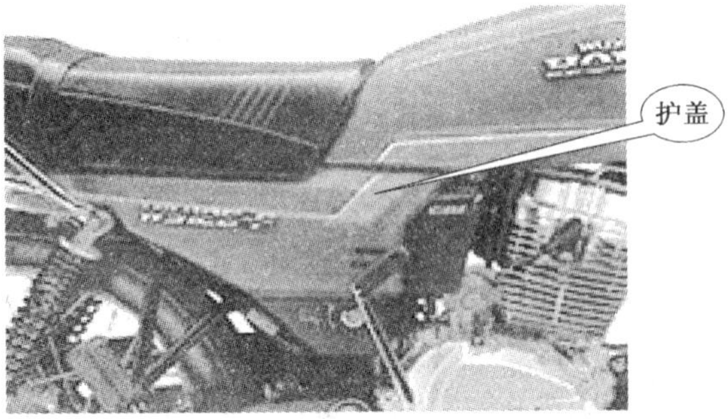

图 2-1　取下车体两侧护盖

图 2-2　取下蓄电池

(3)如图 2-3 所示，拆下座垫螺栓，取下座垫。

(4)如图 2-4 所示，拆下油箱固定螺栓。

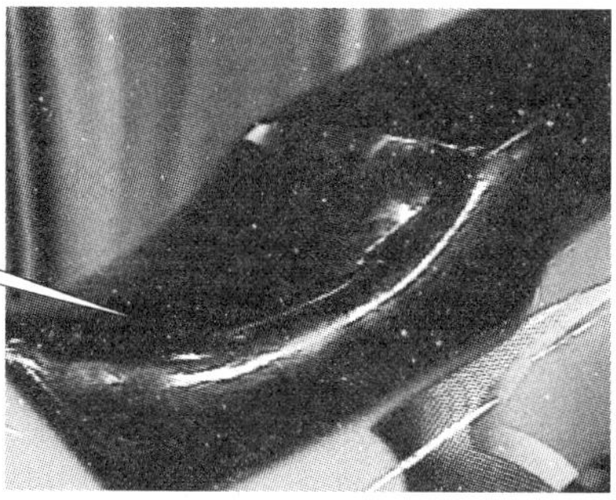

图 2-3 取下座垫

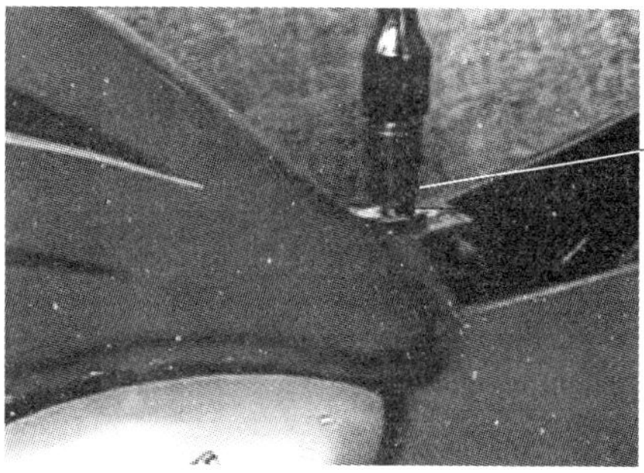

图 2-4 拆下油箱固定螺栓

(5)如图 2-5 所示,关闭油箱开关,拔掉开关上的油管。

(6)如图 2-6 所示,断开燃油表连接导线。

图 2-5 关闭油箱开关

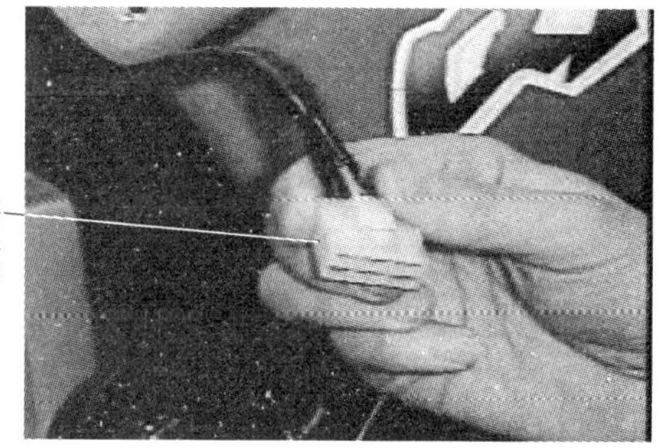

图 2-6 断开燃油表连接导线

(7)如图 2-7 所示,取下油箱。

(8)拧下紧固空气滤清器的螺栓,松开进气管,取下空气滤清器,如图 2-8 所示。

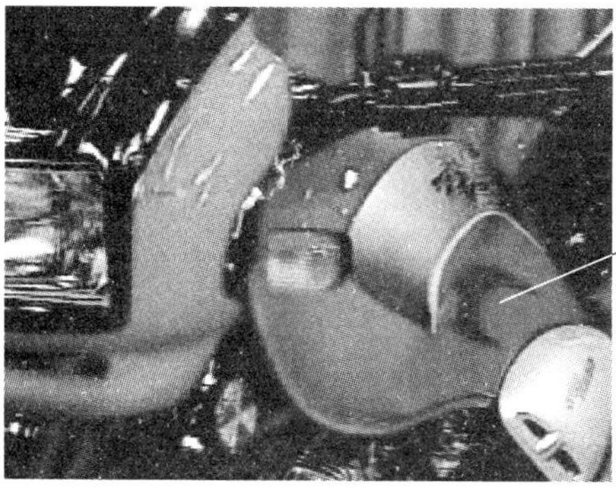

图 2-7 取下油箱

图 2-8 取下空气滤清器

(9)拆下发动机和车架上排气管和消声器的固定螺栓,拆下排气管和消声器,如图 2-9 所示。

(10)拆下传动链条后盖的固定螺栓,取下后盖,如图 2-10 所示。

(11)拆下链条盖的固定螺栓,取下链条盖,如图 2-11 所示。

(12)用钳子拔开链条卡子,从车轮上取下链条,如图 2-12 所示。

(13)如图 2-13 所示,拔下火花塞上的高压线帽。

图 2-9 拆下排气管和消声器

图 2-10 拆卸传动链条的后盖

图 2-11 取下链条盖

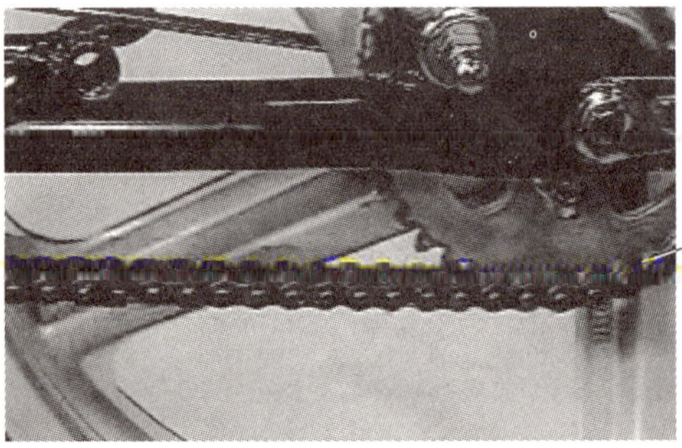

图 2-12 取下链条

(14)拆下化油器上的油门钢索,抽出化油器上的油针,拆下化油器,如图 2-14 所示。

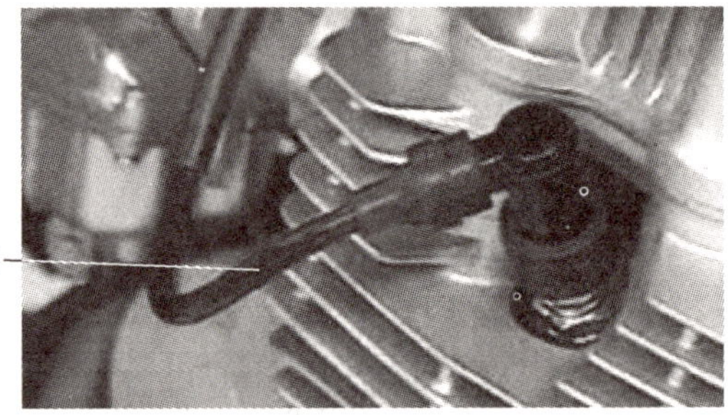

图 2-13 拔下火花塞上的高压线帽

图 2-14 拆下化油器

(15)卸下离合器拉线,拆下接在发动机变速箱上的里程表软管,如图 2-15 所示。

(16)断开与磁电机等电器设备的导线。

(17)拧下发动机与车架、发动机与后平叉相连的固定螺钉,即可将发动机从车架上抬下,如图 2-16 所示。

2. 发动机的安装

将发动机安装到车架上,可按拆卸时的相反顺序进行,相关螺栓应按规定力矩拧紧。

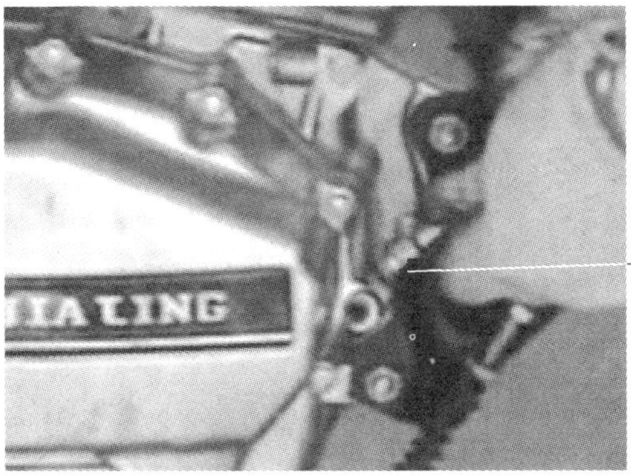

图 2-15　拆下里程表软管

图 2-16　将发动机从车架上抬下

三、发动机主要零部件的拆装

1. 二冲程气缸盖的拆装

(1)气缸盖的拆卸。

①如图 2-17 所示,用扭力扳手将气缸盖上的螺母按对角顺序拧松,分 2 次拆下气缸盖螺母。

图 2-17　拆卸气缸盖螺母

②如图 2-18 所示,用橡胶锤轻轻敲击气缸盖,然后取下气缸盖。注意,不要用旋具硬撬气缸盖,避免损伤气缸垫。

③如图 2-19 所示,取下气缸垫。

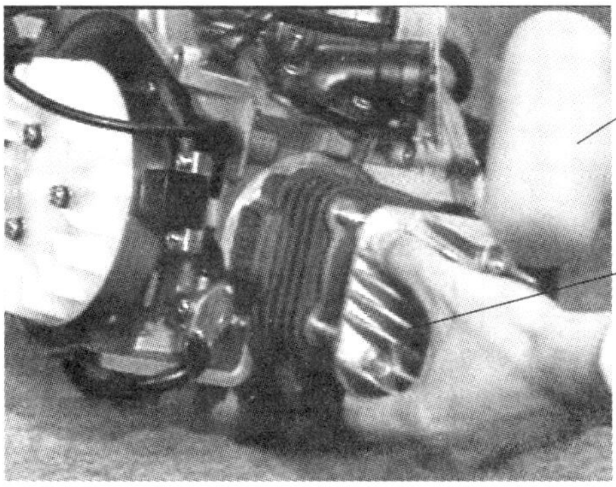

图 2-18　用橡胶锤轻轻敲击气缸盖

图 2-19　取下气缸垫

维修提示：

◆注意：不要用旋具等金属工具硬撬下气缸垫，因为这样操作时，很容易损伤气缸垫和气缸上平面。

◆如果气缸垫表面有划伤、严重变形或者烧损现象，则要更换新的气缸垫。

(2)气缸盖的安装。气缸盖安装时按拆卸的相反顺序进行。

维修提示：

◆气缸盖要按原来的方向安装在发动机上。

◆每一个气缸盖螺母不要一次紧固到位，要按照对角的顺序分2～3次紧固到位，并用扭力扳手按规定力矩紧固。

2. 四冲程气缸盖的拆装

四冲程气缸盖的拆装要比二冲程复杂得多。

(1)气缸盖的拆卸。

①如图2-20所示，先拔掉发动机上火花塞高压线帽。

②如图2-21所示，拆下排气管固定螺母。取下排气管和消声器。

图2-20 拔掉发动机上火花塞高压线帽

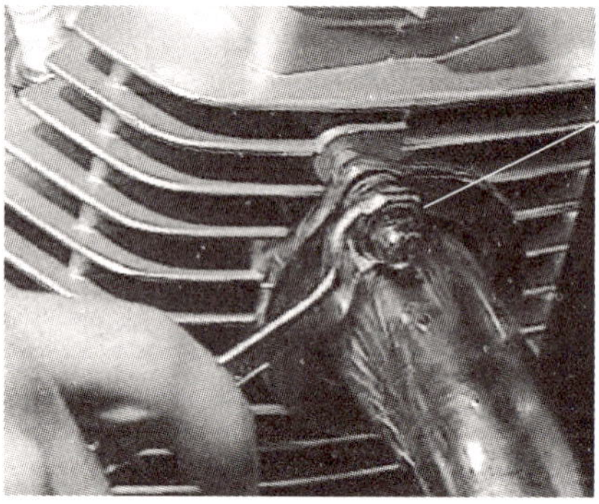

图2-21 拆下排气管固定螺母

③如图2-22所示，拆下化油器。

④如图2-23所示，拆下气缸盖罩。

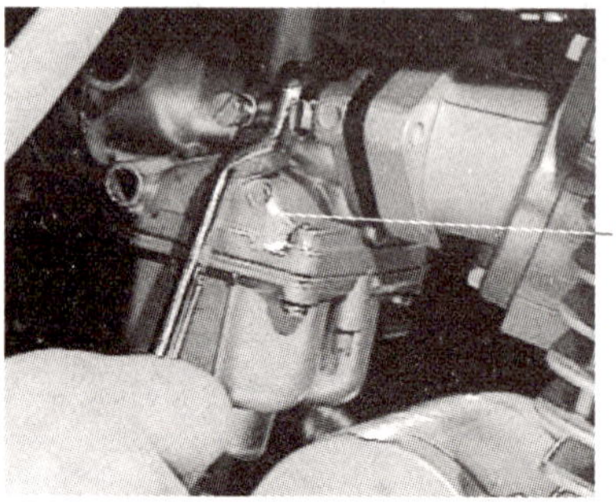

图2-22 拆下化油器

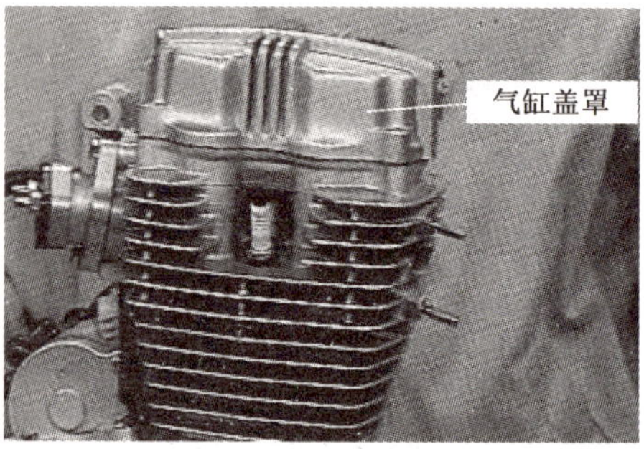

图2-23 拆下气缸盖罩

⑤如图 2-24 所示，取下摇臂座螺钉，取下摇臂座。

⑥如图 2-25 所示，抽出挺杆。

图 2-24　取下摇臂座

图 2-25　抽出挺杆

⑦如图 2-26 所示，用扭力扳手拧松气缸盖 4 个固定螺钉，松开摇臂轴固定螺钉，取下气缸盖和气缸垫。

⑧对于带顶置凸轮轴的发动机，可按下述方法拆卸凸轮轴。

a. 将活塞转到压缩行程上止点的位置，如图 2-27 所示。

图 2-26　取下气缸盖和气缸垫

图 2-27　将活塞转到上止点的位置

小窍门：

◆转动磁电机转子，使飞轮上的“T”标记对准曲轴箱上的固定标记（如图 2-28 所示），同时，使气缸盖上凸轮轴的 2 个凸轮处于下八字方向。

b. 如图 2-29 所示，松开链条张紧器固定螺钉，取下链条张紧器。

c. 如图 2-30 所示，拆离链条，拆下带链轮的凸轮轴。

(2)气缸盖的安装。气缸盖安装时按拆卸的相反顺序进行，对于带顶置凸轮轴的发动机，同时注意以下事项：

①安装前，应将活塞转到压缩行程上止点位置（见图 2-27）。

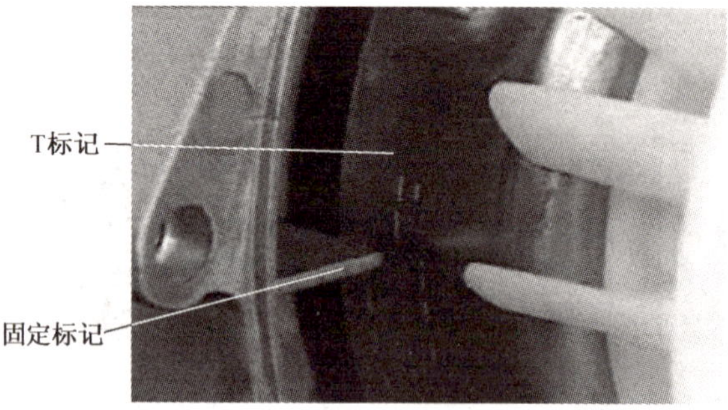

图 2-28　对齐飞轮上和曲轴箱上的标记

图 2-29　松开链条张紧器固定螺钉

②如图 2-31 所示，使凸轮轴上链轮的两个圆孔和气缸盖的上平面平行（也就是能保证凸轮轴上的 2 个凸轮呈下八字）。

图 2-30　拆下带链轮的凸轮轴

图 2-31　使凸轮轴上链轮的两个圆孔和气缸盖的上平面平行

③其他注意事项与二冲程发动机基本相同。

维修提示：

◆安装完摇臂后，应对气门间隙进行调整。

3. 气缸体的拆装

在拆下气缸盖和气缸垫后，直接就可以把气缸体抽出，如图 2-32 所示。

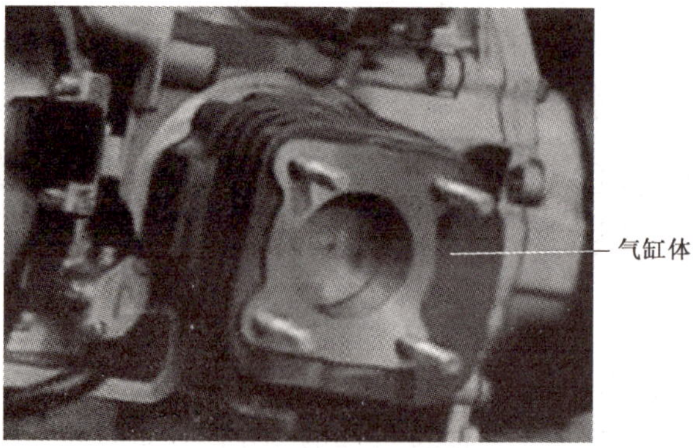

图 2-32　抽出气缸体

注意：

◆在取下气缸体后，会看到在气缸体和曲轴箱之间，有一个密封纸垫（如图 2-33 所示）。这个纸垫是一次性的，每次拆装时，都应更换新垫。

4. 活塞组的拆装

在拆下气缸盖、气缸垫和气缸体后，再拆卸活塞组。

（1）如图 2-34 所示，找一块干净的软布垫在活塞下面，目的是防止拆卸的零件或其他东西掉落到曲轴箱内。

图 2-33　一次性的密封纸垫

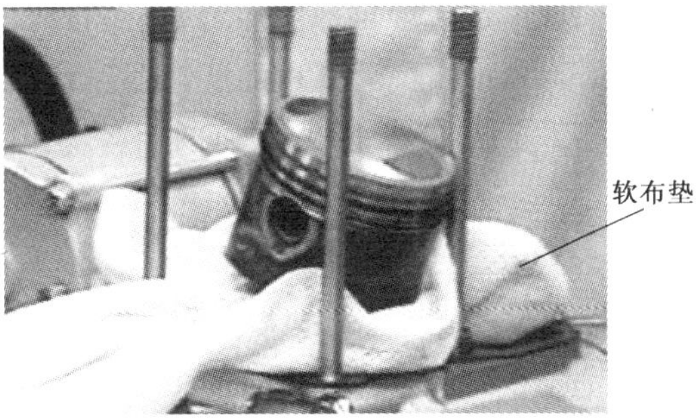

图 2-34　在活塞下面垫软布垫

（2）用尖嘴钳将活塞销一侧的挡圈拉出，从活塞的另一侧将活塞销推出，然后取下活塞，如图 2-35 所示。

安装活塞及活塞销时，可按拆卸的相反顺序进行。

5. 气门的拆装

（1）如图 2-36 所示，用专用工具气门拆装钳拆卸气门：将气门弹簧压缩，取下气门锁块（又叫锁瓣）。

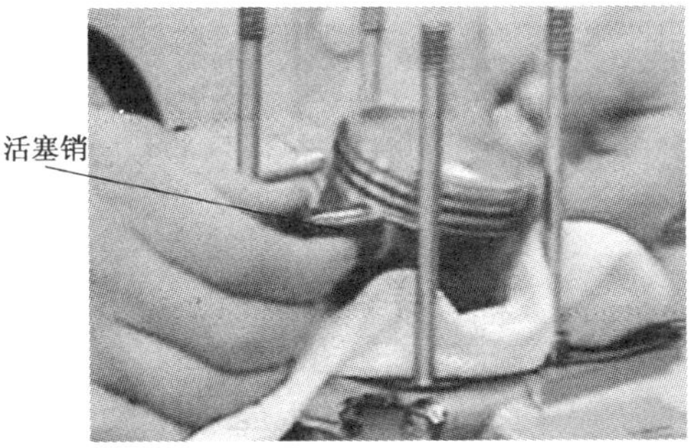

图 2-35　推出活塞销并取下活塞

图 2-36　用专用工具拆卸气门

（2）如图 2-37 所示，取出气门和内、外气门弹簧。

四、机油泵的拆装

以 HONOR157FMI 发动机为例，介绍机油泵的拆装方法。

1. 机油泵的拆卸

（1）如图 2-38 所示，打开右曲轴箱盖。

图 2-37　取出气门和弹簧

图 2-38　打开右曲轴箱盖

(2)拆下离心式机油滤清器盖上的螺钉后,取下离心式滤清器盖,如图 2-39 所示。拆下曲轴螺母后,取下离心式机油滤清器。

(3)拆下机油泵外壳和机油泵驱动齿轮,如图 2-40 所示。

图 2-39　取下离心式滤清器盖

图 2-40　拆下机油泵驱动齿轮

(4)拆下机油泵固定螺钉,取下机油泵,如图 2-41 所示。

(5)机油泵的分解。用十字旋具拧开机油泵盖的螺钉后,取下机油泵盖,如图 2-42 所示。然后取下转子式内外两个齿轮。

图 2-41　取下机油泵

图 2-42　取下机油泵盖

2. 机油泵安装

安装机油泵时,可按拆卸的相反顺序进行。

五、化油器的拆装

1. 化油器的拆卸

(1)按前面所述,先从车上拆下化油器。

(2)用旋具打开化油器浮子室螺钉,取下浮子室盖,如图 2-43 所示。

(3)抽出浮子销,取下浮子组件,取下进油针阀。分解后的化油器如图 2-44 所示。

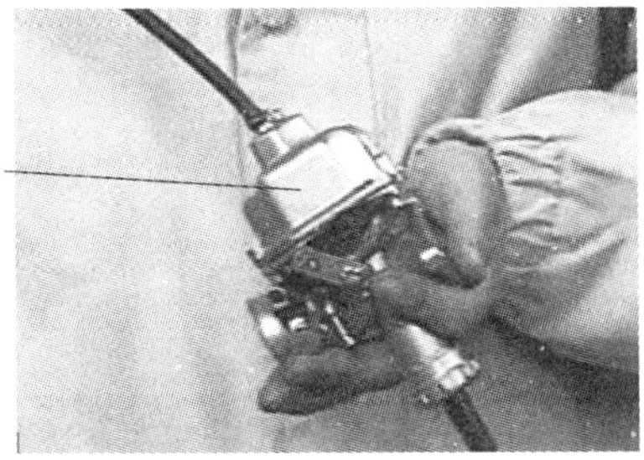

图 2-43　取下浮子室盖

图 2-44　分解后的化油器

2. 化油器的安装

安装化油器时,可按拆卸的相反顺序进行。

第三节　传动系统拆装

一、传动系统拆卸前的准备

(1)要准备适当的拆装工具和清洁设备,以便干净有效地进行工作。

(2)拆卸前,起动发动机预热约 10min,然后使发动机熄火。

(3)如图 2-45 所示,拆下变速器放油螺栓,放出变速器润滑油。

(4)如图 2-46 所示,把燃油箱的开关拧到关闭(OFF)位置,必要时放净燃油。

图 2-45　拆下变速器放油螺栓

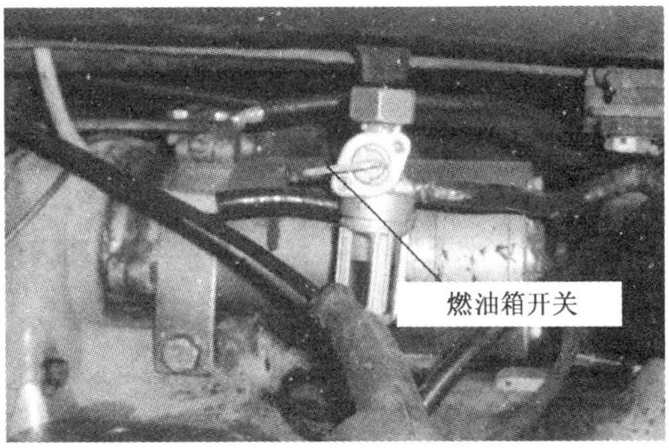

图 2-46　关闭燃油箱开关

(5)拆开连接蓄电池的正负两根导线,取下蓄电池。

维修提示:

◆拆卸前,要把发动机外部附着的泥土等杂物清除干净,以防止杂质掉落到发动机内部。

◆在拆卸发动机时，一定要按拆卸顺序把所有拆下的零件清洗干净，并放置在盘内，以便装配时快捷无误。

二、离合器的拆卸与安装

1. 离合器的拆卸

(1)用梅花扳手卸下起动杆螺栓，取下起动杆，如图 2-47 所示。

(2)如图 2-48 所示，拧下曲轴箱侧盖的紧固螺栓。

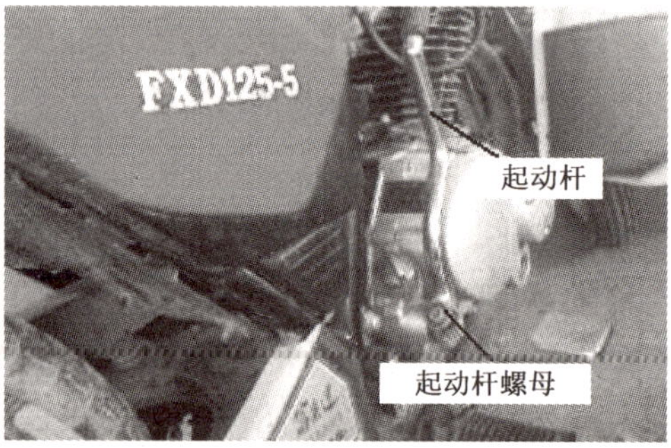

图 2-47 卸下起动杆螺栓

图 2-48 拆下曲轴箱侧盖螺栓

(3)如图 2-49 所示，用尼龙锤子轻轻敲击曲轴箱侧盖，取下曲轴箱侧盖和曲轴箱侧盖垫。

(4)如图 2-50 所示，拆下离心式机油泵滤清器。

图 2-49 取下曲轴箱侧盖和曲轴箱侧盖垫

图 2-50 拆下机油泵滤清器

(4)如图 2-51 所示，松开紧固螺栓，取下推盘和离合器弹簧。

(5)如图 2-52 所示，取下离合器卡环。

图 2-51 松开紧固螺栓

图 2-52 取下离合器卡环

(6)如图 2-53 所示,取出所有的从动盘和摩擦片。

(7)如图 2-54 所示,取下主动盘。

图 2-53　取出从动盘和摩擦片

图 2-54　取下主动盘

2. 离合器的安装

按照与拆卸相反的顺序安装离合器,同时要注意以下问题:

维修提示:

◆检查弹簧圈安装是否牢固。

◆应注意离合器弹簧底部保持与离合器从动盘底部相同的高度(必要时也可伸出,但不能过长,以免划碰主动盘)。

◆注意不要漏装主从动盘之间的垫片。

◆使用特殊工具拧紧离合器锁紧螺母,同时不要忘记锁紧垫片要翻边。

三、变速器的拆卸与安装

1. 变速器的拆卸

按上述方法先拆卸离合器后,然后进行下面的内容。

(1)如图 2-55 所示,抽出变挡杆。

(2)如图 2-56 所示,拆下限位片和定杆轮。

图 2-55　抽出变挡杆

图 2-56　拆下限位片和定杆轮

(3)如图 2-57 所示,分解曲轴箱。

(4)如图 2-58 所示,拔下拨叉轴,取下拨叉。

图 2-57 分解曲轴箱

图 2-58 拔下拔叉轴并取下拔叉

(5)如图 2-59 所示，取下变速鼓，拔下变速器主轴(输入轴)和副轴(输出轴)。

图 2-59 拔下变速器主轴和副轴

2. 变速器的安装

按照与拆卸相反的程序安装变速器。

维修提示：

◆重新装配变速器时，应注意垫圈和弹簧圈的定位和位置。

◆按规定力矩拧紧变速器上的紧固螺栓。

四、传动(主动)链轮和链条的拆卸与安装

1. 传动链轮和链条的拆卸

(1)如图 2-60 所示，传动链轮安装在发动机输出轴上。拆下曲轴箱盖，露出传动链轮。

图 2-60 传动链轮的位置

(2)先找到传动链的活节,然后把它拆下来。如图 2-61 所示,取下链条。

(3)拆卸传动链轮的固定螺钉,将固定片旋转 30°,拿下固定片和传动链轮,如图 2-62 所示。

图 2-61 取下链条

图 2-62 取下传动链轮

2. 传动链轮和链条的安装

传动链轮和链条的安装按拆卸的相反顺序进行,安装后检查链轮的工作是否正常。

维修提示:

◆在装配时,要清理链轮和链条,使之清洁干净。

◆一定要交叉拧紧传动链轮的固定螺母,并按规定的拧紧力矩紧固定螺母。

第四节 行驶系统与操纵系统拆装

一、车轮的拆装

1. 前轮总成的拆装

前轮总成的拆装如图 2-63 所示。

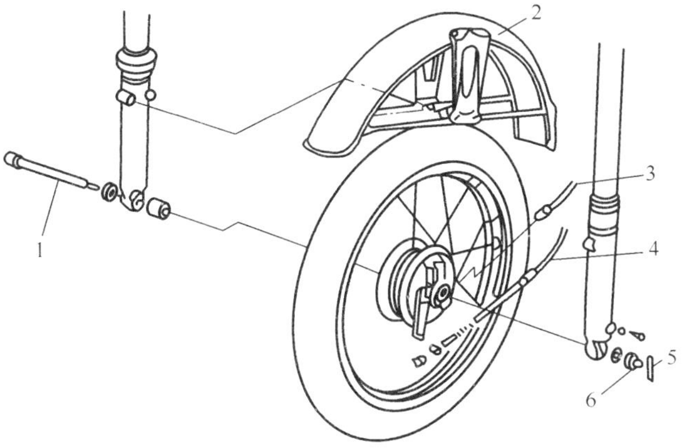

图 2-63 前轮总成的拆装

1. 前轮轴 2. 挡泥板 3. 速度里程表软轴 4. 制动钢丝绳 5. 开口销 6. 螺母

(1)前轮总成的拆卸。

①将摩托车用主车梯和千斤顶(或木箱)支起。

②拆开车速表传动软轴。

③拆下前制动钢丝绳和调节螺母,并拆开制动钢丝绳。

④拔出开口销,拆下前轮轴螺母(如图 2-64 所示)。

⑤如图 2-65 所示,拔出前轮轴,取下车轮。

图 2-64 拆下前轮轴螺母

图 2-65 拔下前轮轴

⑥将前轮毂盖板从车轮上分离下来,如图 2-66 所示。

⑦拆下油封和轴承,如图 2-67 所示。

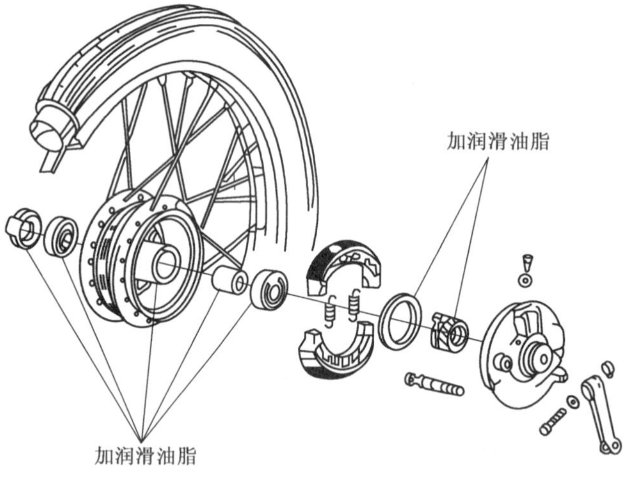

图 2-66 分解前轮毂盖

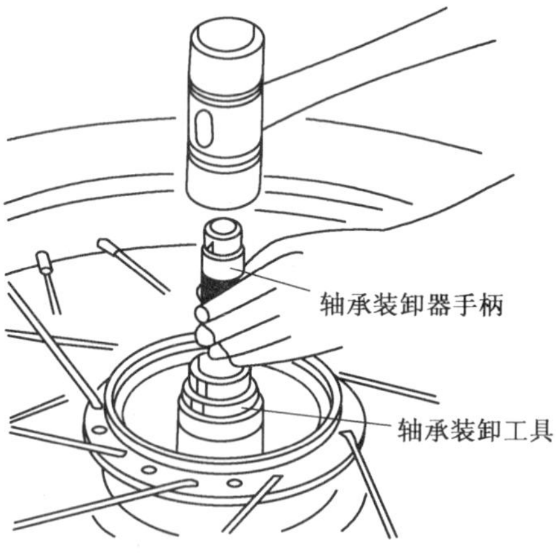

图 2-67 拆下油封和轴承

(2)前轮总成的安装。按照与分解和拆卸相反的程序装配和安装前轮,同时应注意以下问题:

①将制动盘螺栓按规定扭矩固定,同时垫圈要翻边。

②用专用工具安装轴承。

③确认制动盘是否洁净,是否沾有油脂类。

维修提示：

◆安装轴承和速度表齿轮箱之前，要为其涂抹润滑脂。

2. 后轮总成的拆装

(1)后轮总成的拆卸。

①将摩托车用主车梯和千斤顶(或木箱)支起。

②拆卸后传动护罩，再拆卸传动链条或传动带。

③如图 2-68 所示，拆下后制动器拉杆，放松后轮调整器。

④如图 2-69 所示，抽出后轮轴，取下后轮。

图 2-68　拆卸后制动器拉杆和后轮调整器

图 2-69　抽出后轮轴

⑤拆下油封和轴承。

(2)后轮总成的安装。按照与分解和拆卸相反的程序装配和安装后轮，同时应注意以下问题：

①安装轴承时要涂抹润滑脂。

②用专用工具安装轴承。

③确认制动盘是否洁净，是否沾有油脂类。

④将制动盘螺栓按规定扭矩固定，同时垫圈要翻边。

维修提示：

◆安装轴承之前，要为其涂抹润滑脂。

二、减振器的拆装

1. 前减振器的拆装

(1)前减振器的拆卸。

①按上面所述方法拆下前轮，然后拧下前挡泥板与前叉底筒的连接螺栓，取下前挡泥板。

②如图 2-70 所示，拧下方向柱连接板上面与前叉管连接的螺栓。

③如图 2-71 所示，拆下下连接板侧面两个夹紧前叉管的螺栓。

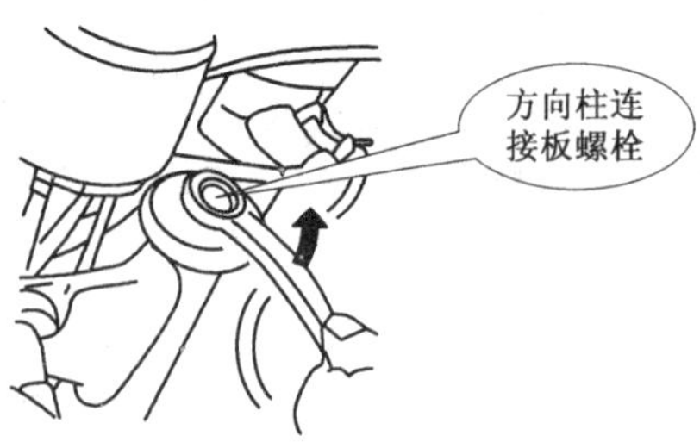

图 2-70 拧下方向柱连接板螺栓

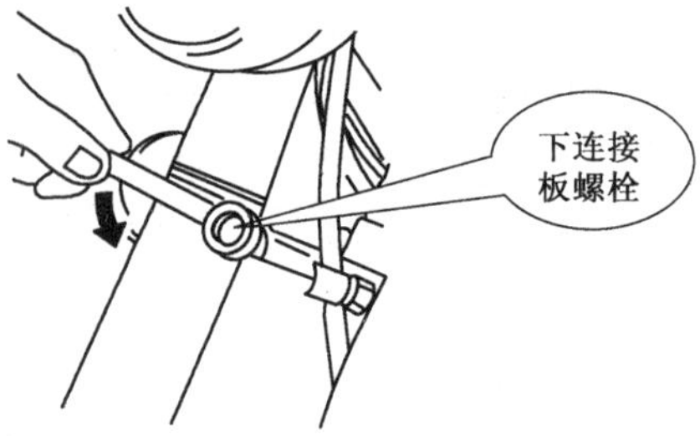

图 2-71 拆下下连接板螺栓

④如图 2-72 所示，抽出左、右减振器（不包括上、下罩等零件）。

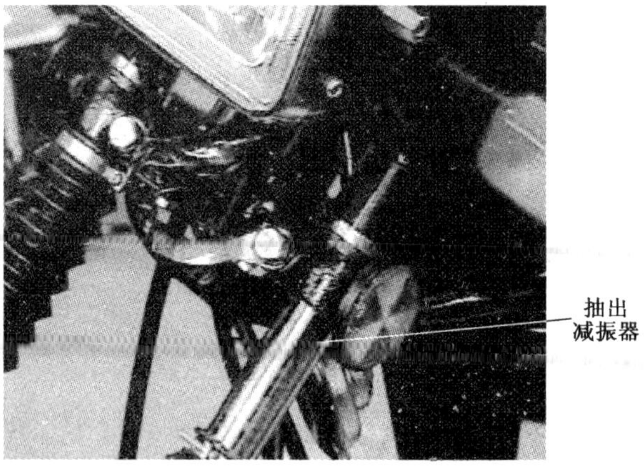

图 2-72 抽出减振器

⑤分别拧下左、右减振筒组件上靠近底筒端部的放油螺塞，将筒内液压油排放干净。

⑥依次从前叉管上取下套盖、下导向套、弹簧，下导向套和弹簧座（如图 2-73 所示）。

⑦用卡环钳拆下内挡圈（如图 2-74 所示），然后拉出前叉管，再依次拆下油封、导向套、环形挡圈和活塞。

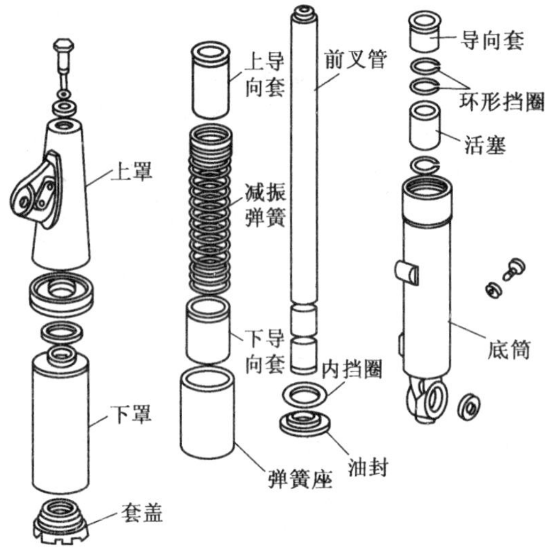

图 2-73 前叉管的拆卸

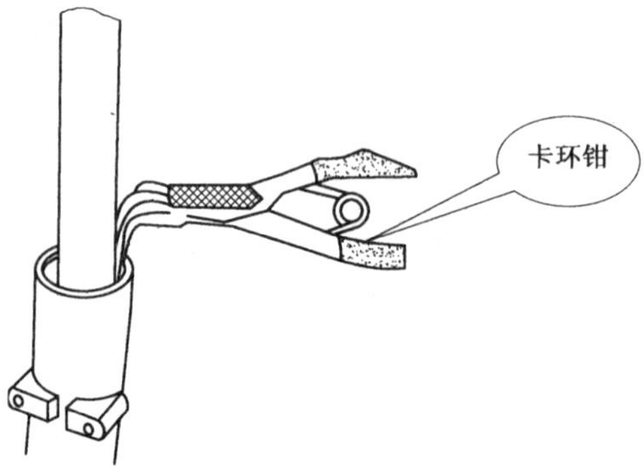

图 2-74 拆卸内挡圈

(2)前减振器的装配。为确保行车安全舒适,前减振器必须按以下顺序装配。

①将待装配的所有零件清洗干净,并归类放好。

②将前叉活塞安装在前叉管上并装好环形挡圈,然后依次将导向套、油封及内挡圈套在前叉管上。

③将前叉管插入底筒中,并将导向套和油封装入底筒内用内挡圈定位。

④在前叉管上依次套上弹簧座、下导向套、减振弹簧、上导向套和套盖。

⑤装上并拧紧底筒上的放油螺塞,然后在前叉管顶部螺孔内注入规定量的液压油。注意前叉管不可倒罩,且左右减振筒内的液压油油量应相等。

⑥将减振筒穿入下连接板孔内直到推不动为止,然后稍稍拧紧下连接侧面的夹紧螺栓,使减振筒不至下滑。

⑦两减振筒装上后,在底筒下部搁一支承物,用力压缩减振弹簧使前叉头部进入上连接板孔内,然后装上并拧紧上连接板螺栓,拧紧力矩为 25～35N·m。接着再拧紧下连接板螺栓(如图 2-75 所示),拧紧力矩为 25～35N·m。

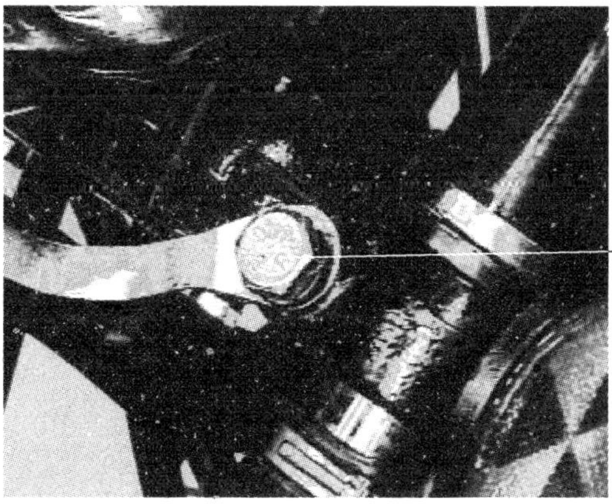

图 2-75　拧紧下连接板螺栓

⑧依次装上前挡泥板、前轮、里程表软轴及前制动操纵钢索。

维修提示:

◆装好减振器后,握住方向把用力往下按几次,看减振器是否上下运动自如。若运动有阻力,应重新安装。

2. 后减振器的拆装

(1)后减振器的拆卸。

①支起摩托车主支架,然后拆下后减振器的上、下盖形螺母,取下减振器,如图 2-76 所示。

②如图 2-77 所示,将减振压缩器(专用工具)套在减振筒上,把缓冲弹簧压缩到恰好能将锁紧螺母拆出为止。

③拧松锁紧螺母,拆除下接头组件,然后将减振器分解(如图 2-78 所示)。注意阻尼器组件为一个整体,不能拆开。

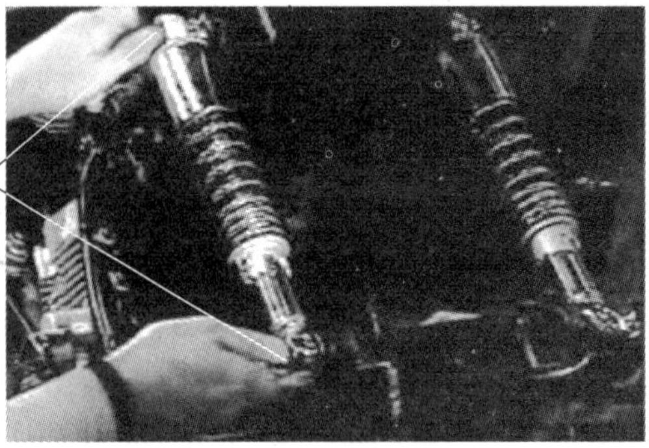

图 2-76　拆下后减振器的上、下盖形螺母

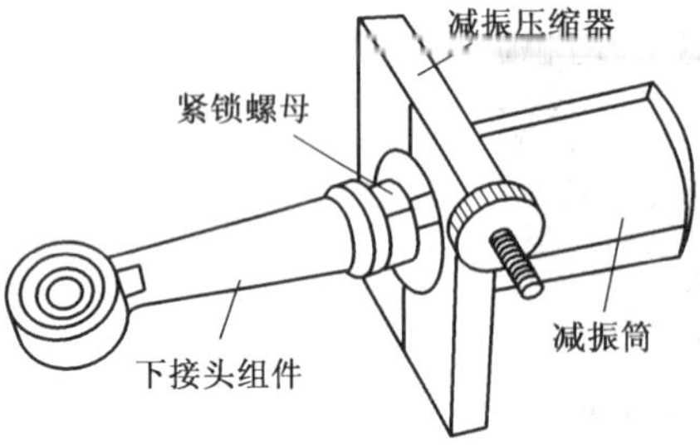

图 2-77　套装减振压缩器

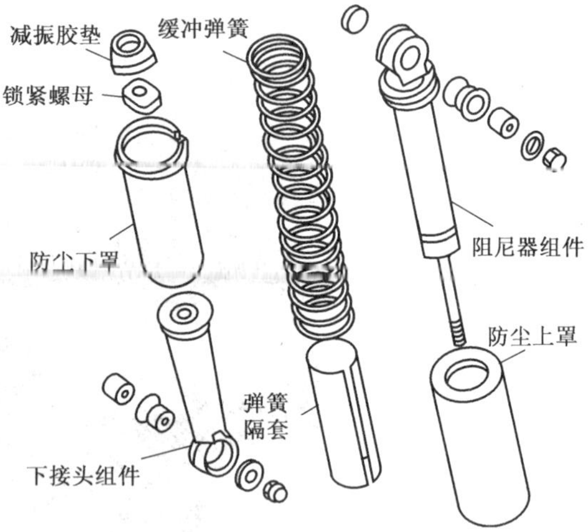

图 2-78　减振器的分解

(2)后减振器的装配。后减振器应按以下顺序进行装配，以确保乘骑舒适和行车安全。

①将后减振器按拆卸的相反顺序进行组装。

注意：

◆缓冲弹簧密端应朝下接头方向。

②把减振压缩顺套在减振筒上，将缓冲弹簧压缩到阻尼器组件杆部螺纹完全露出为止，然后在杆部螺纹涂上粘接剂。

注意：

◆不可过分压缩缓冲弹簧，以免使弹簧疲劳不能复位。

③在阻尼器组件的杆部螺纹上套上锁紧螺母，再拧上、下接头组件，使上、下接头孔的中心距离符合规定，然后按规定力矩拧紧锁紧螺母。

注意：

◆左、右两边减振筒的上下接头孔中心之差不得大于规定值。

④拆除减振压缩器，将左、右减振筒装到车架上，然后装上并按规定力矩拧紧上、下端的盖形螺母。

注意：

◆上、下接头两面都应装平垫圈。

维修提示：

◆装好减振器后，使后轮着地，将座垫往下用力按几次，看减振器是否上下活动自如。若运动有阻力，应重新安装。

三、制动器的拆装

1. 盘式制动器的拆装

(1)盘式制动器的拆卸。

①先排除液压油，再旋下液压油管接头螺栓，然后拆下液压油管。

②拧下制动钳固定螺栓，拔下制动钳轴，将制动钳从前叉上卸下。

③拆下摩擦片、弹簧片、橡胶防尘罩、轴套等，如图 2-79 所示。

④为了防止液压油腐蚀机件和活塞飞出，用布将制动油缸包好。

⑤将活塞向下，用压缩空气对准液压油管接口，将活塞轻轻吹出。注意不要用高压气体，压缩气喷嘴也不要紧靠着液压油管接口，绝对不要将手指伸进油缸中，如图 2-80 所示。

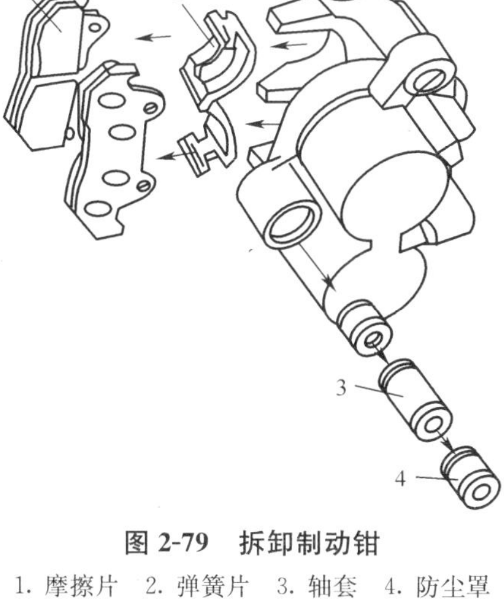

图 2-79　拆卸制动钳

1. 摩擦片　2. 弹簧片　3. 轴套　4. 防尘罩

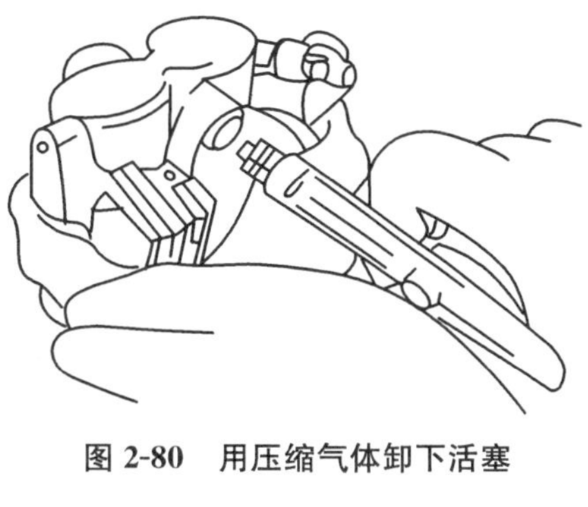

图 2-80　用压缩气体卸下活塞

(2)盘式制动器的安装。

注意：

◆所有内部零件仅限于使用新的制动液进行清洗；安装时，内部零件应该用制动液加以润滑。一旦卡钳进行解体，应更换活塞密封件。

①将活塞油封和防尘罩向油缸里面推，然后取出，用液压油清洗油缸，注意不要划伤油缸壁。

②换上新油封。组装时在油封、活塞、油缸壁上薄薄地涂上一层硅润滑脂或制动液，如图 2-81 所示。

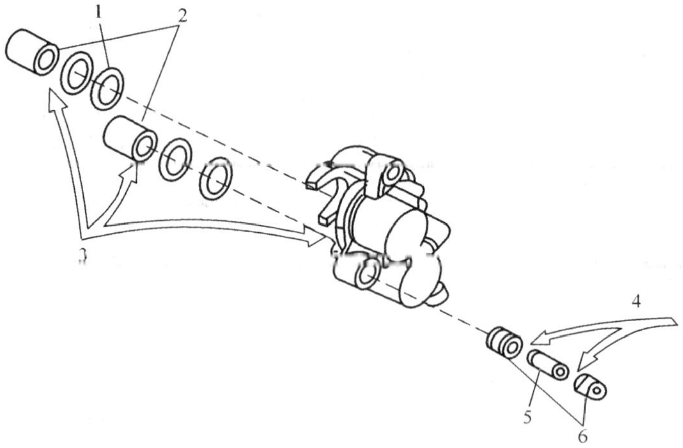

图 2-81 液压件的安装

1. 油封 2. 活塞 3. 涂硅润滑脂或制动液处 4. 涂抹硅润滑脂 5. 轴套 6. 橡胶防尘罩

③安装橡胶防尘罩时，要涂抹硅润滑脂。

④防尘罩要嵌入轴套的槽内。若防尘罩损坏或老化，应更换新件。

2. 前制动器主油缸的拆装

(1)前制动器主油缸的拆卸。

①先排净液压油。

②卸下制动器主油缸壳体上的后视镜以及制动闸把、液压油管等。

③拧下固定螺栓，取下制动主油缸，如图 2-82 所示。

④从主油缸体上拆下停车灯开关、密封盖、膜片、防尘罩等，然后用弹簧钳卸下弹簧卡环，拆下副皮碗、活塞、主皮碗、弹簧等，如图 2-83 所示。

⑤用液压油清洗干净主缸体，并检查缸体的损伤及磨损程度，若已超过使用极限数值，应更换新件。

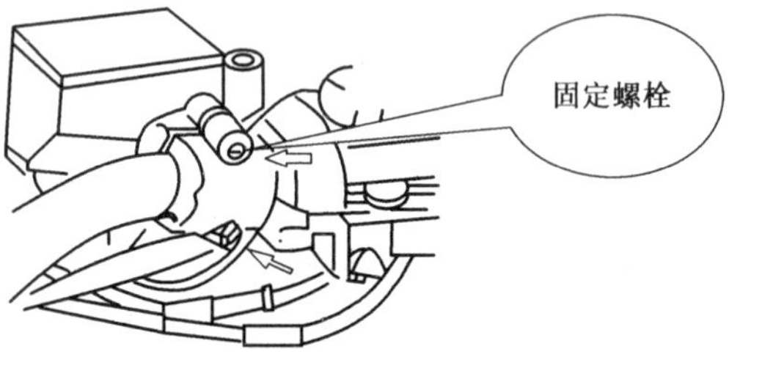

图 2-82 拆卸主油缸

(2)前制动器主油缸的安装。

①在活塞皮碗上涂抹硅润滑脂或液压油。

②向储油罐中注入少量液压油，然后进行组装。

③装上活塞卡环、停车灯开关。

④将主油缸壳和固定夹一起安装在车把上。

⑤固定夹上的UP标记朝上，凸出部分要与车把上的冲点标记对正，先拧紧上面的固定螺栓，再拧紧下面的固定螺栓，如图2-84所示。

⑥装上液压油管和垫圈，拧紧固定螺栓。

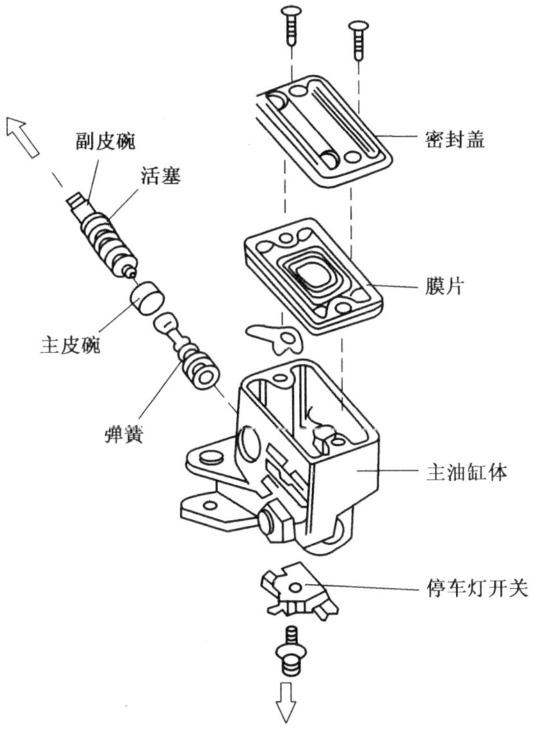

图 2-83　分解主油缸

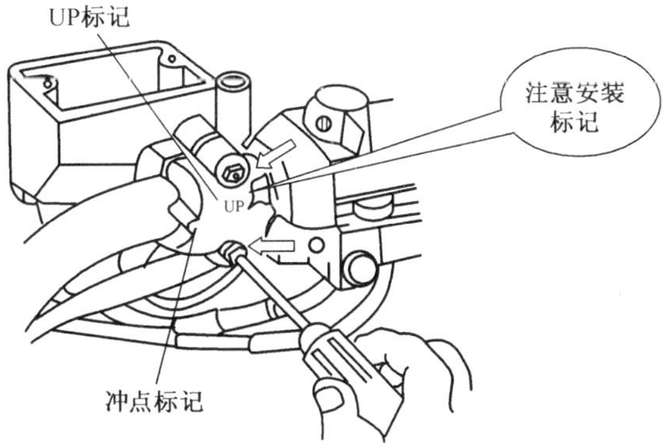

图 2-84　安装主油缸

3. 后制动器的拆装

(1)后制动器的拆卸。

①在发动机的下端放置一个适当的支座，应牢靠地支好摩托车，以免翻车危险。

②拆卸调整工具(后制动器)、销、弹簧、制动杆及张紧杆。

③拆卸开口销、螺母(后轮轴)、平垫圈、后轮轴及套环。

④拆卸后轮。向前推动后轮并且将驱动链从后链轮上断开。

⑤拆卸离合器毂，橡胶减振器及制动盘。

⑥拆卸制动闸瓦、制动器凸轮轴杆、磨损指示器及制动器凸轮轴。

(2)后制动器的安装。安装按与“拆卸”相反的步骤进行，同时要注意以下内容：

①润滑轴承、油封。推荐润滑剂为锂皂基润滑脂。

②安装制动器凸轮轴、磨损指示器及制动器凸轮轴杠杆。

③安装制动器闸瓦到制动器闸瓦蹄卡上。

④按规定力矩拧紧后轮轴螺母及张紧杆螺母。

⑤安装开口销。

维修提示：

◆安装开口销，应弯曲金属片端部。一定要使用新的开口销，用于车轴螺母上。

第五节 电气设备拆装

一、火花塞的拆装

维修提示：

◆在更换和检修火花塞时，往往要拆卸和安装火花塞，而实践证明，在拆装火花塞时，稍有不慎，将会造成火花塞口漏气、火花塞螺纹滑丝等现象。一旦出现这些现象，将会造成发动机工作不正常和影响火花塞使用寿命等后果。因此，在拆、装火花塞时必须掌握正确的方法。

1. 火花塞的拆装

(1)拆卸前，应先将火花塞座孔清洁干净。然后从发动机的火花塞上拔下火花塞帽，如图 2-85 所示。

(2)如图 2-86 所示，用火花塞套筒扳手拆下火花塞。

图 2-85 拔下火花塞帽

图 2-86 拆下火花塞

(3)安装火花塞时，应按规定力矩拧紧。

2. 拆装火花塞的注意事项

(1)不论是拆下还是装上火花塞，都要使用火花塞套筒扳手(如图 2-87 所示)等专用工具。在一般情况下不得使用代用工具，以免把火花塞体螺纹弄坏。

(2)拆卸时，若将套筒扳手套在火花塞体上旋拧不动，可适当用力敲敲套筒以促使火花塞松动。若经轻敲后仍因锈蚀而旋拧不动，应找些煤油滴在火花塞旋进口处，让煤油渗进螺纹部位内缓解锈固。大约经 5～10min 即可旋动。切忌猛拧强旋，以免损伤火花塞螺纹。

(3)如图 2-88 所示，在安装火花塞时，要加装密封垫圈，以保证火花塞与发动机缸体的密封度，避免发动机因漏气而降低功率和工作效能，并减少火花塞过热。在加密封垫时要注意垫圈不可过厚，若过厚则会减短火花塞螺纹体深入气缸的长度，从而导致可燃混合气点燃性变差，使废气过多地汇集在火花塞电极附近，减慢火焰的传播速度，降低发动机的工作效率。

图 2-87　使用火花塞套筒扳手拆装火花塞

图 2-88　火花塞密封垫圈

(4)要在火花塞螺纹体部位涂上一层耐高温的润滑油，目的是防止火花塞螺纹部位生锈，方便于下次拆卸。

(5)要将火花塞装正旋紧，但不能拧得过紧，一般达到力矩为 25～30N・m 即可。

二、磁电机的拆装

1. 磁电机的拆卸

磁电机的拆装应在干净的场地进行。

维修提示：

◆拆和装磁电机时都严禁敲打飞轮转子，以免损坏磁钢及磁铁退磁。

◆在拆和装时都应防止碰伤定子支架上的各绕组线圈。

(1)按照前面所述方法，将发动机从摩托车架上拆卸下来。然后将发动机放置在拆装台上。如图 2-89 所示，用套筒扳手拆下磁电机的导风罩。

(2)如图 2-90 所示，拆下发动机的风扇罩。

图 2-89　拆下导风罩

图 2-90　拆下发动机的风扇罩

(3)如图 2-91 所示,拆下磁电机螺母。

(4)如图 2-92 所示,用磁电机拔卸器拔下磁电机飞轮。

图 2-91 拆下磁电机螺母

图 2-92 拔下磁电机飞轮

(5)如图 2-93 所示,拆下磁电机上的定子线圈。

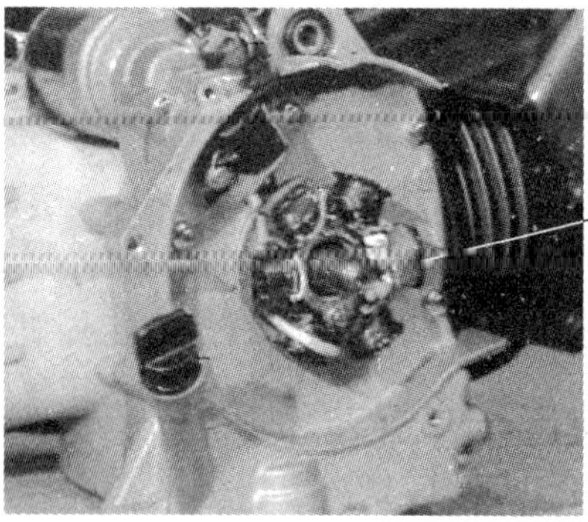

图 2-93 拆下定子线圈

2. 磁电机的安装

磁电机的安装可按拆卸的相反顺序进行。

三、电子点火器 CDI 的拆装

(1)把车钥匙插入摩托车侧盖板的锁孔,并逆时针旋转车钥匙,卸下侧盖板,即可看到电子点火器 CDI,如图 2-94 所示。

(2)从橡胶套中拔出电子点火器 CDI,拆下电子点火器 CDI 与主电缆连接的组合插头,即可拆下电子点火器 CDI,如图 2-95 所示。

图 2-94 电子点火器 CDI 位置

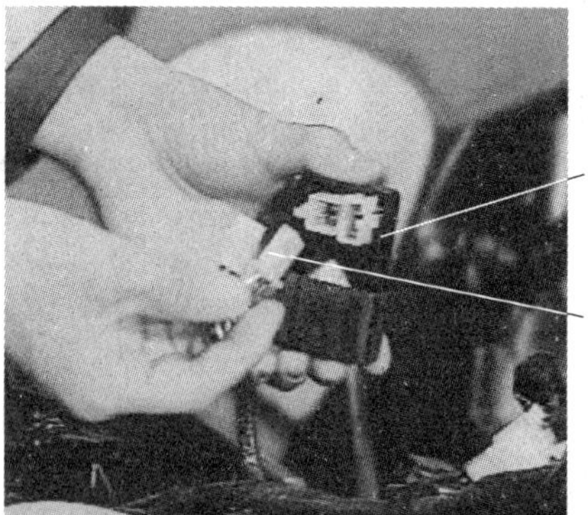

图 2-95 拆下电子点火器 CDI

(3)电子点火器 CDI 的装配过程,与上述拆卸步骤的过程相反。

四、点火线圈的拆装

(1)按照上述方法拆下侧盖板。

(2)从车架上拆下固定点火线圈的螺栓,拆下连接点火线圈的导线,拆下点火线圈,如图

2-96 所示。

(3)点火线圈的安装可按拆卸的相反顺序进行。

图 2-96　拆下点火线圈

五、起动机的拆装

1. 从车上拆装起动机(如图 2-97 所示)

(1)关闭点火开关,拆下蓄电池负极接线,如图 2-98 所示。

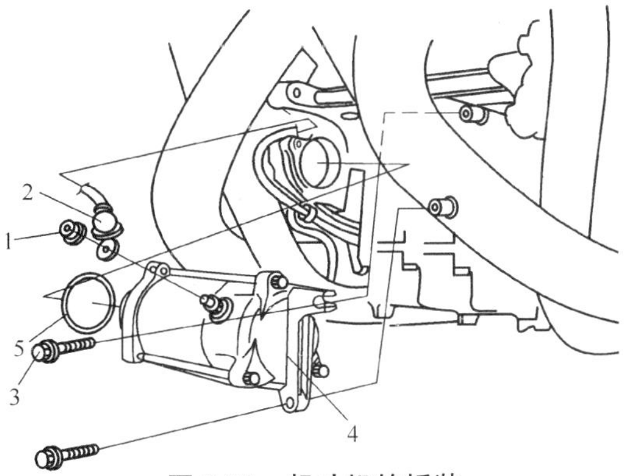

图 2-97　起动机的拆装

1. 凸缘螺母　2. 接线孔眼　3. 起动机座螺栓

4. 起动机　5. O 形环

图 2-98　拆下蓄电池负极接线

(2)拧下凸缘螺母。

(3)拆下起动机线孔眼。

(4)拧下起动机座螺栓。

(5)卸下起动机。

(6)拆下 O 形环。

安装按上述拆卸相反顺序进行。

注意:

◆装 O 形环时,应在环上涂润滑脂,凸缘螺母装复后,应安上橡胶帽。

2. 起动机的分解与组装

起动机的实物如图 2-99 所示,起动机的分解如图 2-100 所示。

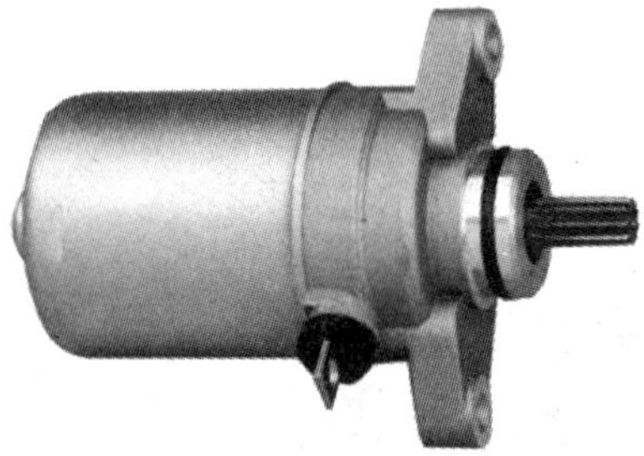

图 2-99 起动机实物

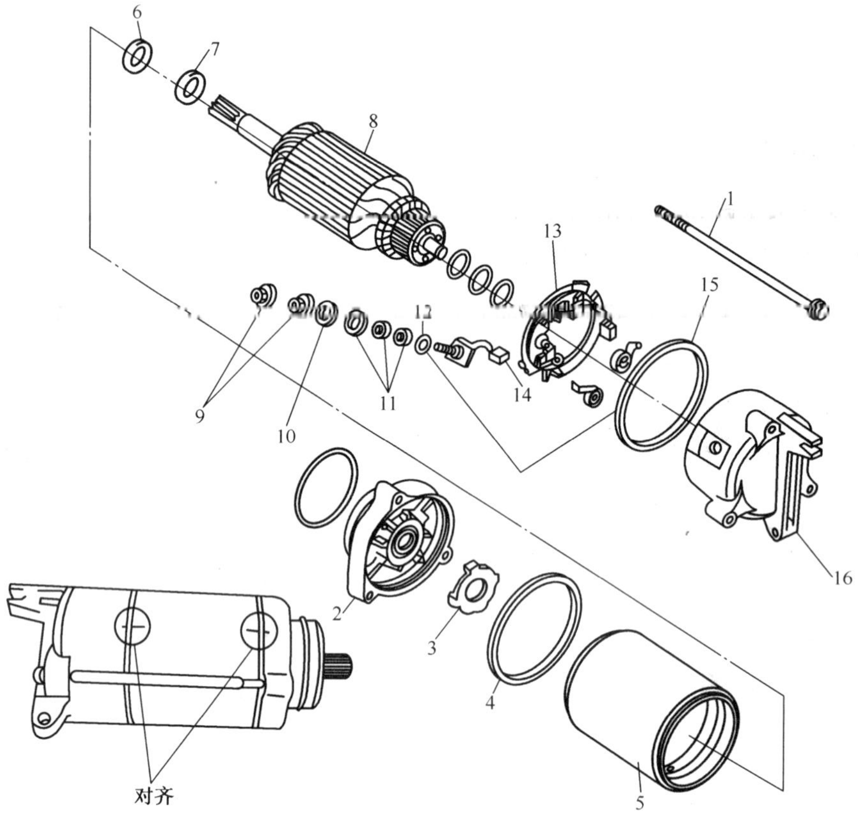

图 2-100 起动机的分解

1. 螺栓 2. 前盖 3. 锁定垫圈 4、12、15. O形环 5. 电动机箱 6. 绝缘垫圈 7、10、11. 垫圈 8. 电枢 9. 螺母 13. 电刷座总成 14. 电刷及端头 16. 后盖

(1)拆下螺栓 1。

(2)卸下前盖 2。

(3)卸下锁定垫圈 3 和 O 形环 4。

(4)拆卸电动机箱 5,卸下绝缘垫圈 6 和垫圈 7。

(5)卸下电枢 8,拧下电刷端座螺母 9。

(6)卸下垫圈 11、绝缘垫圈及 O 形环 12。

(7)拆卸电刷座总成 13,拆卸电刷和端头 14。

(8)卸下 O 型环 15,卸下后盖。

维修提示:

◆组装前盖 2 时,应将前盖与箱上的指针标记对齐。

◆组装电动机箱与后盖时,应将后盖与箱上的指针标记对齐。

◆装电刷座总成 13 时,应将座键装入后盖槽。

六、开关、灯具、仪表的拆装

1. 点火开关的拆装

如图 2-101 所示,拆下握把套 1,拆下点火开关连接器 2,拧开点火开关的两个固定螺钉 3,即可拆下点火开关。

安装按拆卸的相反顺序进行。

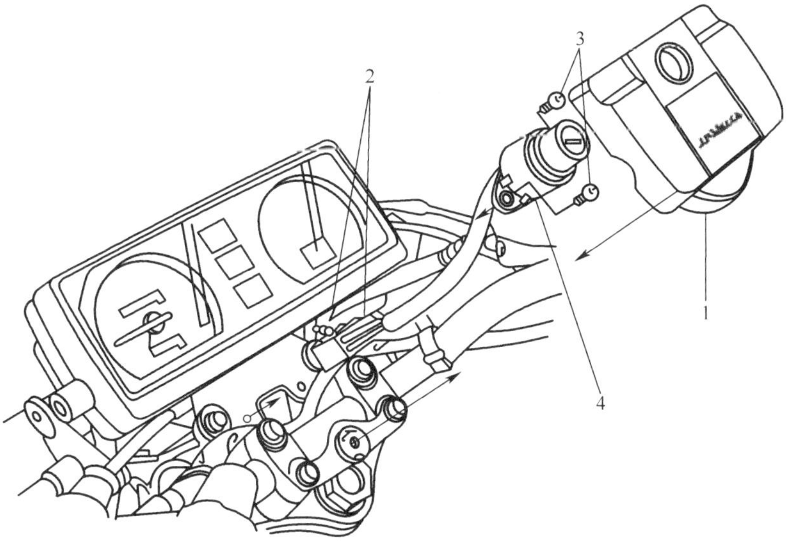

图 2-101　点火开关的拆卸

1. 握把套　2. 点火开关连接器　3. 螺钉　4. 点火开关

2. 前照灯及外壳拆装

(1)如图 2-102 所示,拆下前照灯的两个固定螺栓和垫圈,即可拆下前照灯。

(2)拆下灯壳的两个固定螺栓及螺母(如图 2-103 所示),即可拆下外壳。

安装按拆卸相反顺序进行。

维修提示:

◆安装时,注意将头灯支架上的冲印标记和头灯外壳上的指示标记对正后安装(如图 2-104 所示)。

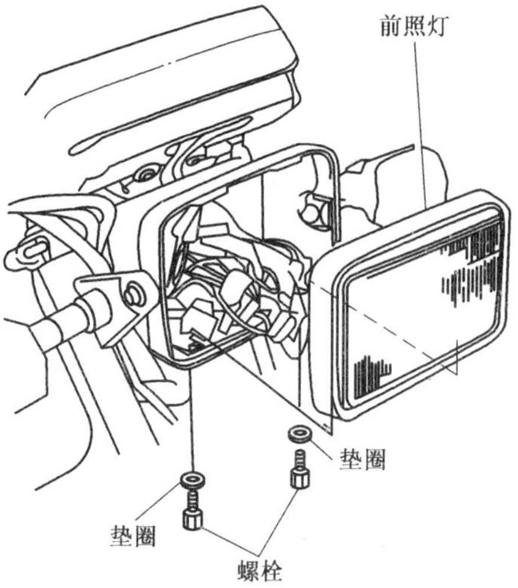

图 2-102　拆卸前照灯

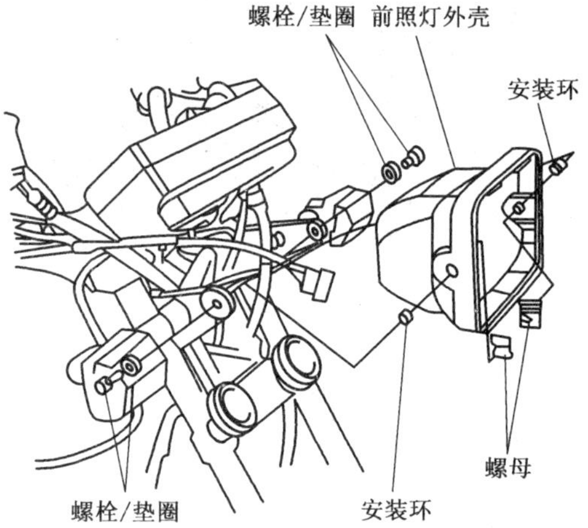

图 2-103　拆卸前照灯外壳

3. 组合仪表的拆装

(1)拆下前照灯。

(2)如图 2-105 所示,拆开仪表连接器和速度表缆线,拆下螺母及安装环,即可拆下组合仪表。

安装按拆卸相反顺序进行。

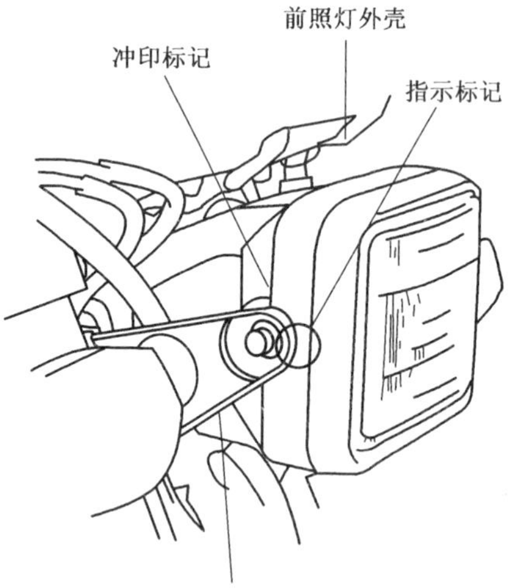

图 2-104　前照灯外壳对正标记

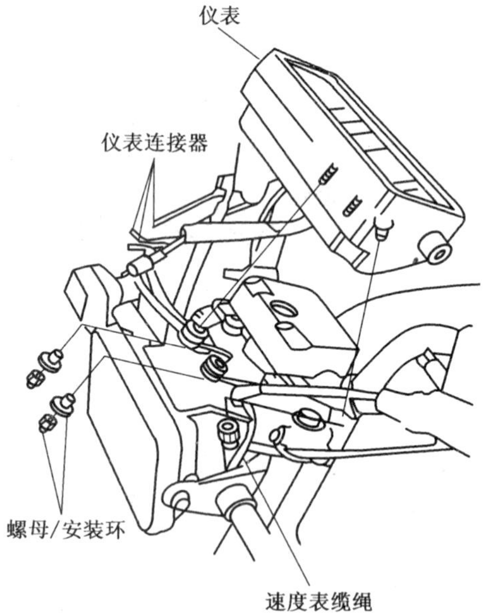

图 2-105　组合仪表的拆装

4. 仪表灯灯泡及灯座的更换

(1)拆下前照灯外壳。

(2)如图 2-106 所示,将灯泡和灯座作为一个组件从仪表中拔出,即可将灯泡从灯座中拔出。

(3)换上一只新灯泡。

(4)按与拆卸相反顺序将灯泡/灯座组件安装好。

5. 转向信号灯更换

(1)如图 2-107 所示,拆下螺钉和灯头玻璃。

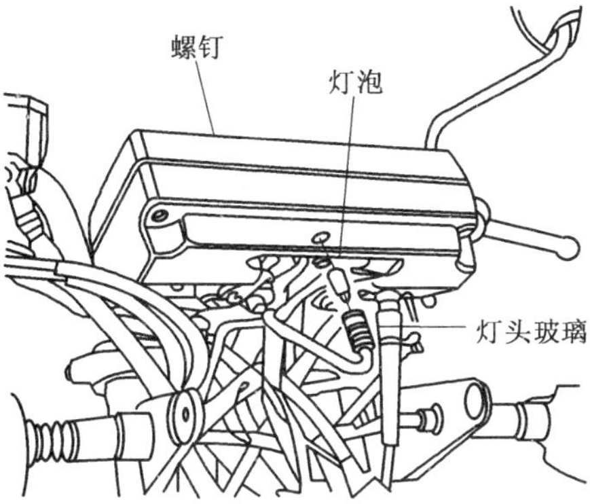

图 2-106　更换仪表灯泡

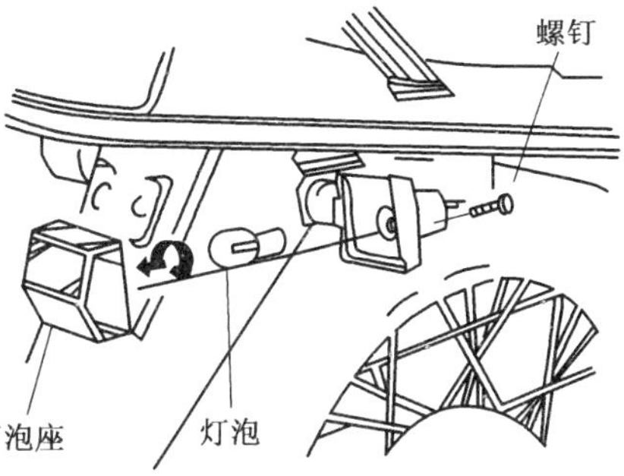

图 2-107　更换转向信号灯灯泡

(2)向里按压灯泡并按逆时针方向转动灯泡,即可将灯泡从座中取出。

(3)换上一只新灯泡。

(4)按与拆卸相反顺序安装好玻璃。

6. 尾灯/制动灯更换

(1)如图 2-108 所示,拆下两个固定螺钉及灯头玻璃。

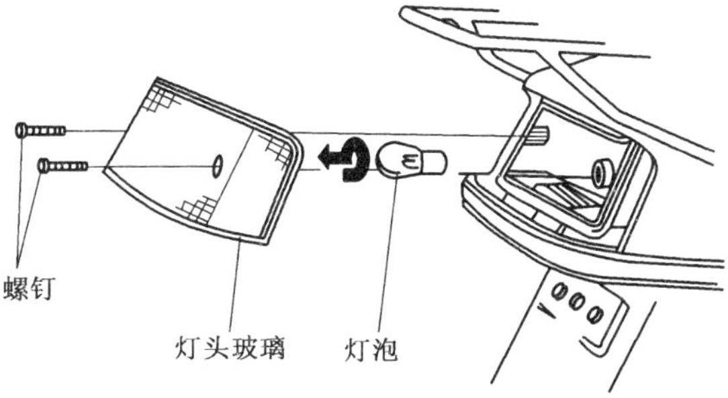

图 2-108　尾灯/制动灯更换

(2)按逆时针方向转动灯泡同时向前推即可取出灯泡。

(3)换上一只新灯泡。

按拆卸相反顺序安装。

第三章　摩托车调整

第一节　发动机的调整

一、配气机构的调整

1. 气门间隙的调整

(1)调整气门间隙的注意事项。

①气门间隙的定义:对侧置气门来讲,气门间隙是指进排气门杆尾与挺杆上调整螺钉间的间隙;对顶置气门和顶置凸轮轴式气门来讲,气门间隙是指进排气门杆尾端与摇臂上调整螺钉间的间隙。

②气门间隙分冷间隙和热间隙两种,热间隙比冷间隙略小。在发动机冷态下测量的间隙即为冷间隙。通常,进气门冷间隙在 0.05～0.10mm 之间,排气门冷间隙在 0.08～0.10mm 之间。调整时应严格按说明书上规定的间隙进行。

③气门间隙的检查及调整必须在进排气门都完全关闭时进行。而活塞位于压缩行程的上止点时,恰好进排气门完全关闭,所以调整气门间隙时,必须使活塞处于上止点。

④气门间隙的调整应在发动机冷态时进行,严禁在发动机运转时即进行调整。对双缸发动机,应逐缸进行检查及调整。

(2)气门间隙的检查与调整。

①拆下进排气门室盖和磁电机外罩。

②转动磁电机转子,使其外圆面上的"T"刻线与机壳上的固定标记对准,此时活塞应处在压缩行程的上止点,如图 3-1 所示;同时,应使凸轮轴上链轮的两个圆孔和气缸盖的上平面平行,如图 3-2 所示。

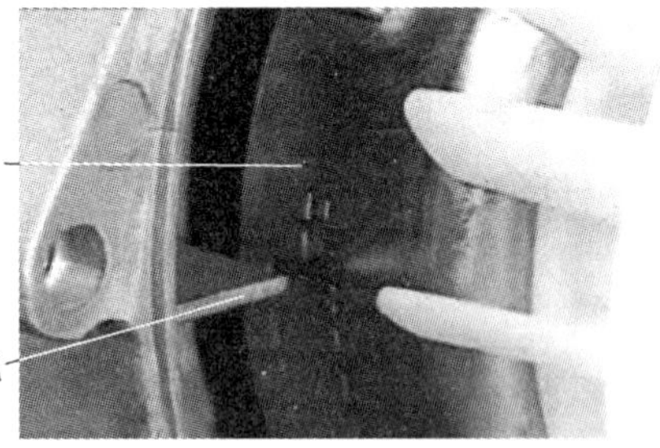

图 3-1　对齐飞轮上和曲轴箱上的标记

图 3-2　使凸轮轴上链轮的两个圆孔和气缸盖的上平面平行

③如图 3-3 所示,将厚度为规定气门间隙值的塞尺小心地插入气门间隙内来回拉动,若感到略有阻力时,说明间隙合适。

④若间隙不合适,则用梅花扳手先旋松调整螺母,如图 3-4 所示。

图 3-3　检测气门间隙

⑤如图 3-5 所示，一边用尖嘴钳转动调整螺钉，一边拉动塞尺检查间隙，待间隙合适后，再拧紧调整螺母。

图 3-4　旋松调整螺母

图 3-5　用尖嘴钳转动调整螺钉

维修提示：

◆为防止螺母拧紧后间隙发生变化，应再用塞尺复测一次。

2. 正时链张紧装置的调整

(1)本田 CD50/70 型摩托车正时链张紧装置的调整。如图 3-6 所示，张紧装置张紧杆的下端削成楔状，利用箱体上的调整螺钉进行调整，可改变张紧杆上下运动行程，也即限制了正时链的跳动范围。而张紧力的大小，则可由调整螺塞进行适当调整。两项调整，均可在发动机运转状态下进行，以调整到较小响声为准。

(2)本田 CB125S 型摩托车正时链张紧装置的调整。该张紧装置由扭力弹簧、张紧臂、张紧杆、调整螺钉、张紧滑块等组成，如图 3-7 所示。张紧臂通过扭力弹簧的作用，使张紧滑动块被压弯，而将正时链张紧。链条的张紧程度由扭力弹簧的大小和人工的调整来决定。

维修提示：

◆链传动零件磨损致使链条松弛后，必须通过调整螺钉进行调整。

正时链张紧装置的调整方法如下：

①将调整螺钉向外旋出，张紧力增大，当螺钉离开张紧杆时，张紧力最大；

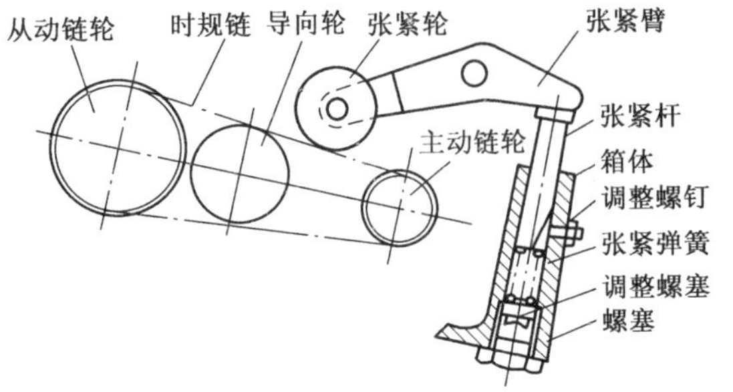

图 3-6　张紧装置

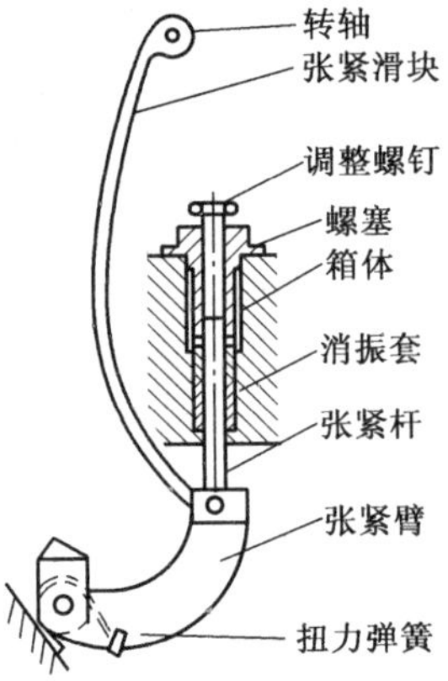

图 3-7　张紧装置的组成

②将调整螺钉向里旋入，逐渐抵消扭力弹簧的弹力，张紧滑块趋直，张紧力便减弱，甚至可使张紧力为零。

只有经过适当的人工调整，才可使正时链传动装置达到传力平稳、噪声较小的理想效果。经过调定的张紧状态，经一段时间的使用后，又会因传动零件的磨损，使链条松弛，噪声增大，这时就必须再作调整。

(3)铃木 GS125 型摩托车正时链张紧装置的调整。如图 3-8 所示，该张紧装置的张紧滑块装在正时链松边上，滑块端以转轴固定，中端呈自由状态。张紧力来自作用于滑块垂直方向上的张紧杆，由套在张紧杆上的张紧弹簧产生，这种张紧装置只能使滑块以恒定的张紧状态工作，而不能随正时链传动零件的磨损而自动张紧，所以经过一段时间使用后，正时链松弛，响声增大了，便必须进行调整。

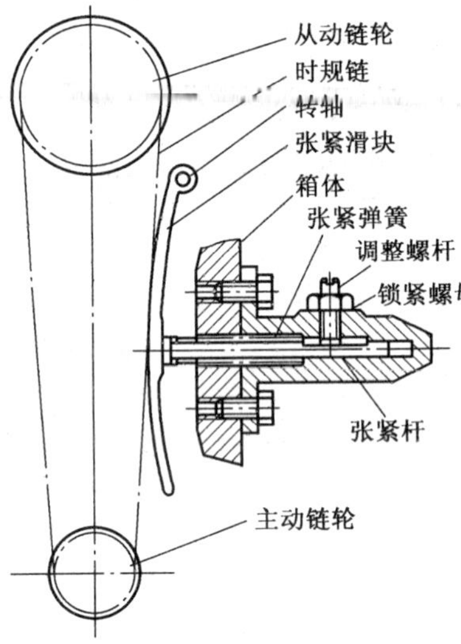

图 3-8　张紧装置的组成(一)

调整时，只需将装在箱体外的锁紧螺母旋松，将调整螺杆稍拧松一点，张紧杆便会被张紧弹簧自动推向张紧滑块，在新的张紧状态下工作。张紧力的大小，决定于弹簧本身，不能调整。最后再用锁紧螺杆将张紧杆拧紧，并用锁紧螺母锁紧。

维修提示：

◆调整操作时，如果恰好处在发动机压缩行程两气门均关闭，张紧效果更好，这是因为此时正时链松边张力很小，处于松弛状态，此时进行调整，能将正时链张得更紧。

(4)本田 CB300/500 型摩托车正时链张紧装置的调整。如图 3-9 所示。该张紧装置中的张紧臂及张紧滑块的结构与本田 GB125 型车相似，而其张紧杆结构及调整部分则与铃木

GS125型车相似。张紧弹簧的弹力通过张紧杆作用于张紧臂，张紧臂便使张紧滑块压向链条而将链条张紧。张紧程度决定于弹簧弹力的大小。

当正时链传动装置零件逐渐磨损，链条变松弛后，便需进行调整。其调整方法与铃木GS125型车相同：将锁紧螺母旋松，再将调整螺栓拧出一点，张紧杆便会在张紧弹簧作用下，通过张紧臂而使张紧滑块压向链条，进一步将时规链张紧。

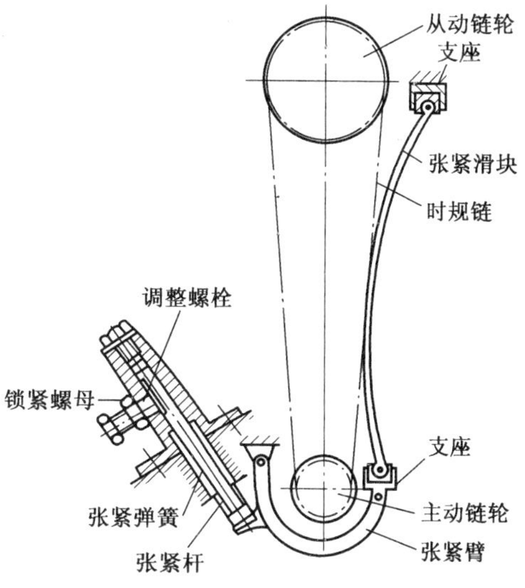

图 3-9　张紧装置的组成(二)

二、燃油供给系统的调整

1. 发动机在不同工况下化油器的调整部位

在发动机不同工况下，混合气过浓或过稀应调整化油器的不同部位，具体可见表3-1所示。

表 3-1　化油器的调整

发动机工况	怠速运转	低速运转	中速运转	高速运转
节气门开度	0～1/8	1/8～1/4	1/4～3/4	3/4～全开
作用系统	怠速系统	怠速系统及主系统	主系统	主系统
作用部件	怠速喷嘴、怠速空气调节螺钉	怠速喷嘴、怠速空气调节螺钉、节气门油针、针阀油嘴	油针 针阀油嘴 主量孔	油针 针阀油嘴 主量孔
发动机工况	怠速运转	低速运转	中速运转	高速运转
调整部件	空气调节螺钉	空气调节螺钉	主喷油针	主量孔
混合气过浓	拧出	拧出	降低	换用小孔径的主量孔
混合气过稀	拧入	拧入	提高	换用大孔径的主量孔

2. 发动机怠速的调整

摩托车发动机怠速过高或过低以及怠速不稳(即时高时低)时，需要对发动机怠速进行调整。

调整怠速时要有一个前提，就是发动机本身以及点火系统和供油系统(即电路和油路)工作必须正常，然后再按下列程序进行调整：

(1)先起动发动机，预热4～8min(寒冷天气要预热10min)，若发动机怠速过低或无怠速，预热时应用适当开大油门的办法，提高发动机空转的速度，以提高缸温。

(2)如图3-10所示，用一字旋具将化油器上的混合气调整螺钉顺时针转动，使发动机转速达到最高，再逆时针转动该螺钉约1.25圈。

(3)调整怠速调整螺钉，使发动机怠速转速最低而不熄火。

(4)调整混合气调整螺钉，使发动机怠速转速升高

(5)调整怠速调整螺钉，使发动机转速达到最低的稳定转速。

(6)这样反复调整，直到使发动机怠速转速达到规定值。

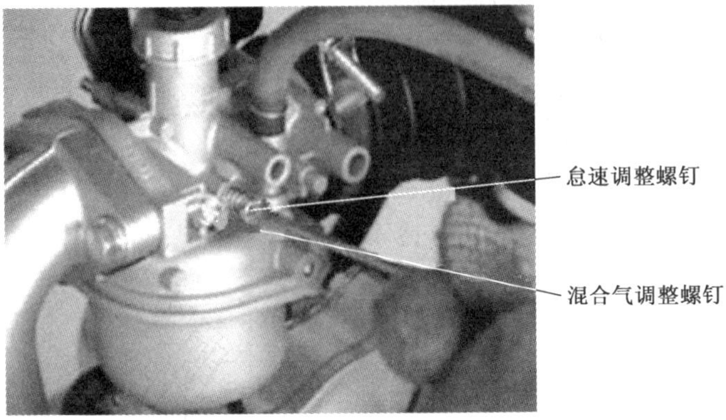

图 3-10 化油器的调整

有发动机转速表的摩托车，可直接观察发动机转速表来调整怠速调整螺钉。

小窍门：

◆怠速调整螺钉和混合气调整螺钉可交叉几次进行。实践证明，只有多次反复地进行调整才能使发动机怠速达到标准要求，即当油门关到最小开度时，发动机仍然保持在最低转速上（一般不高于 1500r/min）稳定运转。

（7）当把怠速调好后应用下列方法进行检验：

①在发动机怠速工况时，突然快速地开大油门，然后再突然快速地关小油门。

②如果发动机在突然加大油门时，其转速能迅速随之加快升高；而在突然关小油门又不至熄火，这说明怠速调整成功。

③否则，在油门突然加大情况下发动机转速不见升高或升高很慢，而在突然关小油门时，发动机突然熄火，则怠速调整失败，应按调整怠速的要领和要求重新进行调整。

3. 摩托车化油器燃油平面的调整

（1）拆下化油器，将其垂直放置。

（2）如果油平面高度不正确，则拆下浮子室，取出浮子，微量扳动浮子上的调整片，即可改变油平面高度，如图 3-11 所示。

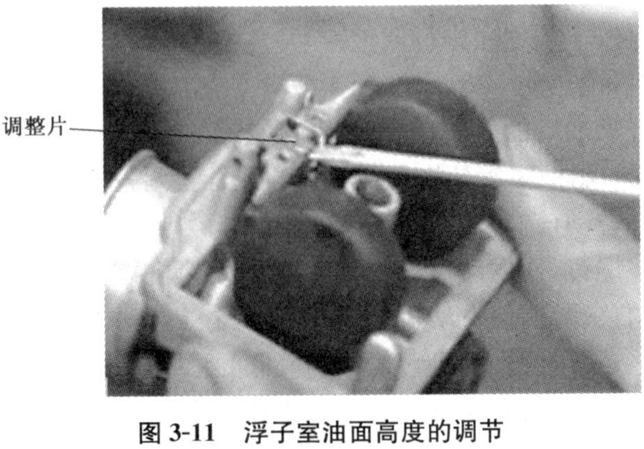

图 3-11 浮子室油面高度的调节

小窍门：

◆朝浮子针阀方向扳动调整片，可使浮子针阀提早关闭，从而降低油平面；

◆反方向扳动调整片，则可提高油平面。

三、润滑系统和冷却系统的调整

1. 采用分离润滑方式的机油泵的检查调整

（1）机油泵操纵钢索的调整。如图 3-12 所示，其调整方法如下：

①转动油门转把，使化油器节气门的标记 1 对准 2；

②检查当节气门位于此位置时，机油泵上的标记 4、5 是否对准；

③若标记 4、5 未对准，应调整螺母 3，使机油泵上的标记 4、5 对准。

（2）机油泵最小行程的检查。如图 3-13 所示，其检查方法如下：

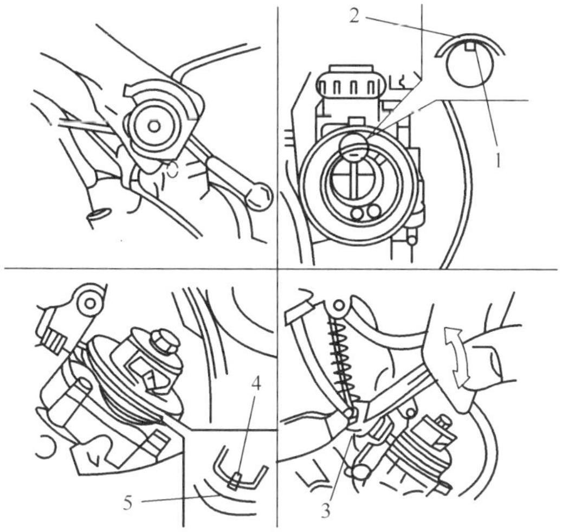

图 3-12　机油泵操纵钢索的调整

1、2. 化油器节气门标记　3. 调整螺母　4、5. 机油泵上的标记

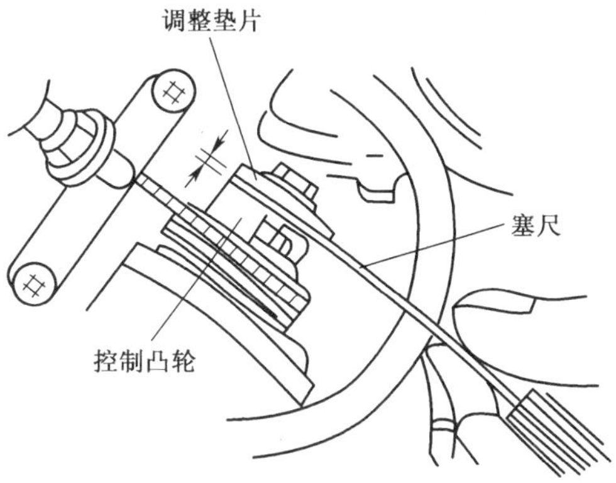

图 3-13　机油泵最小行程的检查

①当发动机处于怠速运转状态时，上述标记应对正。

②当调整板与控制凸轮之间的间隙达到最大时停车，用塞尺测量机油泵的间隙。

维修提示：

◆如果间隙不符合要求，则应卸下或加上调整垫片。

2. 雅马哈型摩托车自动分离润滑系统的调整

（1）检查和调整节气门钢索间隙。当节气门处于闭合状态时，调整节气门钢索调整螺钉，使间隙 B 的值为 1～1.5mm（如图 3-14 所示）。

（2）化油器和油泵的配合调整。拆下化油器外壳，转动油门手把，当节气门处在 1/2 开度(节气门上的“○”形标记处在图 3-15 所示的位置)时,检查机油泵上的标记 1、2 是否对准(标记位置如图 3-16 所示),若没有对准,则应调节油泵钢索螺帽(如图 3-17 所示),以实现泵与化油器动作的联动。

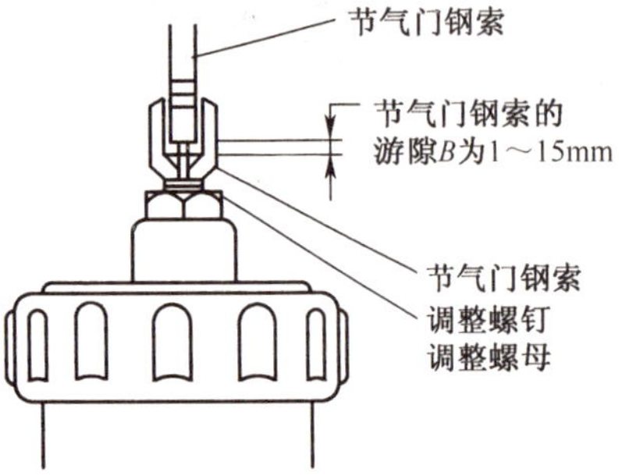

图 3-14 调整节气门钢索间隙

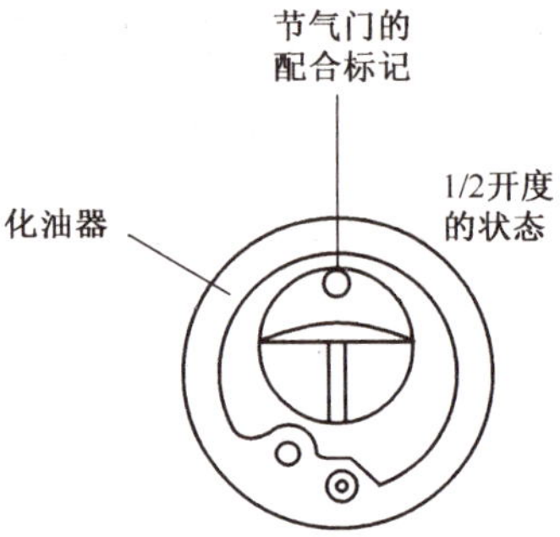

图 3-15 节气门上的标记

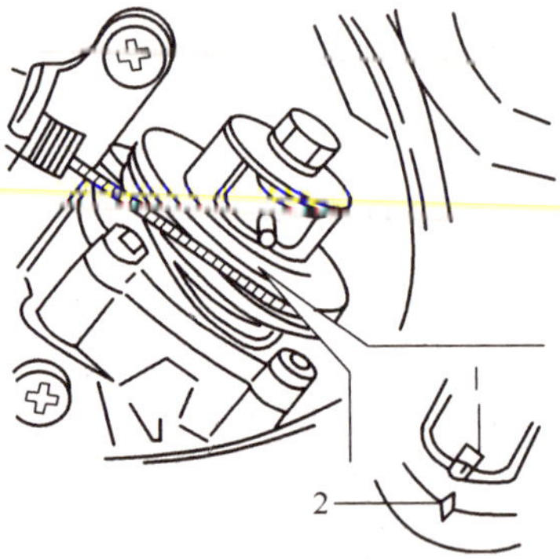

图 3-16 检查节气门上的标记

1、2. 标记

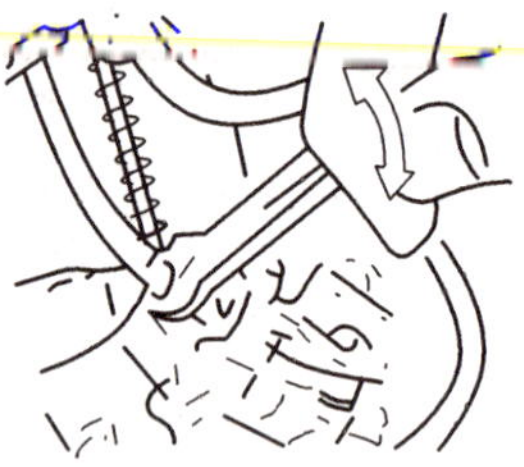

图 3-17 调节油泵钢索螺帽

(3)排净泵中的空气。如图 3-18 所示,拧下放气螺栓,直到流出的机油中无气泡时为止。

维修提示:

◆为使机油均匀地进入发动机,在输油管和泵内不能有空气存在,所以发动机大修后,一定要排净泵中的空气。

(4)检查机油泵的最小行程。将节气门置于全闭状态,逆时针转动曲轴,用塞尺检测泵的最小行程(如图 3-19 所示)。DX100 型摩托车的最小行程为 0.30～0.35mm,若检测结果不在这个范围内,则应按图 3-20 所示,卸下或加上间隙垫片。

3. 铃木型摩托车机油泵的检查调整

(1)机油泵钢索的调整。转动油门转把,直到节气门上的刻印处于如图 3-21 所示的位置,此时检查机油泵控制杆上的刻印是否与标记对齐(如图 3-22 所示)。如果没有对齐,则应松开调节螺母进行调整,直到对齐为止。

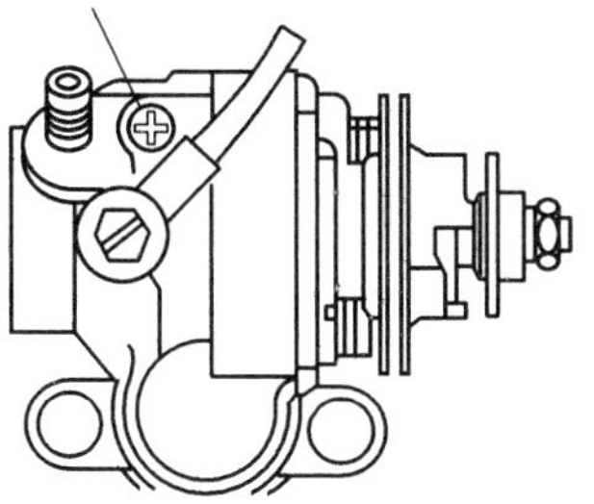

图 3-18　机油泵排空气

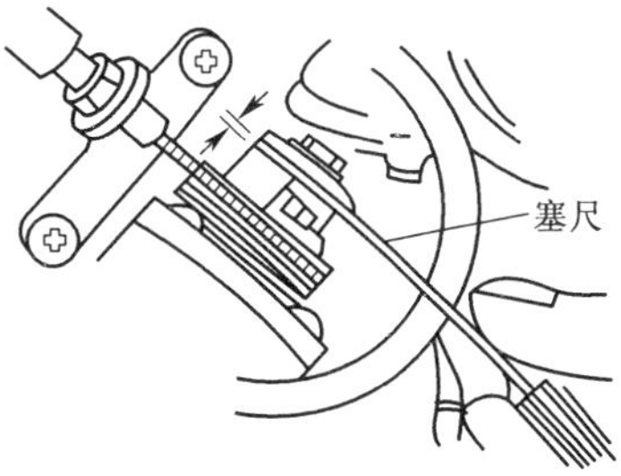

图 3-19　检测机油泵的最小行程

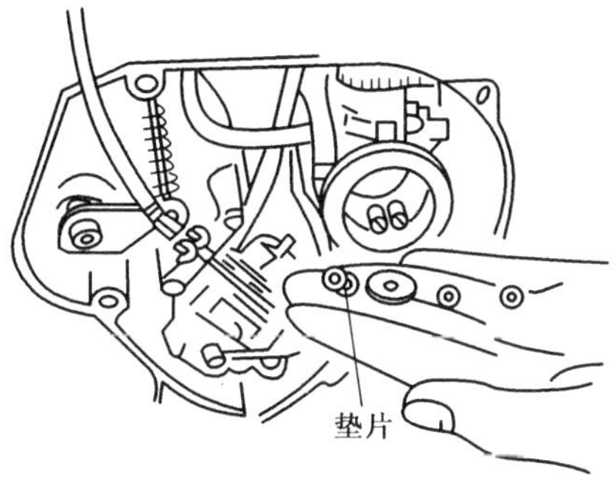

图 3-20　卸下或加上间隙垫片

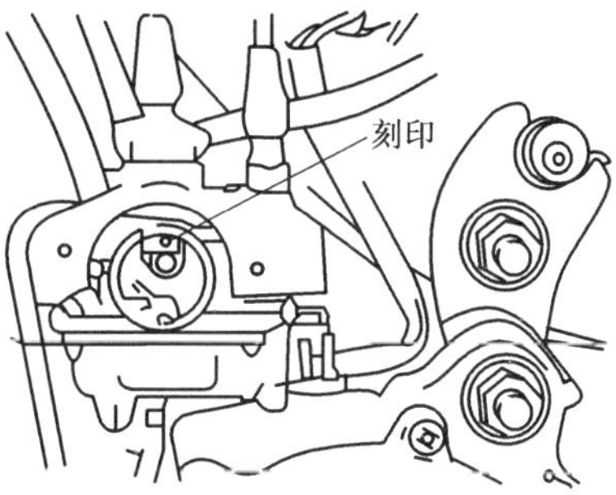

图 3-21　油门转把的标记

(2)排出机油泵内的空气。将图 3-22 中所示的泄气螺钉拧下,使润滑油流出,直到油中没有气泡为止,然后装上并拧紧泄气螺钉。

(3)机油泵排油量的检查。在机油排量测量工具(铃木车专用工具为 09999-21602)中装满铃木摩托车专用润滑油,然后将其连接于泵的真空面,如图 3-23 所示。起动发动机,使发动机的转速保持在 2000r/min,工作 6min。这时,量具上的读数,FZ50 型摩托车应在 1.02～1.26mL 范围内;TR125 型摩托车应在 4.2～5.1mL 范围内。

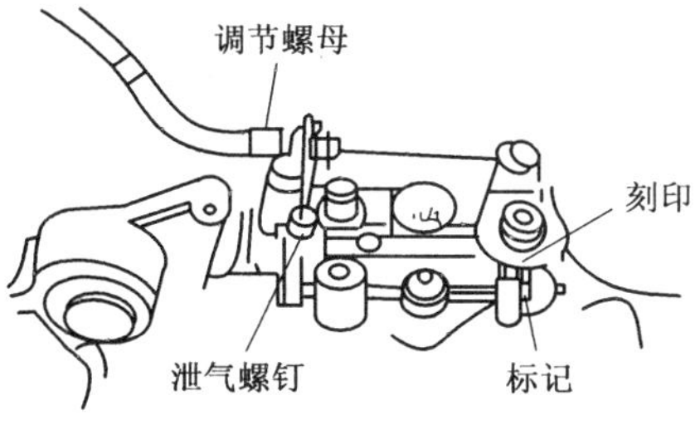

图 3-22　油门转把标记的检查

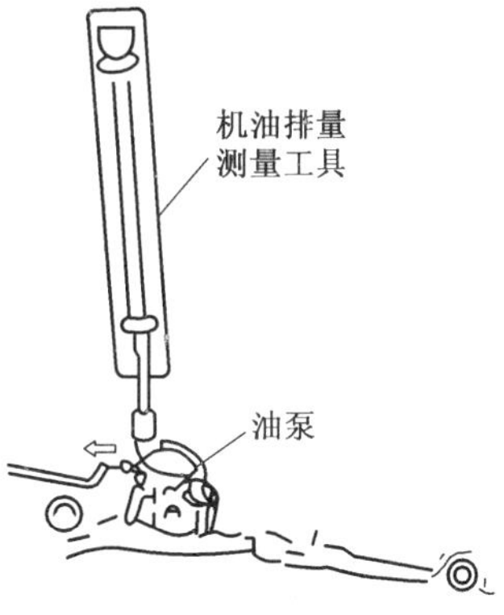

图 3-23　机油泵排油量的检查

4. 本田型摩托车机油泵的检查调整

首先调整油门钢索的自由间隙,然后再做以下检查调整。

(1)机油泵钢索的调整。将油门转把转到极限位置,此时,机油泵上的指示记号应与控制杆上的记号对齐,如图 3-24 所示。

维修提示：

◆如果没有对齐，则松开锁紧螺母，转动调整螺母，使这两个指示记号对齐，然后再拧紧锁紧螺母。

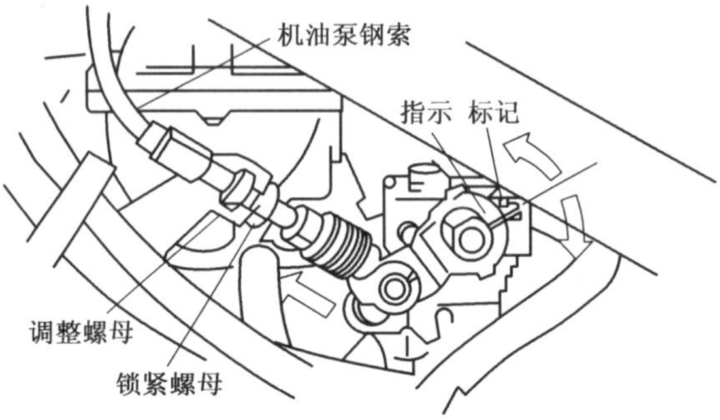

图3 24　机油泵钢索的调整

(2)排除机油泵内的空气。发动机熄火，将机油箱内注满机油，然后如图3-25所示，用布包住机油泵，拧松机油泵顶部的泄气螺栓，当泄出的机油中不再有空气气泡时，再将泄气螺栓拧紧。

5. 三轮摩托车冷却系风扇皮带张紧力的调整

风扇皮带的张紧力是靠调整交流发电机的位置来实现的。如图3-26所示。

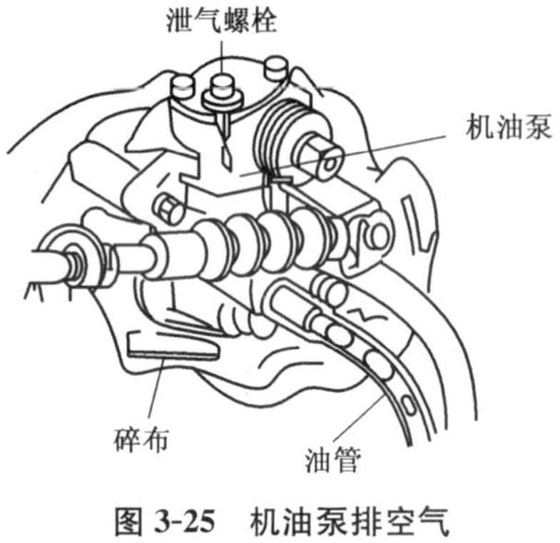

图3-25　机油泵排空气

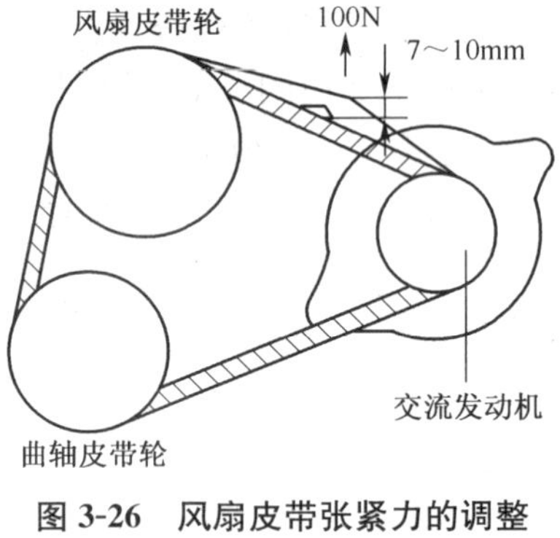

图3-26　风扇皮带张紧力的调整

检查皮带张紧力的方法是：用100N垂直于皮带的拉力拉动皮带时，在风扇皮带轮与发电机皮带轮之间皮带的挠度应在7～10mm范围内。

第二节　传动系统的调整

一、离合器的调整

1. 摩托车离合器检查调整后应达到的标准

(1)分离彻底，无拖滞。

(2)接合平稳柔和,无冲撞。

(3)工作可靠,运行时无异常响声。

2. 二轮摩托车离合器的检查调整

对离合器的调整,主要是保证离合器握把有一定的自由行程(规定值为 10～20mm,如图 3-27 所示)。

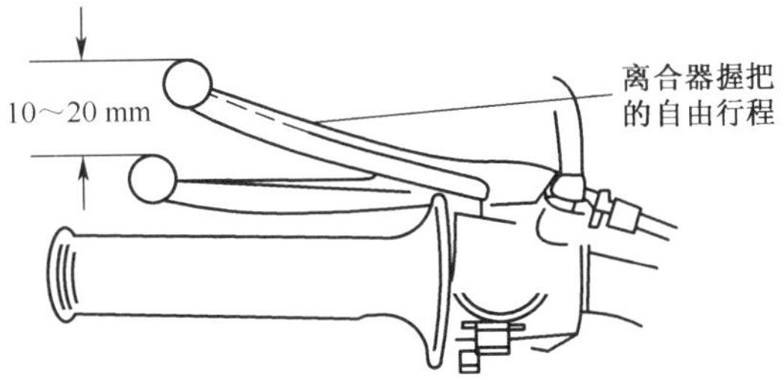

图 3-27　离合器握把的自由行程

调整的方法如图 3-28 所示,拧松锁紧螺母,转动调整螺母即可改变自由行程的大小。微小或精密的调整,可利用握把头部上的调整螺母进行,如图 3-29 所示。

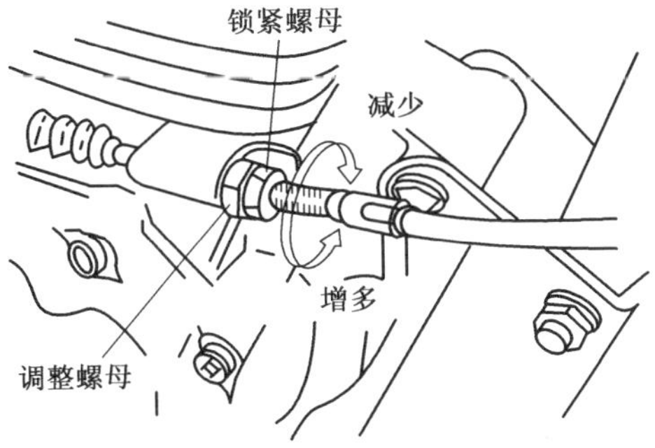

图 3-28　离合器自由行程的调整

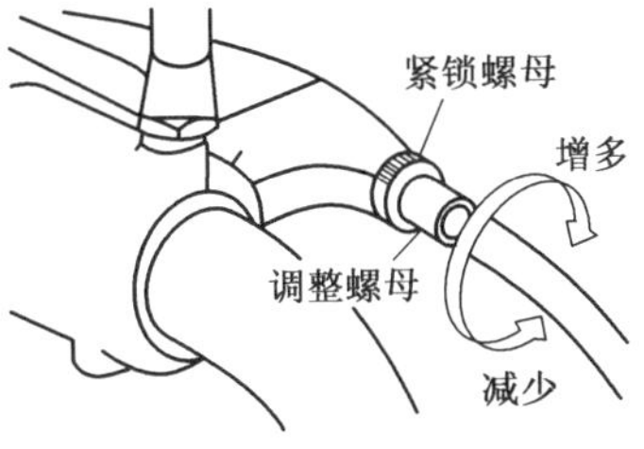

图 3-29　离合器自由行程的微调

维修提示:

◆调整好的离合器,在车辆突然加速时应无打滑现象(即接合可靠)。

◆在后轮悬空发动机挂挡运转的情况下,当握紧离合器握把时,后轮应能逐渐停止转动(即分离彻底)。

3. 三轮摩托车离合器的调整

(1)将图 3-30 中的离合器钢索调整螺栓 3 及其锁紧螺母松开,使钢索处于松弛状态。

(2)将调整螺钉 4 自外向内旋转,使分离臂 2 与联动凸轮 1 的凹面刚好接触,用手刚好使分离臂上的滚子能够转动。

(3)此时再将钢索固定螺钉松开,将离合器钢索调整螺栓向内旋转,使外皮长度处于最短位置上,然后用手将内线轻轻拉紧,再旋转钢索固定螺钉。

(4)此外,还需对钢索外皮做进一步调整,逐渐向外旋转离合器钢索调整螺母,直到离合器握把最外点的自由行程达到 10～15mm。

(5)最后旋紧离合器钢索调整螺栓上的锁紧螺母。

二、换挡机构的调整

1. 摩托车脚变速机构的调整

(1)摩托车变速机构的换挡过程，是通过踏动脚变速踏板或操纵手变速杆来实现的。

(2)若在行驶中发现用脚变速踏板换挡时挂不上挡(到挡位或过挡位)，可用手变速杆挂挡。

(3)若仍挂不上，说明内部的接合套拨柱、扇形板磨损，应及时修理或更换。

(4)若用手变速杆能挂上挡，说明脚变速机构调整不当，应按下的方法重新调整：

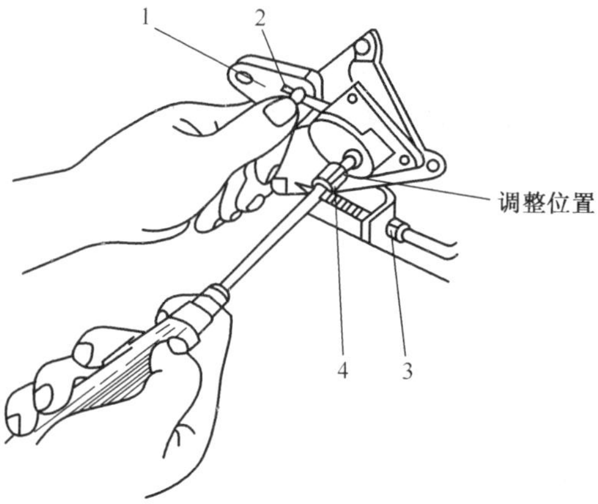

图 3-30 离合器的调整

1. 联动凸轮 2. 分离臂 3. 离合器钢索调整螺母 4. 调整螺钉

小窍门：

◆从低挡换高挡时不到位，拧出下调整螺丝少许。
◆从低挡换高挡时过挡位，拧进下调整螺丝少许。
◆从高挡换低挡时不到位，拧出上调整螺丝少许。
◆从高挡换低挡时过挡位，拧进上调整螺丝少许。

2. 凸轮轴式换挡操纵机构的调整

(1)检查推拉臂两边的钩子与换挡凸轮轴上的滚针的距离是否相等，如图 3-31 所示。此时变速器应处在 2、3、4 挡中某一位置。

(2)若两边距离不等，应调整推拉板下方的偏心螺钉(如图 3-32 所示)，使两边距离相等。

(3)最后拧紧锁紧螺母。

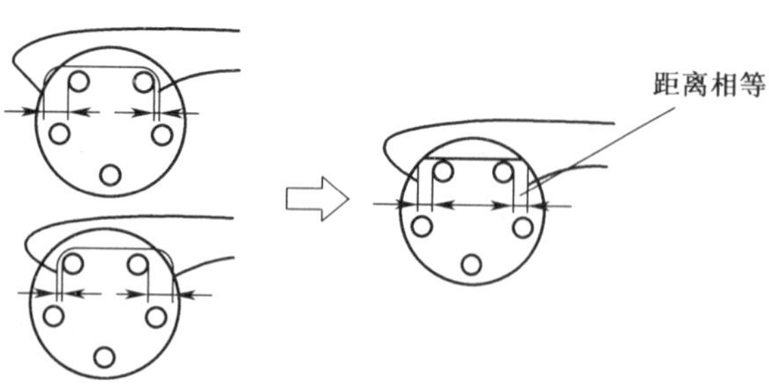

图 3-31 检查距离

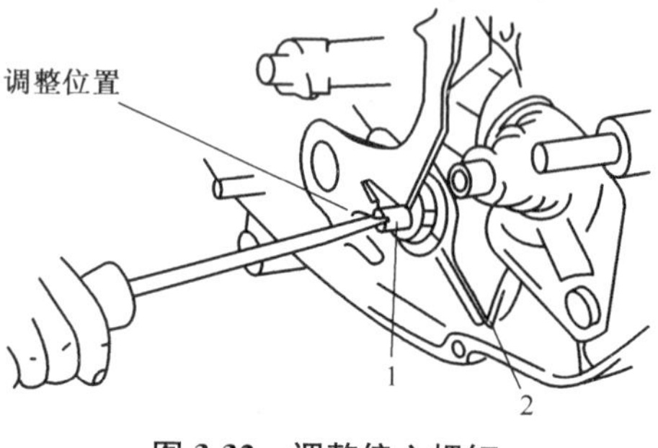

图 3-32 调整偏心螺钉

1. 偏心螺钉 2. 距离

3. 凸轮板式换挡操纵机构的调整

(1)凸轮板式换挡操纵机构如图 3-33 所示。

(2)由于凸轮板止动弹簧在使用中位置会发生变化而使拨叉不能正确复位,此时,将凸轮板组合拆下来,夹在台虎钳上(如图 3-34 所示)。

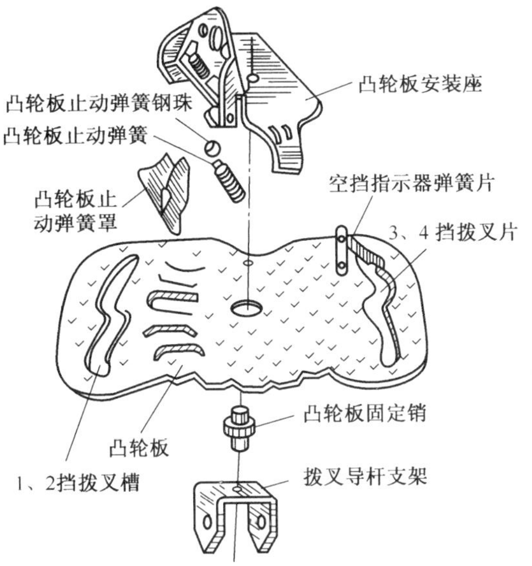

图 3-33　凸轮板式换挡操纵机构

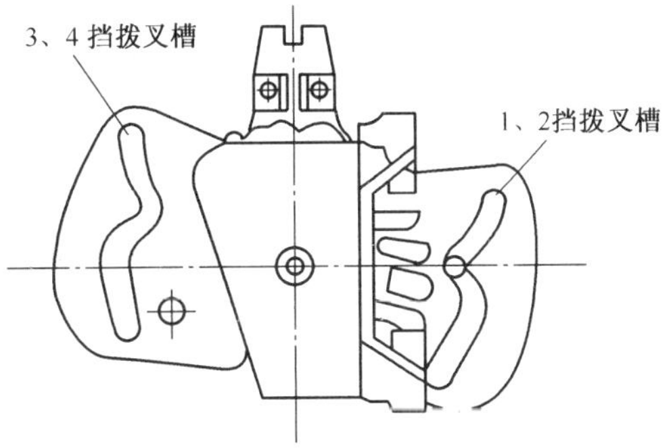

图 3-34　凸轮板安装座的调整

(3)用锤子敲击凸轮板止动弹簧罩。

维修提示:

◆如果右方曲线槽的最内侧正处于挡位上,其挡位点(最内侧点)应在凸轮板止动弹簧钢珠中心线的垂直线上(即图 3-34 的水平线上)。

◆若挡位点高于水平线,应向左敲击凸轮板止动弹簧罩。

◆如果挡位点低于水平线,则向右敲击凸轮板止动弹簧罩。

(4)凸轮板的水平线可通过安装拨叉轴来模拟。若发现凸轮板松动和过分偏摆情况,应更换凸轮板固定销。

三、链条的调整

1. 二轮摩托车传动链条的调整

调整时,应使后车轮与后平叉的左右距离保持相等,不要偏斜。具体调整顺序如下:

(1)拆下后车轮轴上的开口销,拧松后轴螺母和紧固螺母,如图 3-35 所示。

(2)拧松后制动拉杆调节螺母。

(3)旋拧左右两边链条调节器上的螺母,调节链条的松紧,并使链条调节器上的标记与两边同一位置的刻线成一直线。链条的松动量(垂度)要适宜,一般控制在 25～35mm,如图 3-36 所示。

(4)拧紧紧固螺母和后轴螺母，后轴螺母的拧紧力矩为50～60N·m。拧紧后，用新的开口销将后轴螺母锁住。

(5)重新检查链条的松紧。

2. 三轮摩托车中、后链条的调整

(1)三轮摩托车中、后链条因暴露在灰尘中，很容易磨损，除经常需要清洁和润滑外，还要经常调整链条的垂度，避免产生不正常的撞击，加快其磨损速度。

(2)调整三轮摩托车链条时(以BM021A型三轮摩托车为例)，必须先调整中链条，然后才能调整后链条。

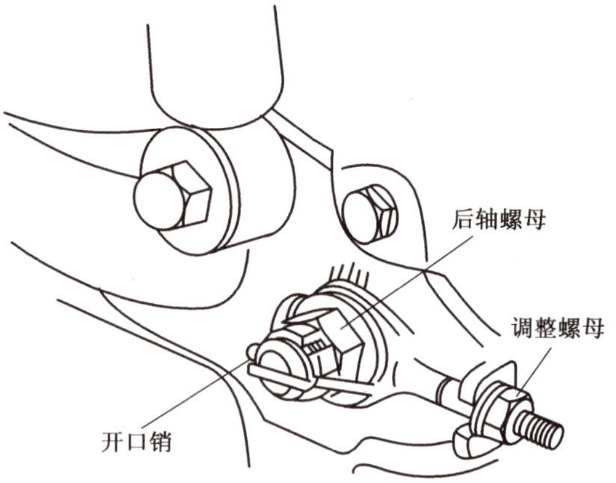

图3-35 调整链条松紧

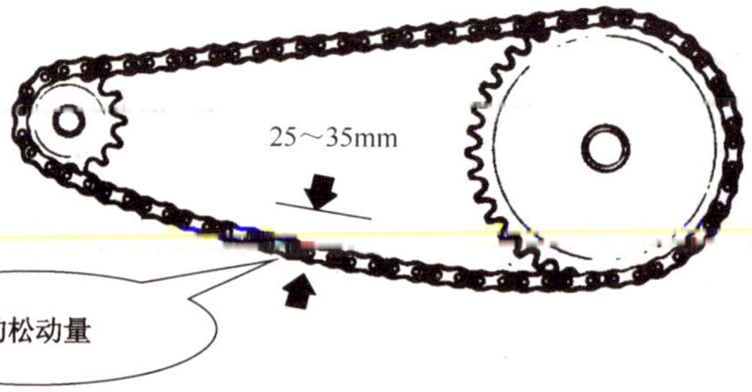

图3-36 允许松动量

(3)调整中链条时，需先将中间轴两端的紧固螺母4松开(如图3-37所示)。

(4)再松开调整杆5上的锁紧螺母，这时即可转动调整杆上的调节螺母6，使中间轴与推力杆3一起向后移动，直到中链条垂度达到15～20mm时为止。

(5)最后旋紧中间轴紧固螺母4，中链条即调整完毕。

(6)若中间轴已无法再向后移，而链条垂度仍超过规定数值要求，可将链条去掉两节。

(7)重新接链条时，应注意链条活动节的安装方向，其开口端应与链条运动方向相反。

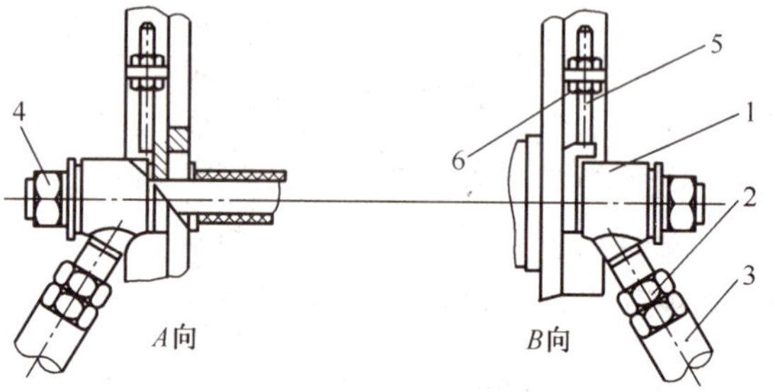

图3-37 三轮摩托车链条的调整

1. 推力杆接头 2. 推力锁紧螺母 3. 推力杆 4. 中间轴紧固螺母 5. 调链杆 6. 调链杆调节螺母

小窍门

◆链条伸长太多就不能再使用了，其判断的方法是：将链条包在链轮上，将中间部分的链条拉起来，若链条与链轮底径之间的间隙超过1/2齿高，此链条就应报废。

(8)后链条的调整方法是(见图 3-37)：

①松开两推力杆上的锁紧螺母 2。

②转动两推力杆 3，使之向左转。

③此时后桥及后钢板弹簧即向后移动，使后链条张紧。

④要同时转动两推力杆以保证后桥与车的纵轴线垂直后移。后链条的松动量(垂度)应为 20～30mm。

⑤最后旋紧推力杆锁紧螺母 2。

维修提示：

◆链条调整好后，因后桥前后位置发生了变化，所以需要重新调整制动系统。

第三节　行驶系统与操纵系统的调整

一、制动器的调整

1. 前轮制动器的调整

(1)前制动握把自由间隙的调整如图 3-38 所示，首先将防松螺母 1 拧松，转动调整器 2，使自由间隙 Δ 为 3～8mm。这个自由间隙是为了保证车辆在不制动时，前轮可以自由转动而无阻滞。

(2)前轮制动力的调整如图 3-39 所示，松开锁紧螺母 1，转动调整器 2，通过调整制动钢索的松紧来调整前制动的制动力。

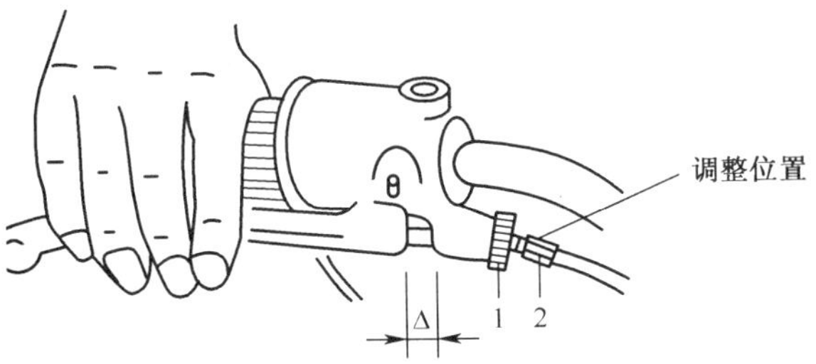

图 3-38　前制动握把自由间隙的调整

1. 防松螺母　2. 调整器

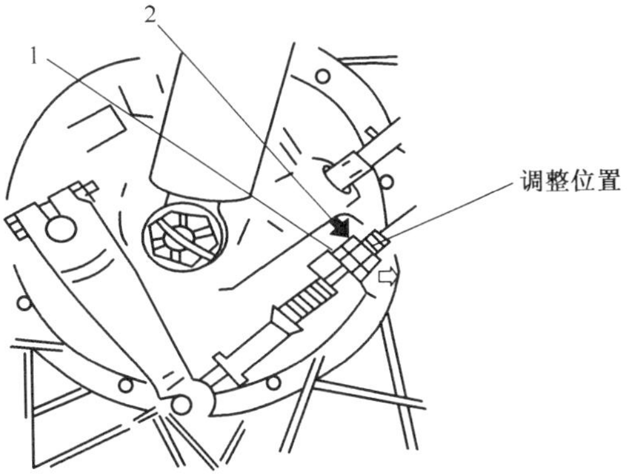

图 3-39　调整前轮制动力

1. 锁紧螺母　2. 调整器

2. 后轮制动器的调整

后轮制动器的调整如图 3-40 所示，首先保证制动踏板的自由行程 1 为 20～30mm，然后通过转动调整螺母 2 来调整后轮制动力。

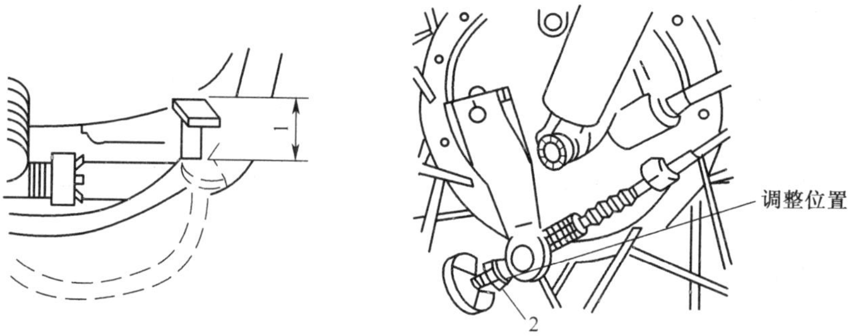

（a）制动踏板自由行程　　（b）调整后轮制动器

图 3-40　后轮制动的调整

1. 自由行程　2. 调整螺母

3. 摩托车液压制动系统的放气

(1)在油箱内添加适当的制动液。

(2)安装膜片。应小心，以防使任何制动液溅出或从油箱溢出。

(3)使清扫的塑料管与卡式排放螺钉紧密连接。

(4)将管的另一端放入容器内。

(5)缓缓地启动制动手柄若干次。

(6)将手柄往回拉动。使手柄保持在一定位置。

(7)拧松排放螺钉并且使手柄运行至其极限位置。

(8)当手柄到达极限位置时，拧紧排放螺钉，然后释放手柄。

(9)重复步骤(5)至(8)，直至气泡已经从系统中消除。

注意：如果空气排放困难，可能要使制动液系统稳定几个小时。在系统内极小的气泡消失之前，应重复排放步骤。

(10)添加制动液至适当的水平。

4. 三轮摩托车制动系统的调整

(1)三轮摩托车的前、后制动均为机械传动。前制动为拉线传动，后制动由一横拉板同时带动左、右轮的制动拉杆(如图 3-41 所示)。

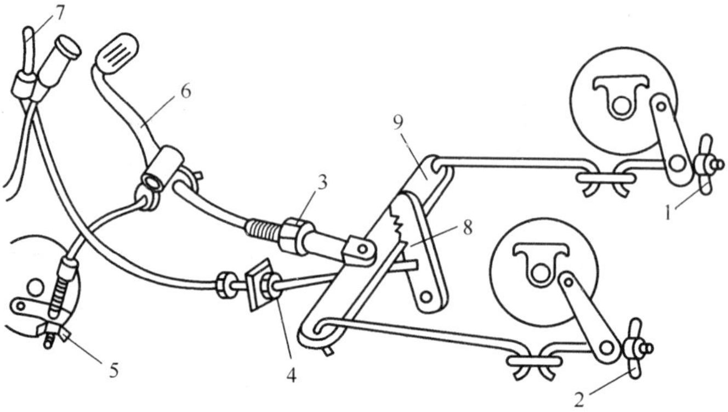

图 3-41　制动器的调整

1. 制动调节螺母(右)　2. 后制动调节螺母(左)　3. 后制动拉杆调节螺钉　4. 停车制动拉线调节螺钉　5. 前制动调节螺母　6. 脚制动踏板　7. 停车制动握把　8. 停车制动爪　9. 后制动横拉板

(2)后制动的调整，主要是旋动左、右后制动调节螺母1、2。左、右螺母旋转的圈数要相等。旋转两螺母的结果应使脚制动踏板的自由行程达到30～40mm。调整后制动拉杆调节螺钉的目的是，使后制动踏板与发动机右大盖保持一定的间隙，以免产生干涉。

(3)制动系统最后的调整要在行驶状态下完成，要求车速在30km/h行驶时，紧急制动时后轮的拖滞距离不大于5.9m，同时前轮应有轻微的拖滞痕迹。若前轮拖滞距离过长，会使车辆不稳。后轮拖滞左右不均时，可调整螺母1、2，前轮的调整主要是调整螺母5。

(4)三轮摩托车的停车制动系统一般是由右握把7来操纵的，通过拉线操纵停车制动爪8，当制动爪上的棘齿卡在横拉板9上时，即阻止了横拉板向后的移动，从而实现停车制动的目的。通过调整停车制动拉线调节螺钉4，应使停车制动握把7的自由行程保持在15～20mm之间。必须在调整好制动系统后才能调整停车制动，次序不能错。

5. 日本铃木摩托车制动器调整

(1)前制动器的调整。前制动器握把的自由行程通过图3-42所示的间隙1或间隙2来控制，一般间隙1为20～30mm，间隙2为5mm，其大小可由前轮上的调整螺母3加以调整。图中的4为前制动钢索。

(2)后制动器的调整。后制动器为脚踏制动，如图3-43所示。踏板的自由行程1应为20～30mm，可通过后轮上的调整螺母2加以调整。

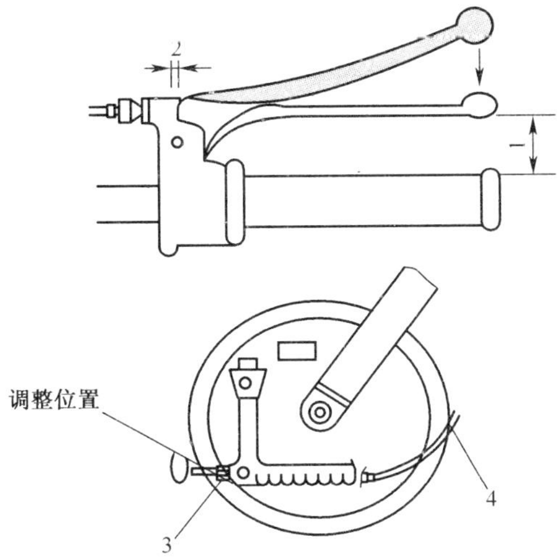

图3-42　前制动器握把自由行程的调整

1、2. 间隙　3. 调整螺母　4. 前制动钢索

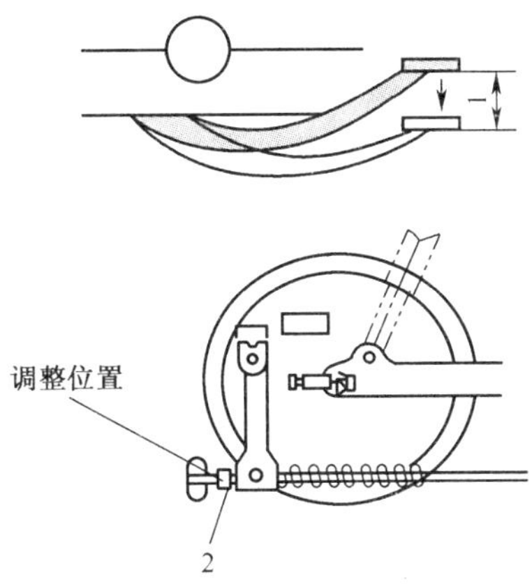

图3-43　后制动器踏板自由行程的调整

1. 踏板自由行程　2. 调整螺母

二、转向装置及车轮的调整

1. 轻便摩托车方向柱轴承间隙的调整

(1)旋松方向柱连板上盖形螺母。

(2)旋转调整螺母，一边调整一边检查轴承的松紧程度，直到推力轴承间隙松紧适当、转动灵活为止。

(3)拧紧方向柱上连接板螺母。

维修提示：

◆一般新车初驶 1000km 及之后每行驶 6000km，应对前叉方向柱轴承进行分解，检查推力轴承的磨损程度。

◆如果个别滚珠磨损严重或破裂，而滚道良好时，则应更换全部滚珠。

◆若只更换损坏的滚珠，方向柱轴承间隙不易调整，而且更换的滚珠很快磨损。

◆如果轴承滚道磨损，则应更换轴承，并将轴承及轴承装配部位清洗干净。

2. 前轮平衡状态的调整

静态车轮平衡调整之后，应该调整车轮的平衡重。用已安装的制动盘调整车轮的平衡状态。

(1)拆卸平衡重。

(2)把车轮放置在适当的支架上。

(3)查找沉重点，查找步骤如下：

①旋转车轮，然后等待车轮静止下来。

②在静止车轮的最低部位标出一个“X1”标记。

③向上转动车轮，以便使“X1”标记移到相应的位置。

④使车轮自由转动，然后等待其静止下来。在车轮的最低部位标出另一标记“X2”。

⑤重复进行上述的②③④步骤数次，直到这些标记互为相符而位于同一部位为止。

⑥这个部位就是车轮的“沉重点”“X”。

(4)调整车轮平衡状态。调整步骤如下：

①将平衡重准确地安装在与沉重点“X”相反位置的轮辋上。应从最小的平衡重开始安装。

②向上转动车轮，使“沉重点”移到 90°的位置。

③检查“沉重点”能否在该位置呈静止不动的状态。如果不能，则应依次更换平衡重，直至车轮呈完全平衡状态为止。

(5)检验车轮平衡状态。检验步骤如下：

①转动车轮，使其位于相应的每一点。

②检查车轮能否在每一点上均呈静止状态。如果不能，则应重新调整车轮的平衡状态。

3. 轻便摩托车车轮径向、端面跳动的调整

(1)车轮径向跳动的调整。如图 3-44 所示，支承前、后轮，将百分表测头压在轮辋内圈上，调好百分表零位，慢慢转动车轮，百分表指针左右摆动的量就是车轮的径向跳动量。

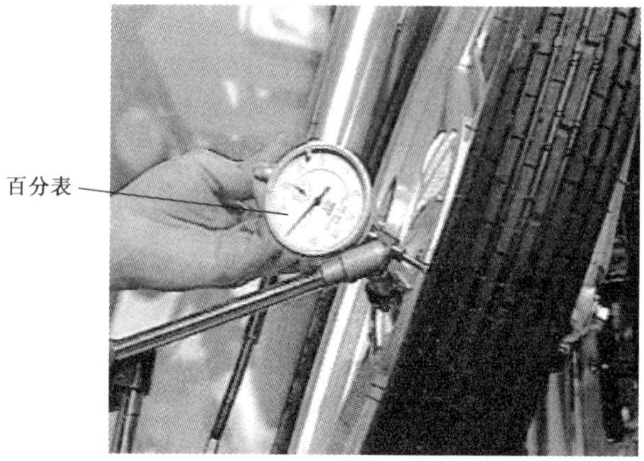

图 3-44　车轮径向跳动量的测量

维修提示：

◆如果车轮径向跳动的量过大，对于压柱式轮辋来说，需要更换新的轮辋；如果是辐条式轮辋，径向跳动可以通过放松或拧紧辐条螺母来调节。

(2)车轮端面跳动的调整。支承车辆前、后轮，将百分表测头压在车轮辋端面上，而后的操作方法与调整车轮径向跳动方法相同。

(3)径向、端面跳动综合调整(幅条式轮辋)。车轮径向、端面跳动综合调整应用两块百分表检查：

①一个表测头压在轮辋的内圈上，另一个表头压在轮辋的外侧面上；

②先调整两个方向跳动量大的部位；

③经过若干次重复后，可将径向跳动和端面跳动均调校合格；

④然后均匀地将每根辐条拉紧，达到规定的要求。

三、铃木摩托车后减振器的调整

铃木摩托车后减振器压缩弹簧的张力可根据载重量的不同而加以适当调整。

调整方法如图 3-45 所示，应该知道的是，减振凸轮所处位置的数目越大，减振器弹力越大。但注意在调整时，左右两个后减振器的减振凸轮应处在同一数目位置。

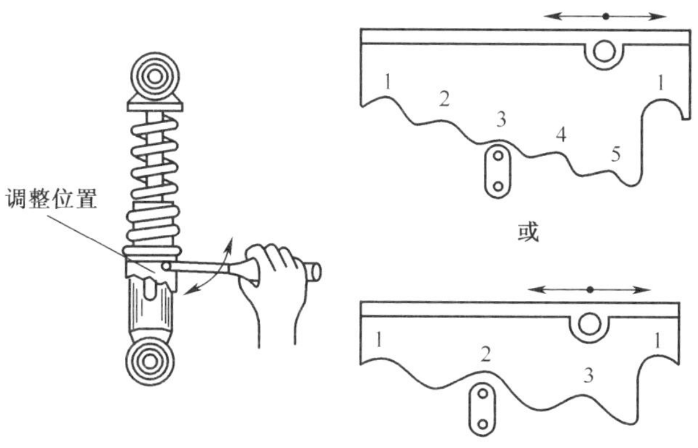

图 3-45　后减振器的调整

1～5. 减振凸轮所处的位置

第四节　电气设备的调整

一、断电器触点间隙的调整

(1)如图 3-46 所示，检查断电器触点接触情况，图中标有“×”符号的为不正常的情况，应用细砂纸打磨。

(2)如图 3-47 所示，用塞尺检查断电器触点之间的最大间隙，应在 0.3～0.4mm 之间。否则可以转动固定触点调整螺钉来调整。

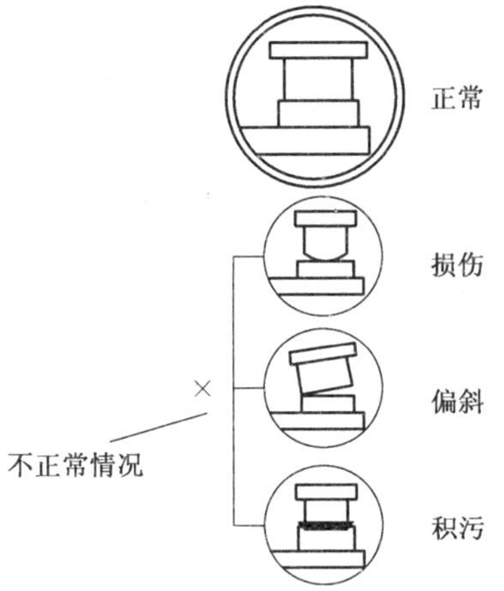

图 3-46　断电器触点的检查

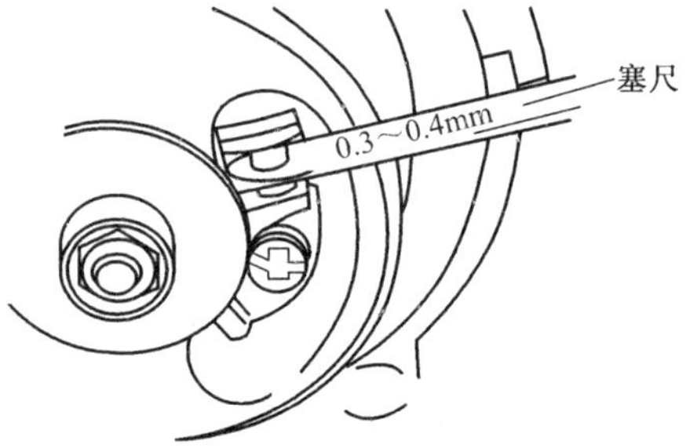

图 3-47　检查断电器触点间隙

二、点火正时的调整

1. 点火正时的检查

(1)拆卸磁电机侧盖。

(2)将点火正时灯软线夹在高压软线上。

(3)起动发动机,使点火正时灯的光线对准曲轴箱的 1 标记,将发动机速度增高至 4000r/min。点火正时灯闪烁时,如标记 1 对准转子上标记 2,则点火正时正确,如图 3-48 所示。

2. 点火正时的调整

如点火正时不正确,按照下列程序进行调整:

(1)使用专用工具拆卸转子。

(2)松下定子装配螺钉,使定子上的标记 1 正好对准曲轴箱上的标记 2,如图 3-49 所示。在此状态拧紧螺钉,装配转子即可。

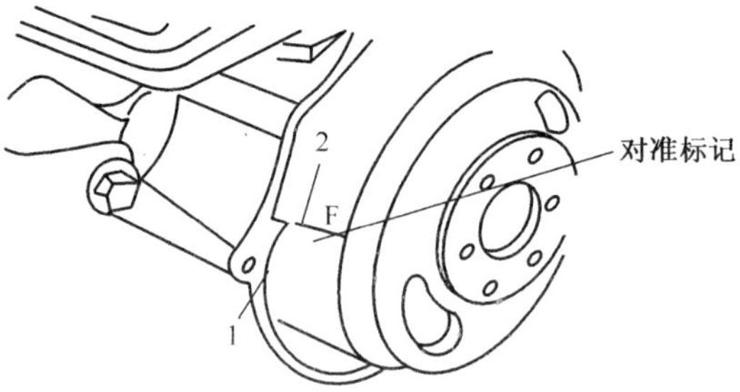

图 3-48　点火正时的测定

1. 曲轴箱标记　2. 转子标记

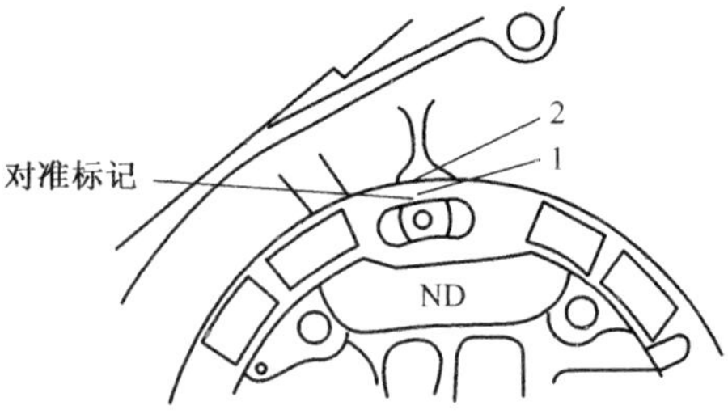

图 3-49　磁电机定子的安装标记

1. 定子上的标记　2. 箱体上的标记

三、喇叭音量的调整

(1)如果喇叭的音量过大或过小,可进行调整。

(2)喇叭的音量可通过转动调节螺钉进行调整,如图 3-50 所示。顺时针方向转动时,音量增加，反之音量减小，但是，如调节螺钉过松或过紧，喇叭均不会响。

四、后制动开关的调整

后制动灯点亮过早或过迟，都可以通过调整来保证正常工作。后制动开关一般设在发动机右后侧的车架上。调整方法如图 3-51 所示。

(1)如灯亮过迟，将调节螺母按 A 方向旋转；

(2)如灯亮过早，则将螺母向与 A 向相反方向旋转。

(3)应对后制动灯开关作好清洁工作，不要让油污、泥土等粘附在后制动灯开关上，回位弹簧性能应良好。

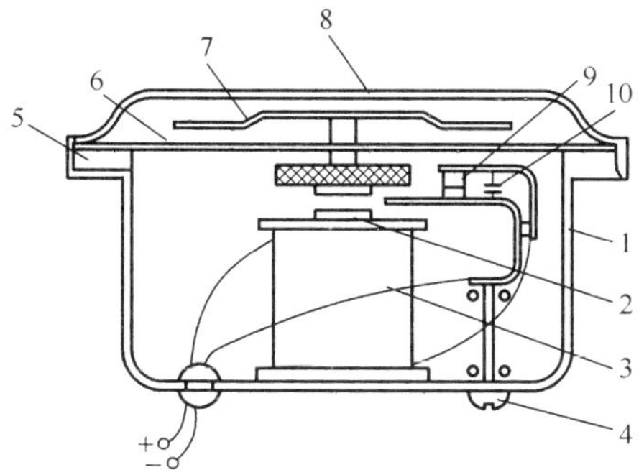

图 3-50　喇叭音量的调节

1. 壳体　2. 铁心　3. 线圈　4. 调节螺钉　5. 纸垫　6. 膜片　7. 振动盘　8. 上盖　9. 触点　10. 电容器

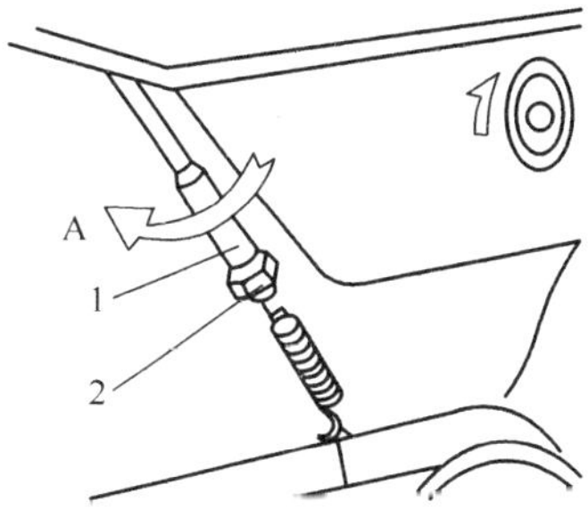

图 3-51　后制动开关的调整

1. 后制动灯开关　2. 调节螺母

五、前照灯光束的调整

(1)调整前照灯垂直光束时，拧进或拧回调整螺钉 1 来进行，如图 3-52 所示。拧进：前照灯光束向下移动；拧回：前照灯光束向上移动。

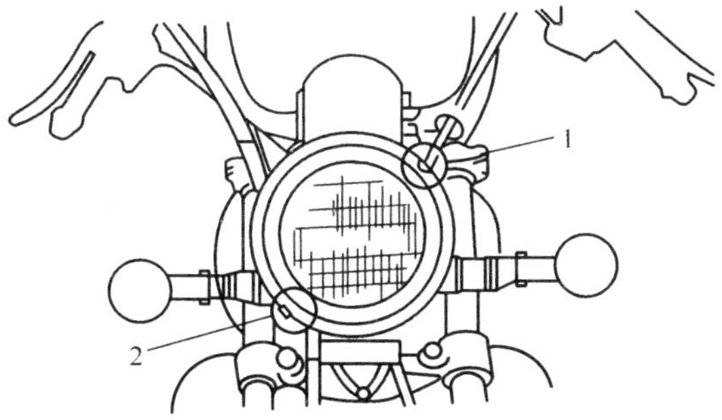

图 3-52　前照灯光束的调整

1. 垂直光束调整螺钉　2. 水平光束调整螺钉

(2)调整前照灯水平光束时，拧动调整螺钉 2 进行，见图 3-52。拧进：前照灯光束向左移动；拧回：前照灯光束向右移动。

第四章　摩托车检修入门

第一节　发动机的检修

一、气缸盖的检修

1. 二冲程发动机气缸盖的检修

(1)燃烧室积炭的清除。燃烧室积炭太多,会影响发动机的正常运转,必须及时予以清除。清除积炭时切勿使用硬的锐器,最好用竹片、铜片和铝片轻轻刮去,然后用汽油清洗擦净,如图 4-1 所示。

(2)气缸盖端面平面度的检查与修理。气缸端面平面度一旦超出规定的极限值,会造成与气缸体密封不严的现象,影响发动机的正常运转。

用直尺(或刀口尺)靠在气缸盖端面上,再用塞尺测量直尺与气缸盖端面的间隙,如图 4-2 所示。

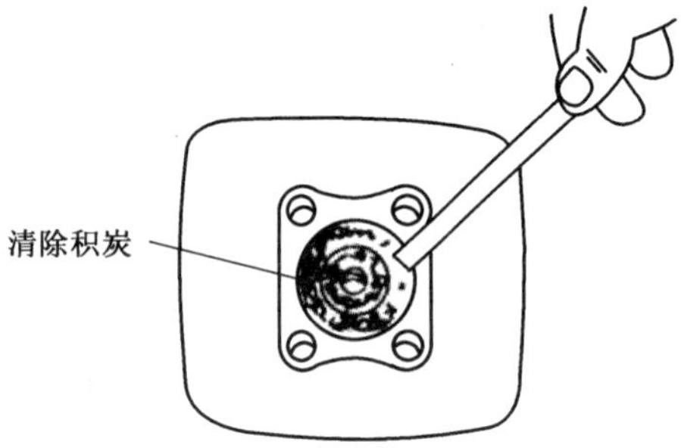

图 4-1　燃烧室积炭的清除

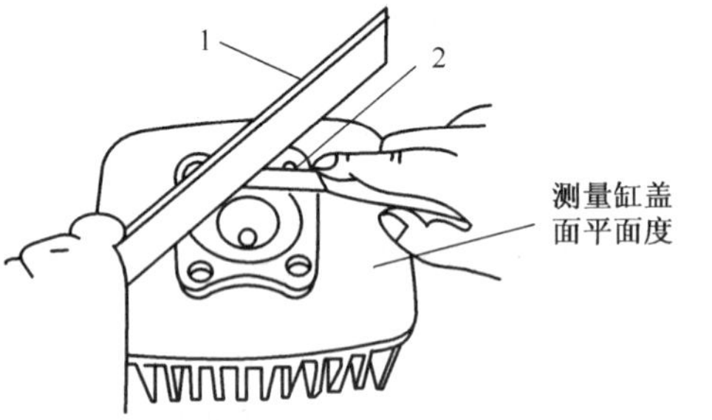

图 4-2　测量气缸盖的端面平面度

1. 直尺　2. 塞尺

若该间隙为极限值,则用细砂纸(约 400 号)放在平板上,按图 4-3 所示的方法进行研磨,边磨边检查。磨平后清洗干净,并在金相砂纸上推光。

2. 四冲程发动机气缸盖头的检修

(1)气缸盖的检查与修理。清除燃烧室积炭并清洗干净后,检查气缸盖端面是否变形,火花塞孔处有无裂痕,其检查及修理方法与上述二冲程发动机的基本相同。

(2)气门杆与气门导管的检修。

①检查气门杆与气门导管的配合间隙。如

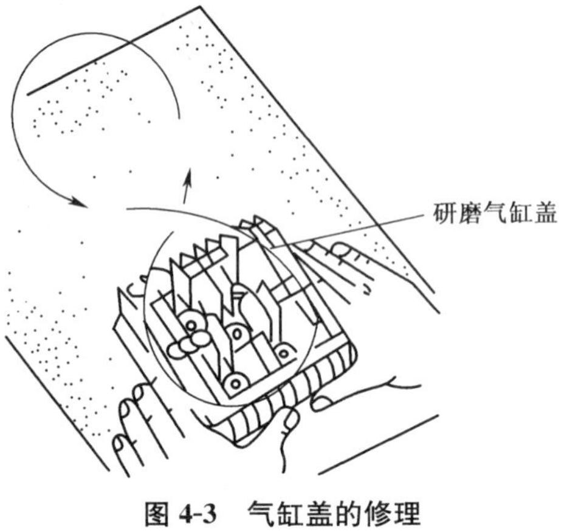

图 4-3　气缸盖的修理

图 4-4 所示，测量气门杆外径 b、气门导管内径 a，则气门杆与气门导管的配合间隙为 $a-b$。其值超过使用极限值时，应更换气门导管。

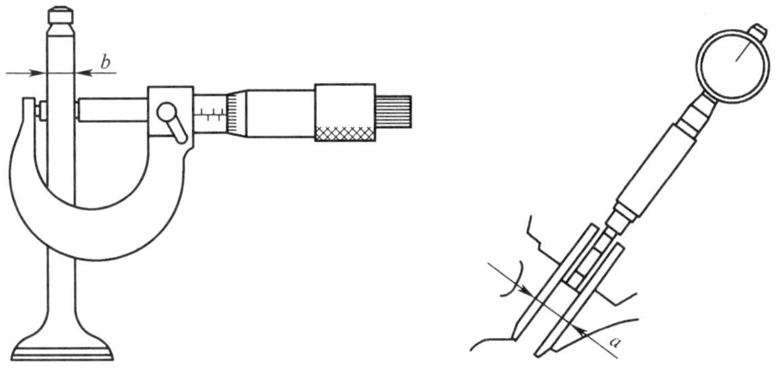

（a）测量气门杆外径　　（b）测量气门导管内径

图 4-4　测量气门杆外径和气门导管内径

②更换气门导管。

维修提示：

◆更换气门导管时，应将气缸盖加热至 100℃以便于气门导管的拆卸和安装，并保持正确的配合。

a. 使用气门导管拆卸工具拆卸气门导管，如图 4-5 所示。

b. 使用气门导管安装工具 2 和气门导管拆卸工具 1 安装新的气门导管，如图 4-6 所示。

c. 在安装气门导管之后，使用气门导管扩孔器给气门导管扩孔，以便获得正确的气门杆至导管间隙，如图 4-7 所示。

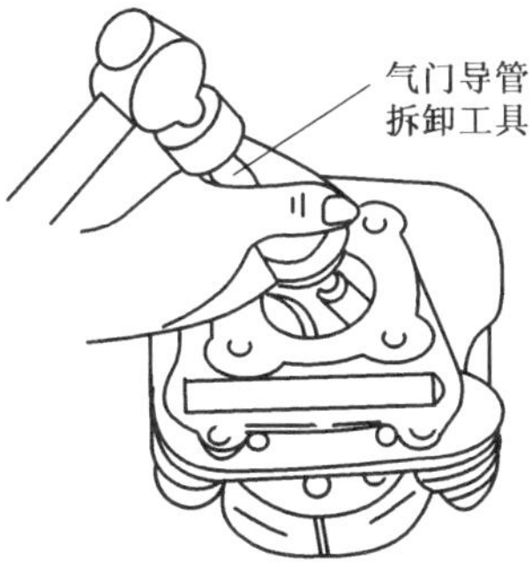

图 4-5　拆卸气门导管

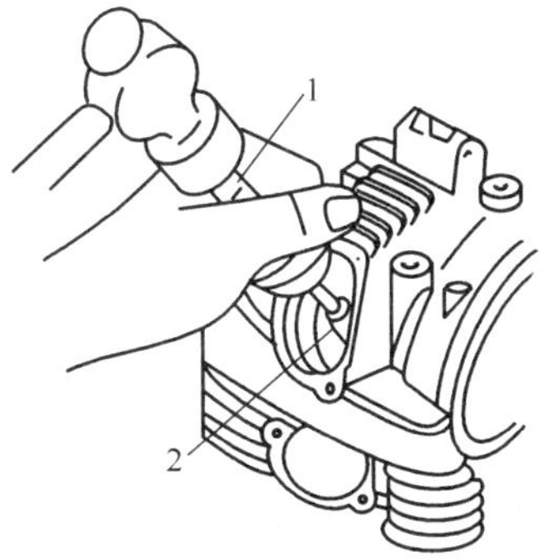

图 4-6　安装气门导管

1. 气门导管拆卸工具　2. 气门导管安装工具

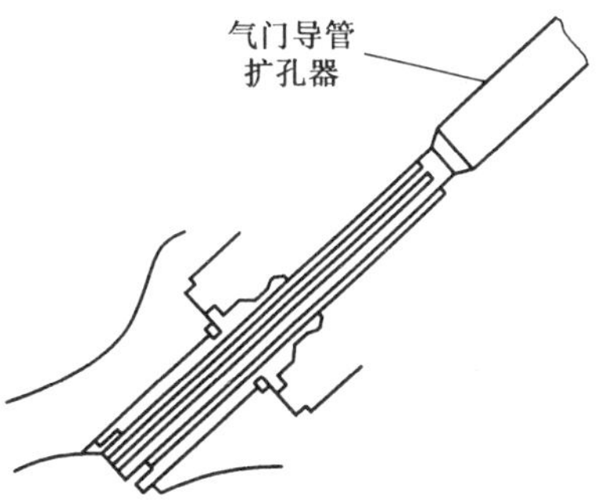

图 4-7　气门导管扩孔

维修提示：

◆在更换气门导管之后，应重修气门座表面。

③气门的检修。

a. 清理气门工作面的积炭。

b. 检查气门工作面，如有点蚀或磨损，应进行磨光。检查气门杆端，如呈菌形或直径大于气门杆的其余部分，应予以更换。

c. 如图 4-8 所示，用游标卡尺测量气门边缘厚度 a，超过规定值范围应更换。

d. 如图 4-9 所示，用百分表和 V 形铁测量气门杆圆跳动，超过规定值范围应更换。

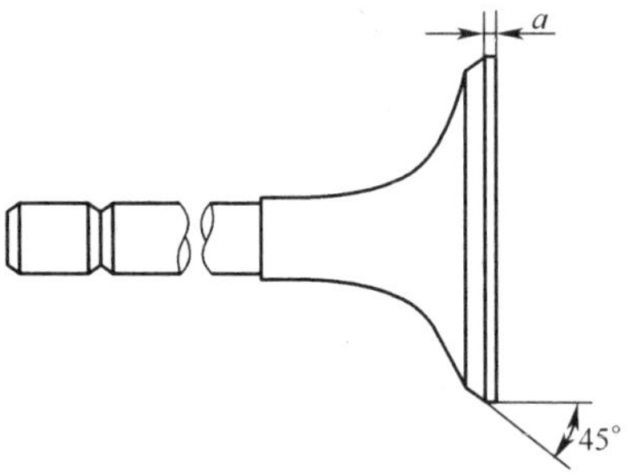

图 4-8 测量气门边缘厚度

a. 气门边缘厚度

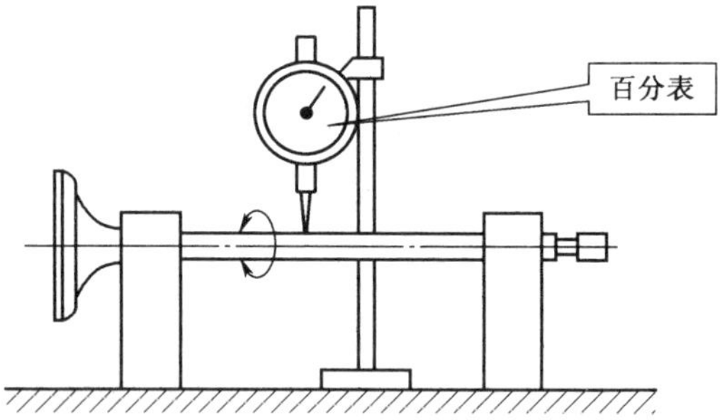

图 4-9 测量气门杆圆跳动量

(3)气门座的检修。

①清理积炭。利用刮片清除气门表面和气门座表面的积炭。

②检查气门座。如果有点蚀或磨损，应更换气门座。

③测量气门座宽度。按以下步骤测量气门座宽度，不符合规定应进行更换。

a. 在气门表面涂上蓝色染料。

b. 将气门安装在气缸顶盖内。

c. 压下气门，通过气门导向工具至气门座，应使之排列整齐。

d. 一旦气门和气门座表面接触，则可得到清晰的印痕。如图 4-10 所示，测量气门座宽度 a。

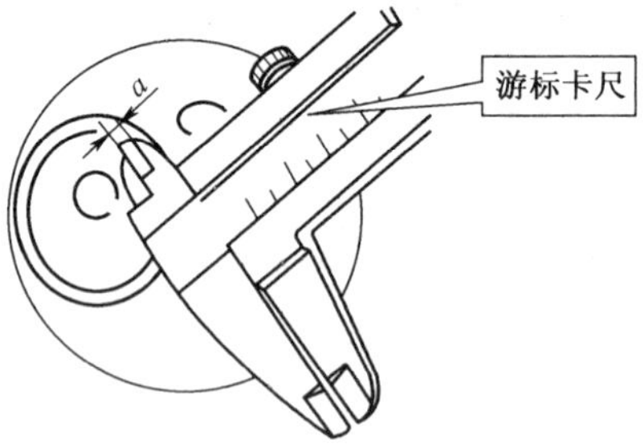

图 4-10 测量气门座宽度

a. 气门座宽度

维修提示：

◆如果气门座太宽、太窄，或者气门座不位于中央位置，则必须重修气门座的表面。

④抛光气门表面、气门座。在重修气门座或者更换气门和气门导管之后，应该抛光气门座和气门表面。

a. 在气门表面涂上一层粗糙的研磨膏。切勿使研磨膏进入气门杆和导管之间的间隙。

b. 在气门杆上涂抹二硫化钼油。

c. 将气门安装在气缸顶盖内。

d. 如图 4-11 所示，转动气门，直至气门表面与气门座均匀地磨光，然后去除所有研膏。若要获得最佳抛光效果，则可在轻轻地抛光气门座的同时，前后转动气门。

e. 在气门表面涂上一层精细的研磨膏，并且重复上述步骤。在每次抛光作业之后，必须从气门表面和气门座去除所有研磨膏。

f. 在气门表面涂上蓝色染料。

g. 将气门安装在气缸顶盖内。

h. 按下气门，穿过气门导管至气门座，使排放整齐。

i. 再次测量气门座宽度。如果气门座宽度不符合规格值，则应重修表面并抛光气门座。

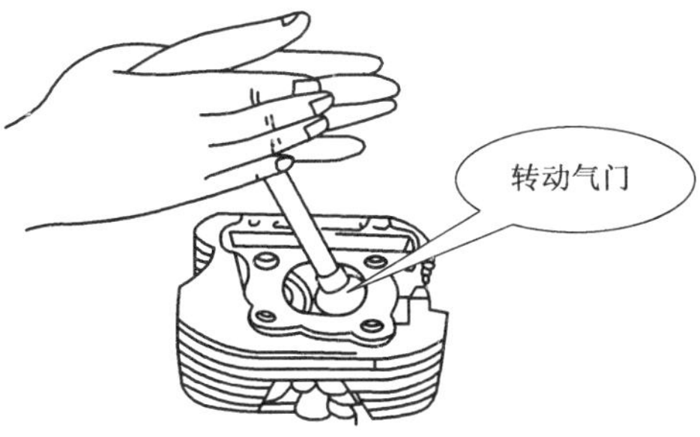

图 4-11　研磨气门

(4)气门弹簧的检查。

①用游标卡尺测量气门弹簧自由长度 a(图 4-12)，若不符合规定值，则更换。

②用压力机测量气门弹簧压缩力 b(图 4-13)，若不符合规格值则更换。图中 a 为气门弹簧安装长度。

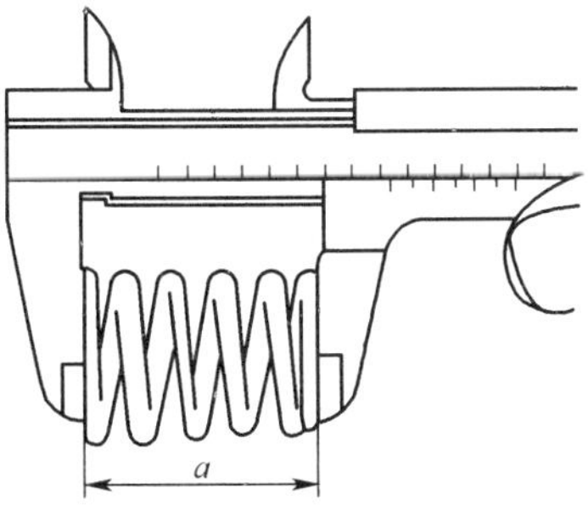

图 4-12　测量气门弹簧自由长度

a. 气门弹簧自由长度

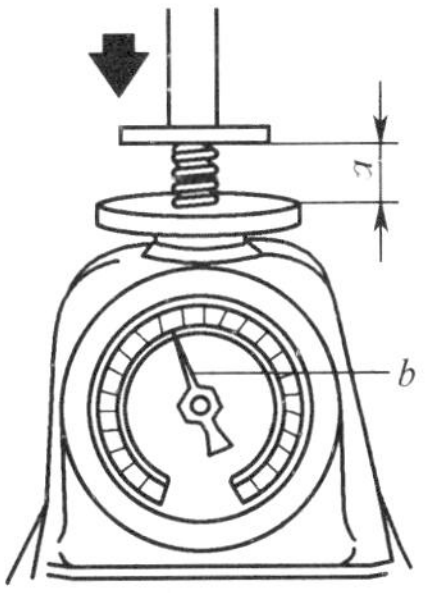

图 4-13　测量气门弹簧压缩力

a. 气门弹簧安装长度　b. 气门弹簧压缩力

③如图 4-14 所示，用直角尺测量气门弹簧的倾斜度 α，如果超过规定值应更换。

(5)凸轮轴的检修。

①如图 4-15 所示，目视检查凸轮轴外观是否磨损或损坏、有点蚀、刮痕或变色发蓝，若有则更换。

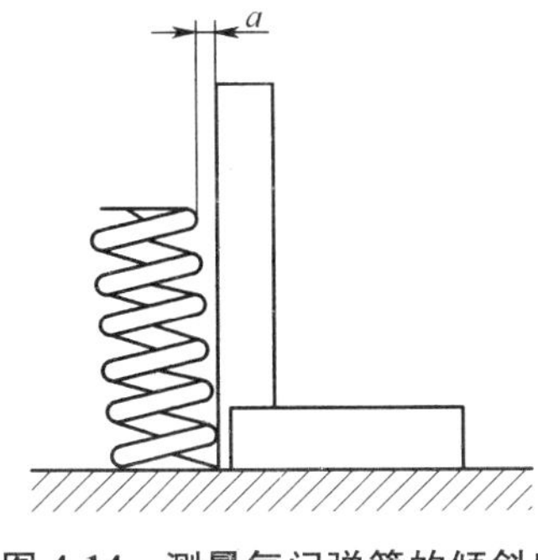

图 4-14　测量气门弹簧的倾斜度

α. 气门弹簧的倾斜度

图 4-15　目视检查凸轮

②检查凸轮的凸起部，若有点蚀、刮痕或变色发蓝，则更换。

③测量凸轮的基圆外径 a 和凸起高度 b(图 4-16)，若不符合规定值则更换。

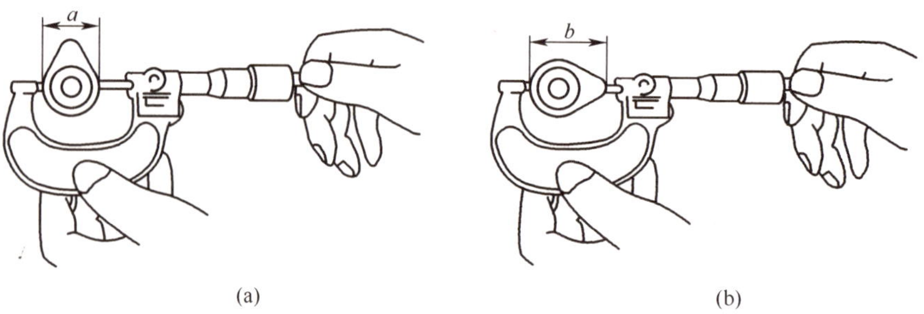

图 4-16 测量凸轮外径和高度

(a)测量基圆外径 (b)测量凸起高度

④测量凸轮轴圆跳动量，超过规定值应更换。

⑤如图 4-17 所示，测量轴承外径。如果超过规定值范围，应更换凸轮轴或气缸盖。

(6)摇臂与摇臂轴的检查。

①如图 4-18 所示，检查摇臂上的摇臂轴孔、与凸轮接触的表面、调整螺钉是否有过度磨损或发出嗡嗡声，若有应更换。

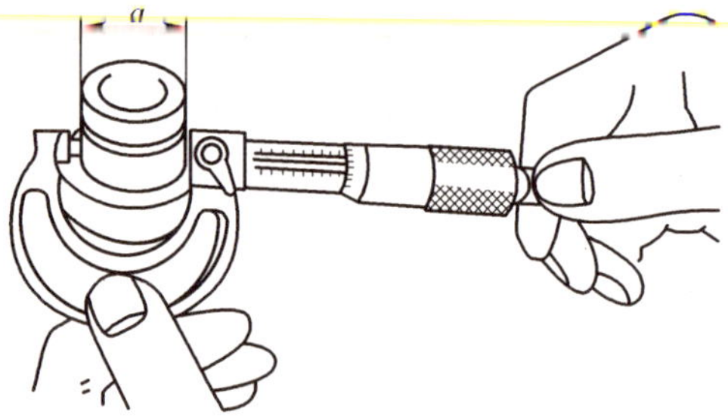

图 4-17 测量轴承外径

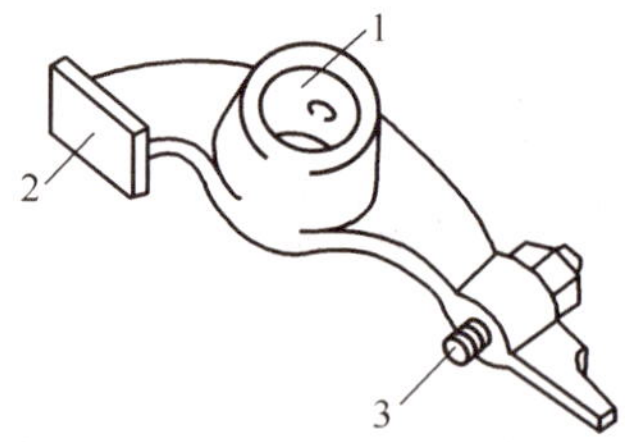

图 4-18 检查摇臂

1. 摇臂轴孔
2. 与凸轮接触的表面 3. 调整螺钉

②如图 4-19 所示，检查摇臂轴的表面是否有点蚀、刮痕或变色发蓝，如有应进行更换，然后检查润滑系统。

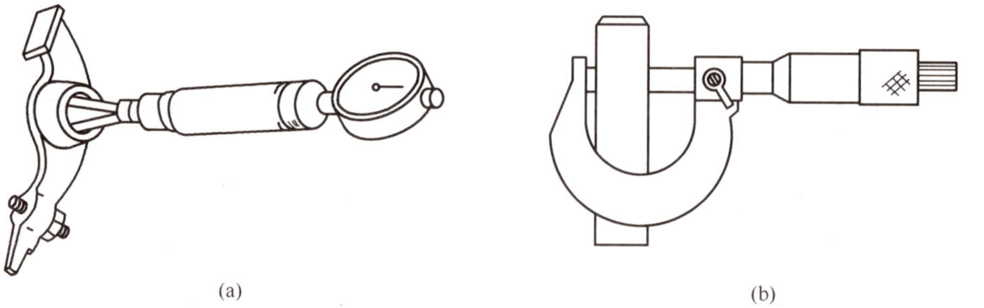

图 4-19 测量摇臂轴孔内径和摇臂轴外径

(a)测量摇臂轴孔内径 (b)测量摇臂轴外径

(7)正时链、链轮、张紧杆的检修。

①检查正时链,若硬化或有裂缝,则成套更换正时链和链轮,如图 4-20 所示。

②如图 4-21 所示,检查凸轮轴链轮。若磨损或损坏,则成套更换凸轮链轮和正时链。

③检查正时链导向杆 1、张紧杆 2,磨损或损坏则更换,如图 4-22所示。

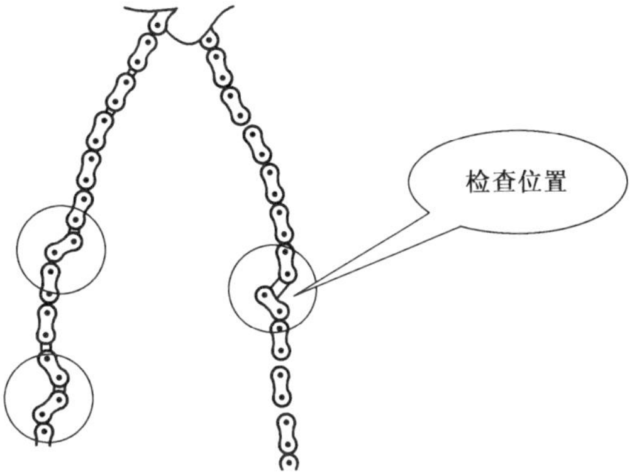

图 4-20 检查正时链

图 4-21 检查凸轮轴链轮

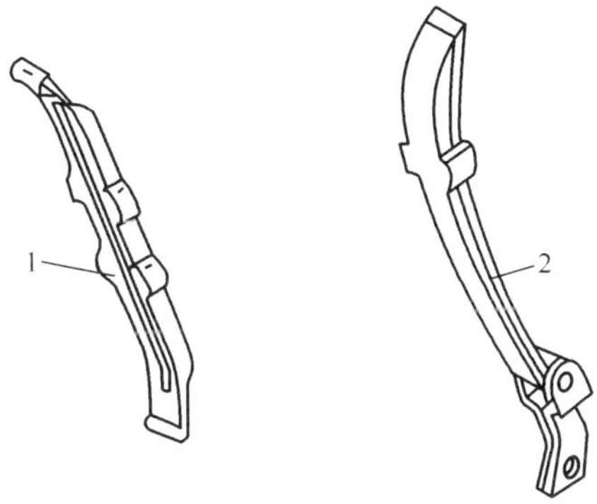

图 4-22 检查张紧杆和导向杆

1. 导向杆 2. 张紧杆

二、活塞组件的检修

1. 气缸与活塞的检修

(1)如图 4-23 所示,用竹片、铜片或活塞环清除活塞顶部和环槽部分的积炭。

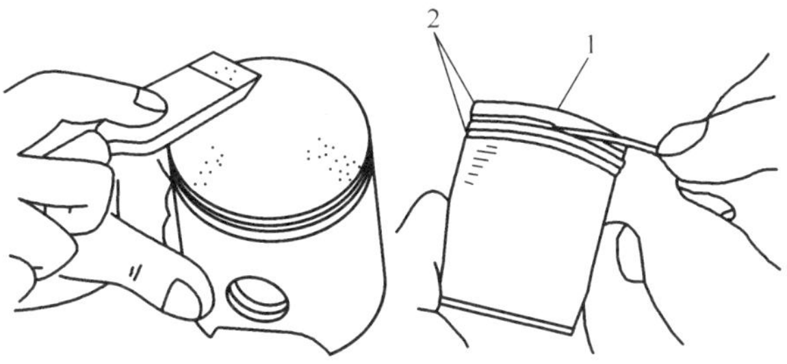

图 4-23 清除活塞积炭

1. 顶部 2. 环槽部

(2)如图 4-24 所示,检查活塞裙部表面是否有磨损、刮痕及损坏,否则应予以更换。

(3)如果活塞裙部表面有擦伤条纹或漆状沉积物,可用 600～800 号的湿砂纸或油石打磨修复,如图 4-25 所示。打磨时应按交叉方向进行磨光,不要用力过大。

图 4-24　检查活塞裙部表面

图 4-25　修复活塞

(4)如图 4-26 所示,检查气缸壁,如果磨损或刮痕,应重新镗孔或更换。

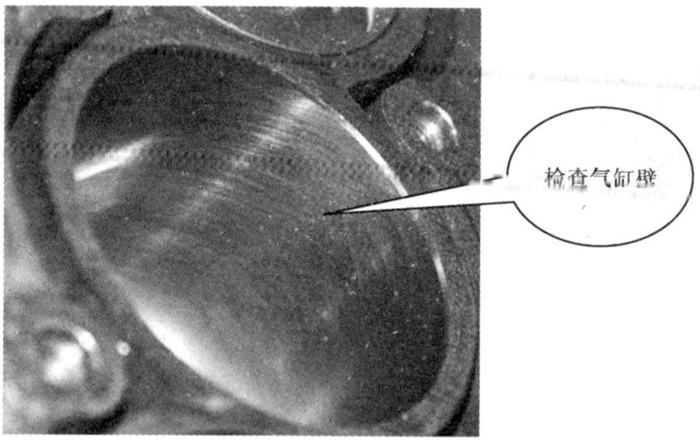

图 4-26　检查气缸壁

(5)如图 4-27 所示,用量缸表在距气缸顶面规定距离口处测量气缸内径。应在平行及垂直于曲轴两个方向测量,然后求出测量值的平均值。如果不符合规定值,重新镗孔或成套更换气缸、活塞和活塞环。

(6)如图 4-28 所示,用千分尺测活塞裙部外径 a(在垂直于活塞销孔轴线的方向上),b 为距活塞底边的规定距离。如果超出规定值,则应成套更换活塞和活塞环。

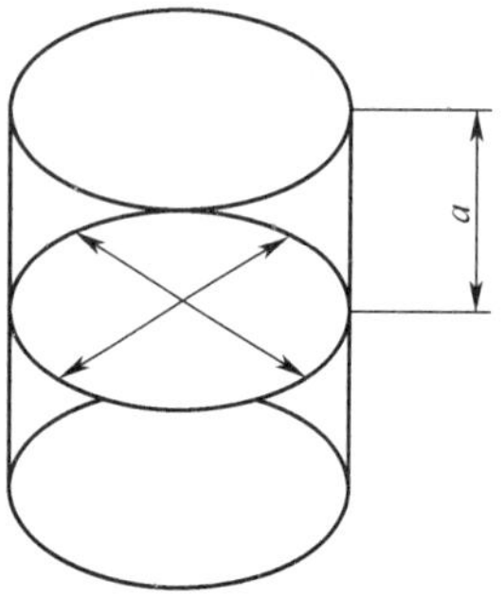

图 4-27　测量气缸内径

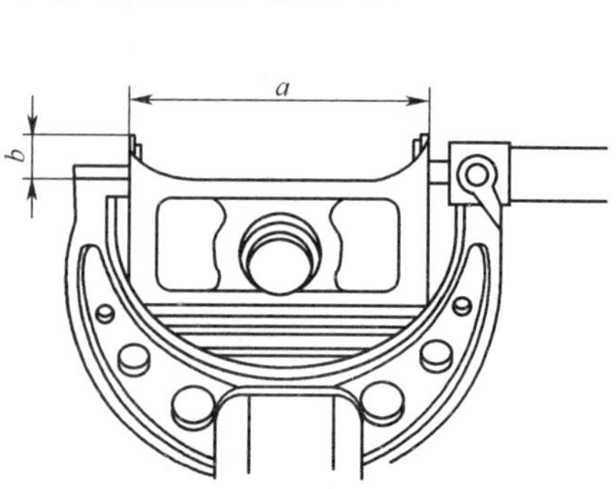

图 4-28　测量活塞外径

(7)活塞与气缸的间隙为气缸内径和活塞裙部外径之差。如果该差值不符合规定值，气缸应重新镗孔或成套地更换气缸、活塞和活塞环。

2. 活塞环的检修

(1)侧隙的检查。

说明：活塞环和活塞环槽装配后，应有一定的侧隙。

①侧隙正常时，活塞环沿环槽应能灵活转动。

②侧隙过小时，活塞环的活动性差，产生积炭后易粘结或楔住，使活塞与气缸的密封性降低。

③侧隙过大时，活塞环工作时在环槽内上、下窜动，致使环上下端面和环槽侧壁迅速磨损，严重时还会使环折断。

侧隙的大小可用塞尺测量，如图 4-29 所示。侧隙过小时可研磨活塞环端面；侧隙过大的活塞环不能使用，应重新选配。

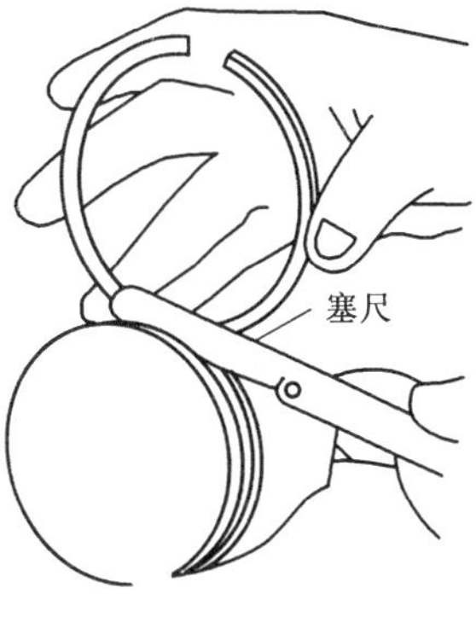

图 4-29　测量活塞环侧隙

维修提示：

◆在测量侧隙前，应清除活塞环槽和活塞环上的积炭。

(2)开口间隙的检查。活塞环安放在气缸中应有一定的开口间隙，其大小可用塞尺检查。

①将活塞环平放入气缸内。

②用活塞头部将活塞环沿气缸推至活塞环正常工作位置，使环平置于气缸筒内。

③用塞尺测量开口间隙，如图 4-30 所示。

④注意事项：开口间隙不能过大，也不能过小。

a. 间隙过大，气缸密封性变差，易引起气缸漏气、功率下降、起动困难，应更换或重新选配活塞环。

b. 间隙过小，易使活塞环在受热膨胀后卡住，引起拉缸或活塞环折断。处理方法可用锉刀锉修开口，使间隙增大。在锉修时，不要一次锉去太多，应边修边放入气缸内检查，直至间隙合适为止。

c. 有些活塞的活塞环槽装有定位销，其活塞环除应检查开口间隙外，还应检查开口处与活塞环槽上定位销的配合情况。开口处的尺寸符合标准时，安装好活塞环的活塞应能顺利装入气缸。

(3)活塞环的漏光检查。活塞环的开口间隙、侧隙都符合标准后，还应进行漏光检查，以检验活塞环与气缸壁表面的贴合情况。检验的方法如图 4-31 所示。

①将白炽灯泡置于被检活塞环下面的气缸内。

②用直径略小于气缸直径的薄铁板或硬纸板平放在环面上遮住光线。

③观察环与气缸壁间的漏光缝隙的范围大小。

④对活塞环漏光度的要求是：

a. 用塞尺测量的活塞环漏光间隙不得超过 0.03mm；

b. 外圆漏光弧度在圆周上不得超过 45°，在同一平环上的总和不得超过 60°，在活塞开口处左右 30°内不允许漏光。

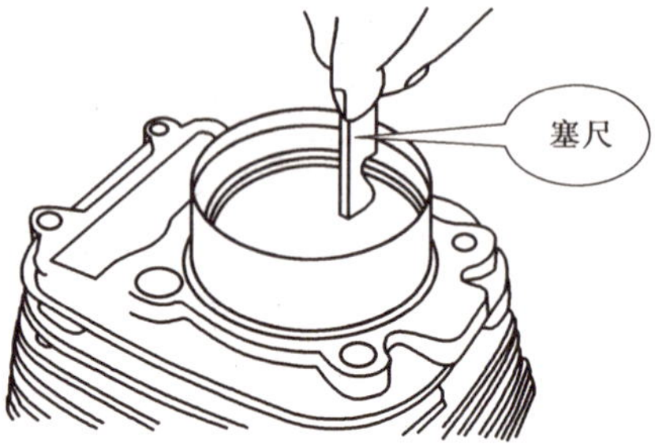

图 4-30 测量活塞环开口间隙

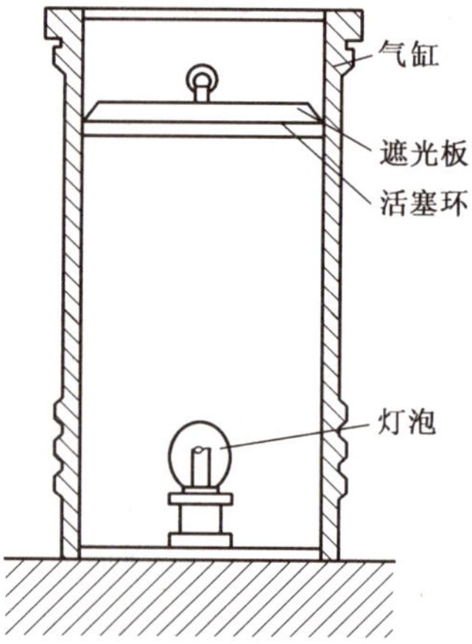

图 4-31 活塞环的漏光检查

3. 活塞销的检修

(1)检查活塞销,若变色发蓝或有深划槽则应更换,然后检查润滑系统。

(2)如图 4-32 所示,测量活塞销外径。如不符合规定值,则应更换活塞销。

(3)如图 4-33 所示,测量活塞销孔内径。如果超出规定值范围,应更换活塞。

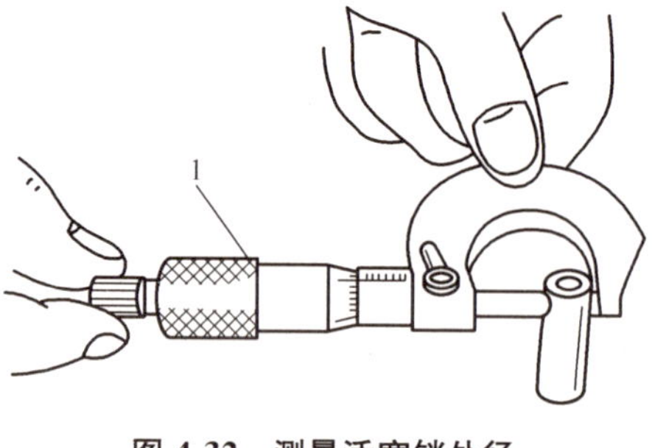

图 4-32 测量活塞销外径

1. 千分尺

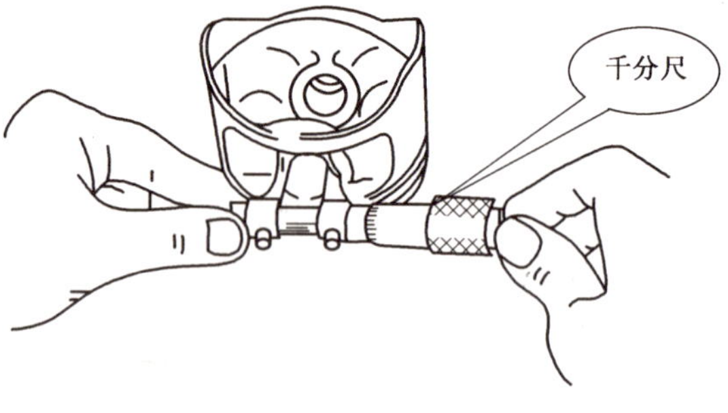

图 4-33 测量活塞销孔内径

维修提示:

◆活塞销与活塞的间隙为活塞销孔内径和活塞销外径之差。如果该差值不符合规定值,则应更换活塞。

三、曲轴及曲轴箱的检修

(1)如图 4-34 所示,测量两曲柄之间的距离 A、曲轴的圆跳动量 C、连杆大头轴向间隙 D 以及连杆小头的摆动量 F。如果上述测量值超出规定范围,分别更换曲轴、曲轴或轴承、连杆大头轴承或曲柄销或连杆、连杆。

(2)用微温的清洗剂彻底冲洗曲轴箱的接合表面,检查曲轴箱是否有裂缝或损坏情况,如有裂缝或损坏，应予以更换。

(3)如果润滑油孔堵塞，可用压缩空气吹通。

四、连杆组件的检修

1. 连杆的检验、校直

(1)连杆的检验。如果发现连杆有变形，如变弯和扭曲，可将连杆直接放在连杆检验仪或简易检验器进行检验测定。

如图 4-35 所示，用连杆检验校正仪检测弯曲度和扭曲度的方法是：

①将连杆盖装在连杆上(不带轴承)，并按规定力矩拧紧，同时装上修配好的活塞销。

②将连杆固定在检验仪上。

③将检验仪的三点规的 V 形面靠合在活塞销顶面上，观察三点规的 3 个测点与检验平板的接触情况。

④通过测量，可以得出连杆是否弯曲或扭曲。

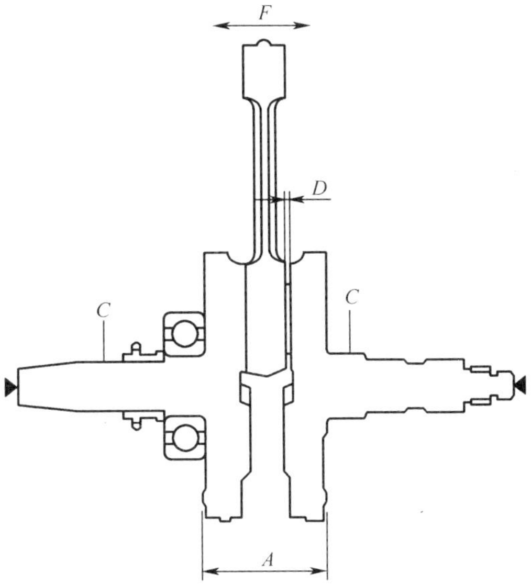

图 4-34　曲轴的检测

A. 两曲柄之间的距离　C. 曲轴的圆跳动量
D. 连杆大头轴向间隙　F. 连杆小头的摆动量

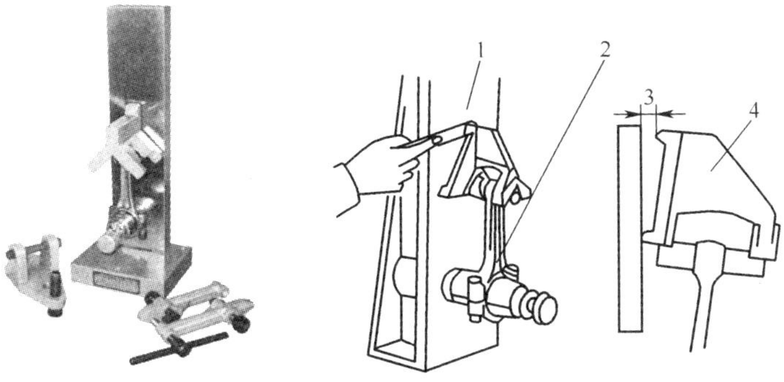

(a) 连杆检验校正仪实物　(b) 弯曲度的检查　(c) 扭曲度的检查

图 4-35　连杆弯曲度和扭曲度的检验

1. 连杆检验仪　2. 连杆　3. 弯曲值　4. 三点规

如果没有连杆检验仪，也可用简易工具，如百分表、V 形木块及标准芯轴和样板，对连杆进行弯曲度和扭曲度的简易检测。

(2)连杆的校直。当测定出连杆的弯曲度和扭曲度已超过规定的允许值，则应分别进行校正，方法如下：

①连杆弯曲的校正。对弯曲的连杆，可用压床或校正器上的校弯工具压直，如图 4-36 所示。

②连杆扭曲的校正。对扭曲的连杆，可夹在台虎钳上用校正器上的校正工具校正，如图 4-37 所示。没有校扭工具时，用长柄扳钳、管钳也可以校正。在常温下校正连杆，会发生弹

性变形，卸去负荷后，连杆有恢复原状的趋势。因此在校正弯曲变形较大的连杆时，校正后最好进行稳定处理，将校正后的连杆用喷灯稍许加热。校正变形较小的连杆时，应使校正负荷保持一定时间，即可防止去负荷后变形。

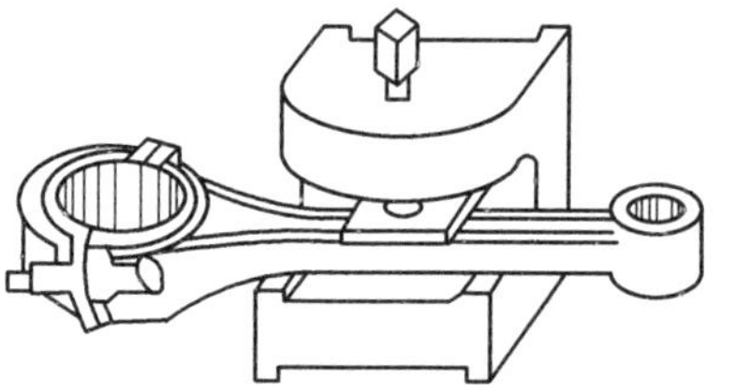

图 4-36　校正连杆的弯曲

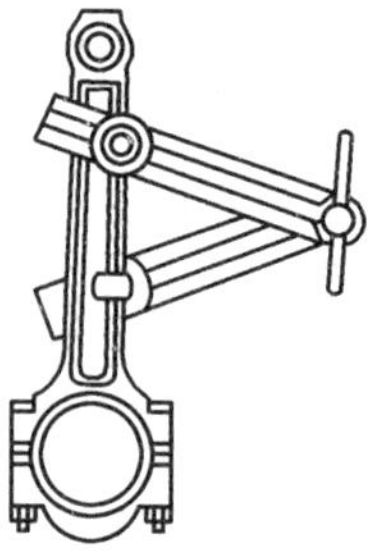

图 4-37　校正连杆的扭曲

2. 连杆衬套的检修

在检修连杆时，有的故障往往是出在连杆衬套（如图 4-38 所示）上，因此要特别注意观察连杆小头衬套与活塞销是否有磨损和松动，测量两者间隙是否超过规定间隙（一般为 0.07mm），若磨损较严重、明显松动而又超过规定间隙，则应更换新衬套。

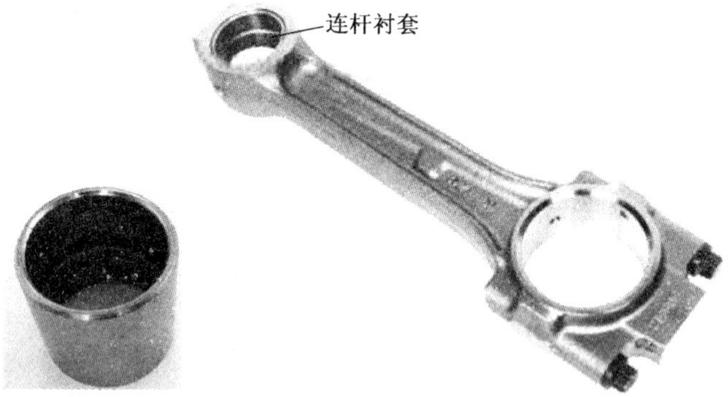

图 4-38　连杆衬套

更换新衬套的方法是：先取下松动的旧衬套（因已松动故易于取下），然后选配可与连杆小头孔配合，紧度为 0.042～0.095mm 的同规格的铜衬套，将其压装在连杆小头孔内即可。

五、机油泵的检修

如图 4-39 所示，用塞尺测量内转子与转子间的径向间隙 a 和外转子与泵壳之间的侧隙 b。如果超出规定值，应更换机油泵。

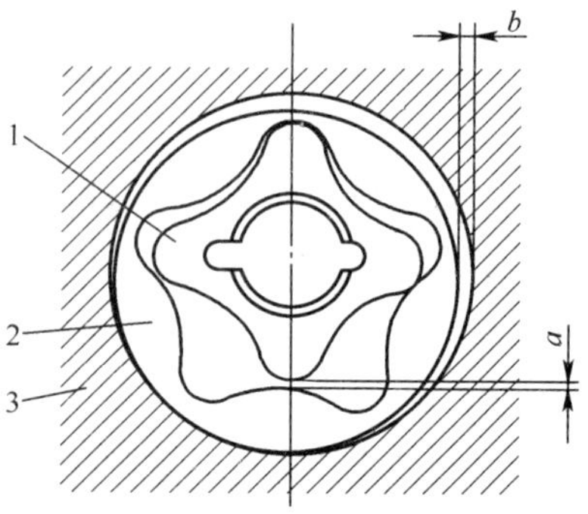

图 4-39　测量机油泵间隙

1. 内转子　2. 外转子　3. 泵壳

a. 径向间隙　b. 外转子与泵壳之间的侧隙

六、空气滤清器的检修

摩托车常用的空气滤清器有干式纸质滤芯和湿式泡沫塑料滤芯两种。

1. 干式纸质滤芯的清洁

(1)拧出螺钉，卸下空气滤清器盖，取出滤芯。

(2)如图 4-40 所示,用敲打和振动清除部分灰尘。

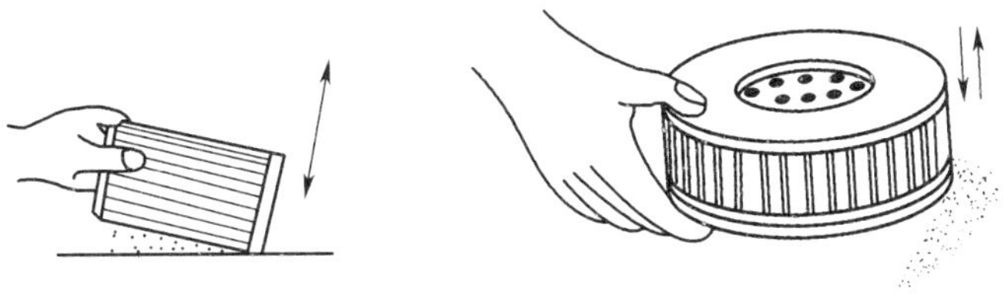

(a) 敲打滤芯　(b) 振动滤芯

图 4-40　敲打和振动滤芯

(3)如图 4-41 所示,用软刷清除滤芯表面和折缝处的灰尘。

(4)如图 4-42 所示,用压缩空气从滤芯内侧向外吹,将滤芯清洁干净。

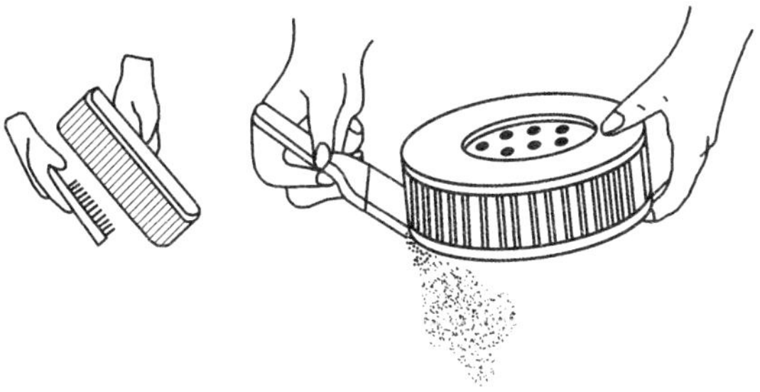

图 4-41　清除滤芯表面灰尘

图 4-42　用压缩空气吹滤芯

注意:

◆纸质滤芯绝不可用油或水清洗滤芯。

2. 湿式泡沫塑料滤芯的清洁

(1)取出空气滤清器的滤芯。

(2)如图 4-43 所示,将滤芯放在不燃性洗涤剂中清洗。清洗时只能挤压,不能拧绞。

(3)边清洗边检查滤芯是否有断裂现象,若有,应进行更换。

(4)洗清后的滤芯浸在机油中,然后再挤压出多余的机油。

(5)用清洗抹布擦净空气滤清器壳的内腔,将滤芯装回。

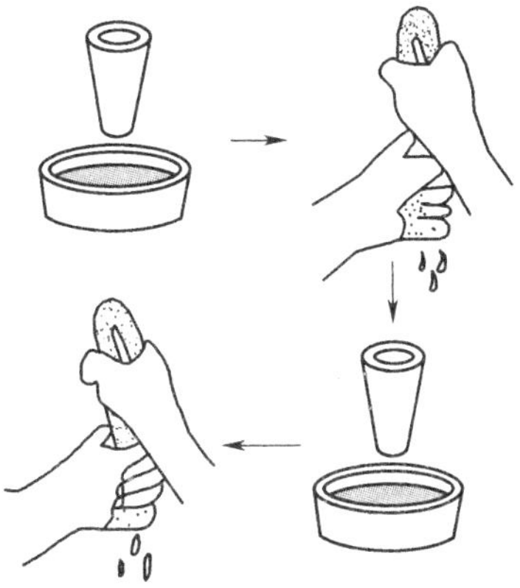

图 4-43　清洗滤芯

第二节　传动系统的检修

一、离合器的检修

摩托车常用离合器有自动离心蹄块式、手操纵湿式多片和自动湿式多片式三种。

1. 自动离心蹄块式离合器

(1)如图 4-44 所示,用内卡钳和直尺测量离合器外轮盘的内径。

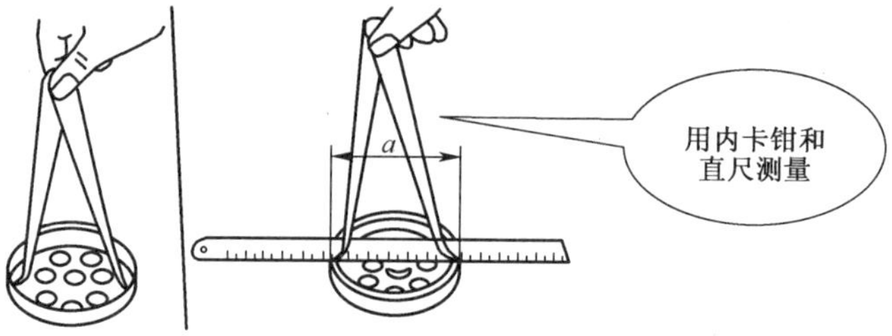

图 4-44 测量离合器外轮盘内径

(2)如图 4-45 所示,用游标卡尺检查离心块摩擦片的尺寸 a。尺寸磨损至规定极限值时,必须更换离心块组合。不能单个更换离心块,以防止质量差过大,重心不一致造成不平衡。

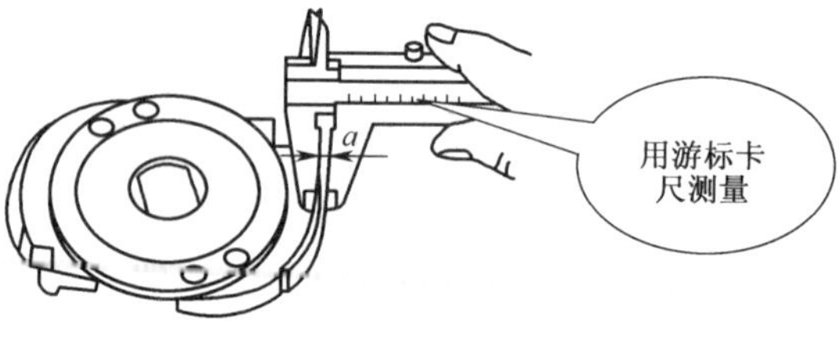

图 4-45 测量离心块摩擦片的尺寸

(3)将离心块拉簧拉长至工作长度,检测弹力。拉簧间弹力差若超过规定值,应予以更换。更换的拉簧,必须是同一颜色标记。

2. 手操纵湿式多片离合器

(1)如图 4-46 所示,检查离合器外罩和内毂的齿、槽有无裂纹、磨损或损坏。如有,用锉刀修理或更换。

(2)检查离合器外罩槽与主动片(摩擦片)、内毂花键与从动片(离合器片)的配合间隙,如间隙过大,应予以更换。

(3)如图 4-47 所示,在四个位置测量主动片的厚度。如果超出规定值范围,应成套更换主动片。

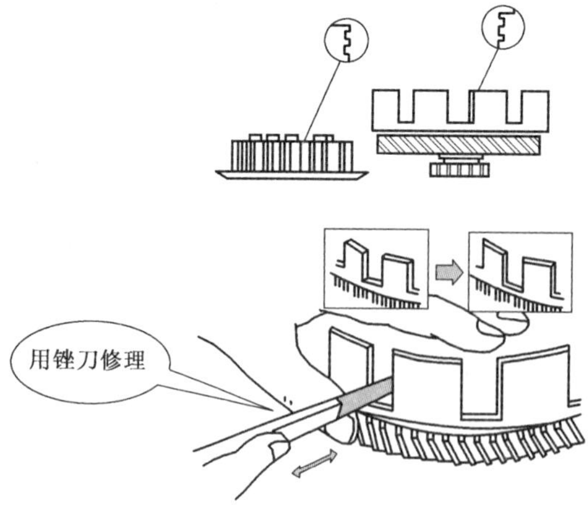

图 4-46 离合器内毂和外罩的检修

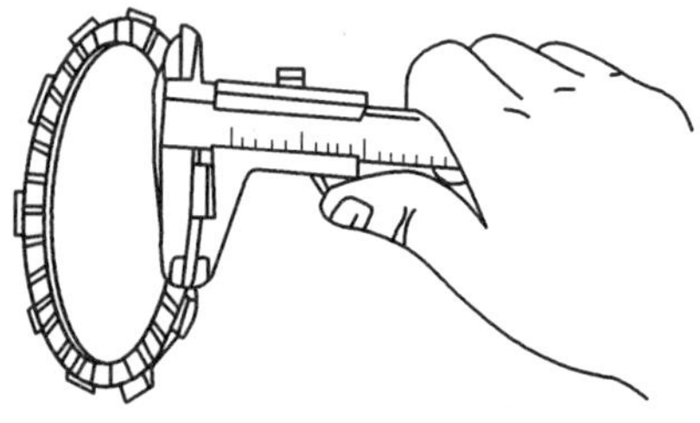

图 4-47 测量离合器主动片的厚度

(4)如图4-48所示,测量主动片的爪宽。如果超出规定值,应予以更换。

(5)检查离合器从动片有无损坏。如有,应成套更换从动片。

(6)如图4-49所示,使用平板和塞尺检查从动片的平面度。如果超出规定值范围,应成套更换从动片。

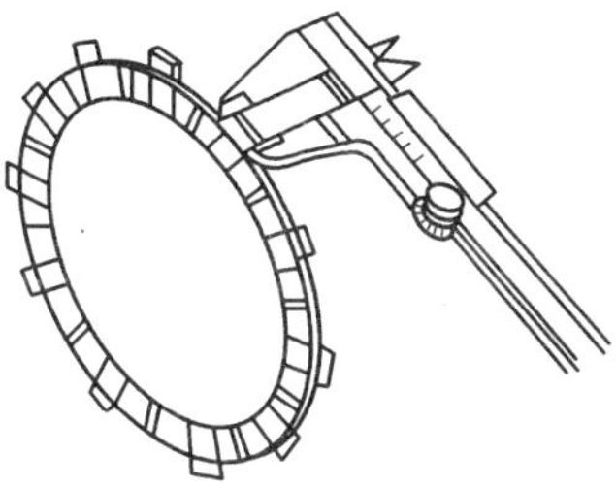

图4-48　测量离合器主动片爪宽

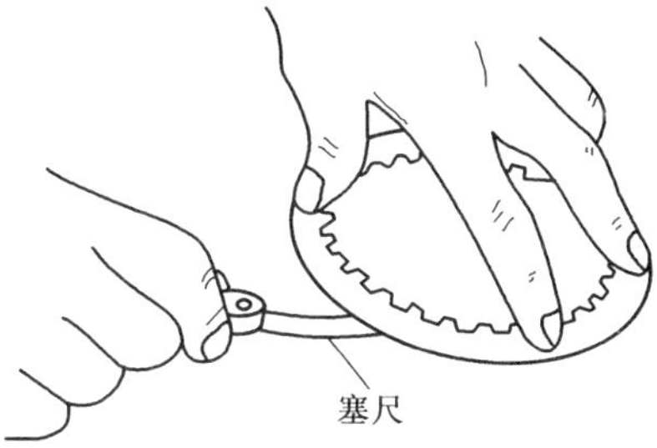

图4-49　测量从动片的平面度

(7)检查离合器弹簧有无损坏。如有,应成套更换弹簧。

(8)用游标卡尺检查离合器弹簧的自由长度,如果超出规定值范围,应成套更换弹簧。

3. 自动湿式多片式离合器

(1)调整离合器间隙。当离合器啮合转速或锁定转速不能达到规定值时,需要调整离合器间隙(如图4-50所示)。

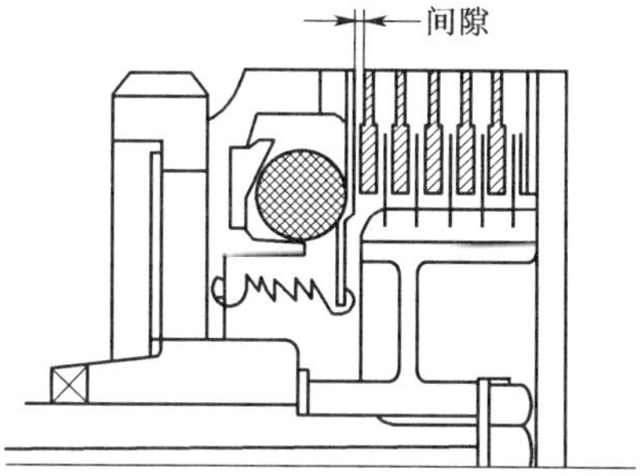

图4-50　调整自动湿式多片离合器间隙

小窍门

◆当间隙值过大时,可用一个调整垫圈替换从动片。

◆当离合器啮合转速过高,应减小调整垫圈厚度;当离合器不能分离,应增大调整垫圈厚度。

(2)检查离合器盘表面有无划痕、裂缝或不均匀磨损,如有,应予以更换。用内卡钳和直尺测量离合器盘内径,如果超出规定值范围,应更换。

(3)检查从动片上有无碎屑、裂纹、不均匀磨损,并检查从动片槽深度a(图4-51所示)。若有裂纹、磨损或槽深度过小,应成套更换从动片。

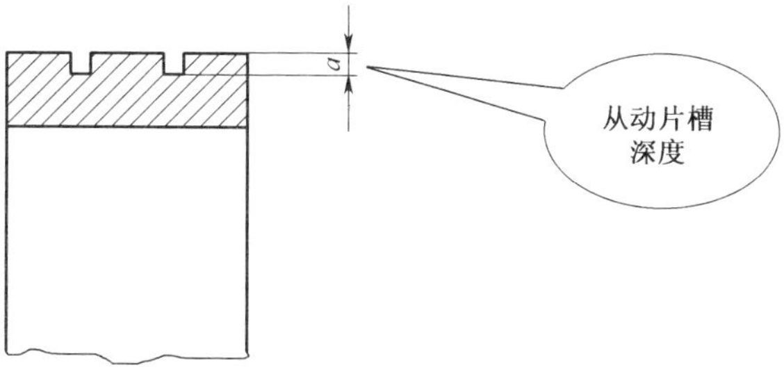

图4-51　检查从动片槽深度

(4)检查离合器弹簧有无拉长或断裂现象,并用游标卡尺测量弹簧的自由长度。如有损坏或自由长度不符合规定值,应成套更换弹簧。

二、变速器的检修

(1)检查换挡拨叉爪及销(与变速凸轮轴槽配合),若有划痕、弯曲、磨损或损坏应更换。

(2)在平台上滚动拨叉轴,若有弯曲,应更换(不用校直)。

(3)如图 4-52 所示,检查变速凸轮轴槽,若有磨损、损坏或划痕,应予以更换。

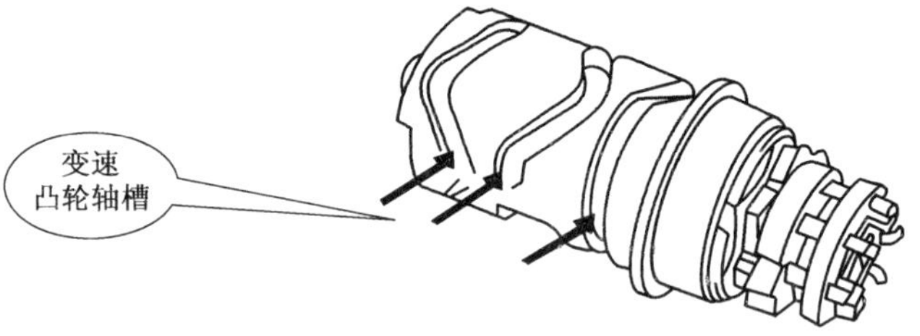

图 4-52 检查变速凸轮轴槽

(4)如图 4-53 所示,用 V 形铁(块)和百分表测量主轴,副轴的径向跳动量。若不符合规定值,应更换弯曲的轴。

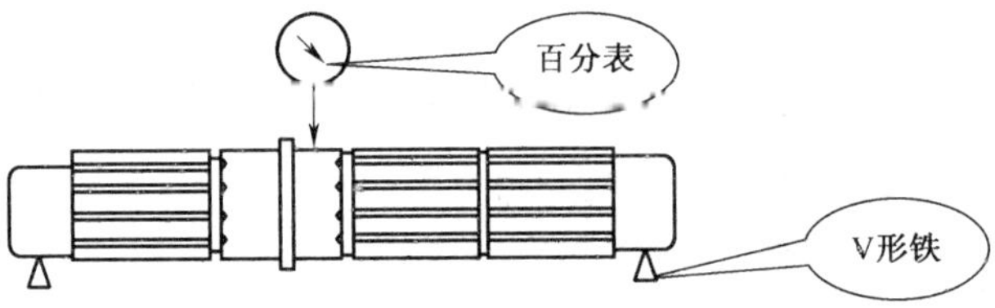

图 4-53 测量主轴、副轴的径向跳动量

(5)如图 4-54 所示,检查齿轮的轮齿,若有变色发蓝、点蚀或磨损,应予以更换。检查配合销和孔,若有边棱变形、裂纹或错位,应更换齿轮。

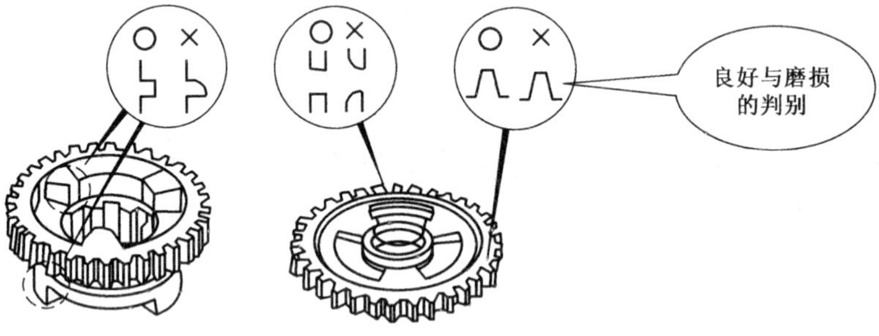

图 4-54 检查齿轮

三、起动机构的检修

摩托车常用的起动方式有电起动和脚踏反冲起动两种。

1. 电起动机构

(1)检查电起动大小齿轮有无毛刺、碎屑、不平整磨损。如有,应进行更换。

(2) 如图 4-55 所示按 A、B 箭头方向检查起动离合器的运转情况:

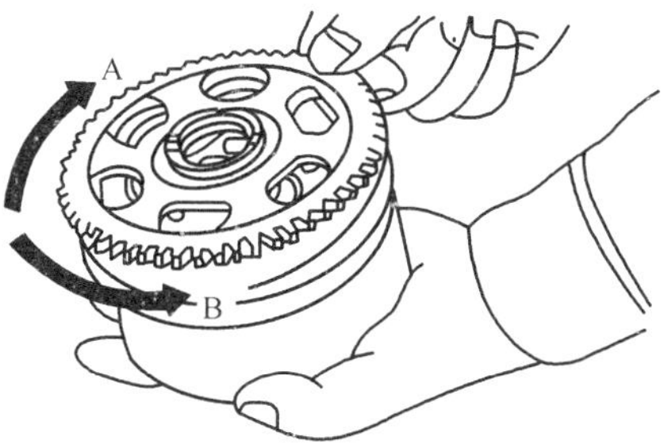

图 4-55　检查起动离合器的运转情况

A、B. 转动方向

维修提示：

◆先将起动大齿轮安装到起动离合器上，并且握住离合器。

◆顺时针方向 A 转动起动大齿轮，离合器应与齿轮互相啮合。否则，说明离合器有故障，应予以更换。

◆逆时针方向 B 转动大齿轮，离合器与齿轮应能自由转动。否则，说明离合器有故障，应予以更换。

2. 脚踏反冲起动机构

(1)检查起动大、小齿轮有无磨损或损坏。如有，应成对更换起动齿轮。

(2)如图 4-56 所示，用弹簧秤测量止转弹簧的摩擦力。如果超出规定值范围。应予以更换。

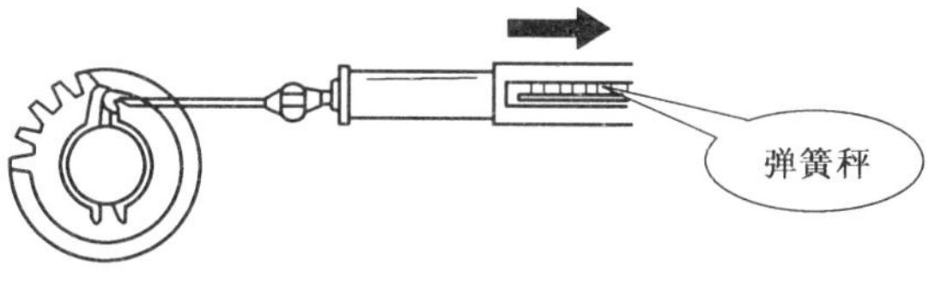

图 4-56　测量止转弹簧的摩擦力

第三节　行驶系统与操纵系统的检修

一、车轮的检修

1. 车轮轴的检查

如图 4-57 所示，将车轮轴放在 V 形块上，用百分表测量车轮轴的跳动量。如果超过极限值，应进行校正或更换。

2. 车轮轴承的检查

将车轮放在校正台上，用手拨动车轮作高速旋转，检查车轮轴承的自由行程。如果听到杂音或有较大的晃动，则须更换轴承。

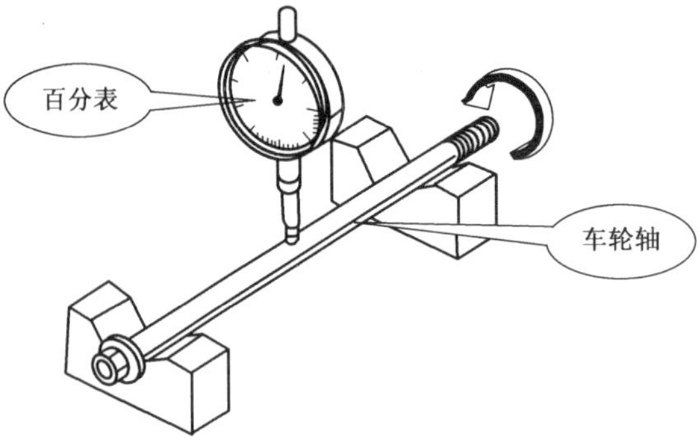

图 4-57 测量车轮轴的径向跳动量

3. 轮辋跳动量的检查

如图 4-58 所示，将车轮放在校正台上，然后用手拨动车轮旋转，读取轮辋的径向和轴向跳动量。如果超过极限值，应进行校正。

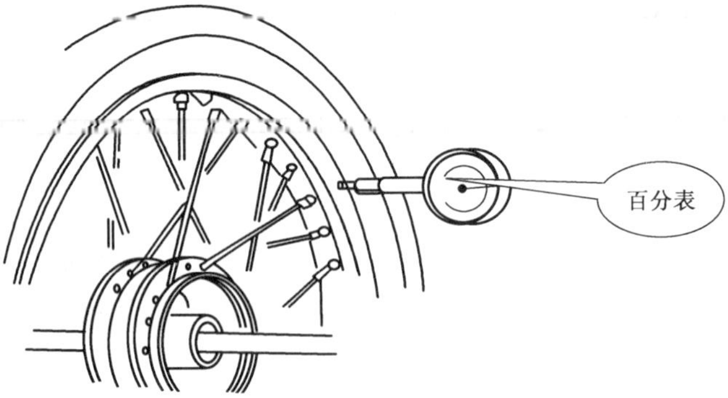

图 4-58 测量轮辋的跳动量

4. 车轮后平叉的检修

(1)检查后平叉是否变形，变形严重易造成轮胎偏磨。

(2)后平叉的轴向间隙可以通过调整垫片加以调节，轴向间隙应保持在 0.10～0.20mm 之间。

(3)径向间隙以保证平叉轴能灵活转动，而后平叉又不摆动为最佳。

(4)后平叉摆动严重主要是平叉轴套磨损，确认后应进行更换。

5. 轮圈的检修

(1)检查轮圈偏摆是否过多，轮圈偏摆一般起因于磨耗或车轮轴承的松弛，通常更换轴承即可。

(2)如更换轴承不能减少偏摆，应调整辐条的张力。

(3)如偏摆仍过大，则应更换轮圈。

维修提示：

◆轮圈的偏摆极限值(轴向和径向)一般为 2.0mm。

6. 后轮偏斜的检修

(1)如果摩托车后轮发生偏斜,可将后轮轴的固定螺母松开,调整轮距,调整接头上的调整螺母,将后轴置于与摩托车纵向轴线垂直的位置,同时必须保证链条的松紧度。

(2)用上述方法调整后,若后轮仍偏斜,则可能是车架变形或后叉扭曲,需要进行校正。

(3)车轮发生轴向扭曲(8字形)和径向扭曲(椭圆形)的损伤比较多,一般是由于钢圈的辐条松弛或折断而引起。应该对辐条的张力进行检查,并予以调整,保证每根辐条的张力均匀。若发现有折断的辐条应立即更换。

(4)对前、后轮轴承,应在一定行驶里程后进行润滑。

(5)要保证前、后轮在同一直线上,以使摩托车行驶平稳、加速性能好,并减少轮胎和链条的磨损。

二、制动器的检修

摩托车常用制动器有盘式和鼓式两种。

1. 盘式制动器

(1)用游标卡尺检查制动块摩擦片厚度。如果超出规定值范围,应更换制动块。

(2)如图4-59所示,用百分表检查制动盘的端面跳动量。如果超出规定值范围,进一步检查轮辋径向跳动量。若轮辋径向跳动量正常,应更换制动盘。

图4-59　测量制动盘的端面跳动量

(3)如图4-60所示,用千分尺测量制动盘厚度 a。如果超出规定值范围,应更换制动盘。

2. 鼓式制动器

(1)如图4-61所示,检查制动蹄、销轴、凸轮轴有无裂纹或损坏。如有,应更换相应零件。

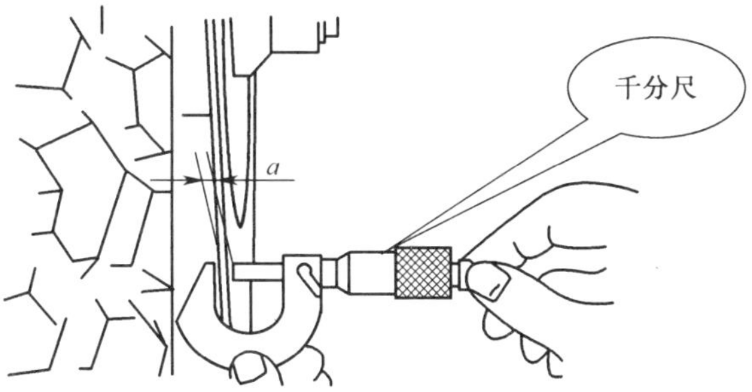

图4-60　测量制动盘厚度

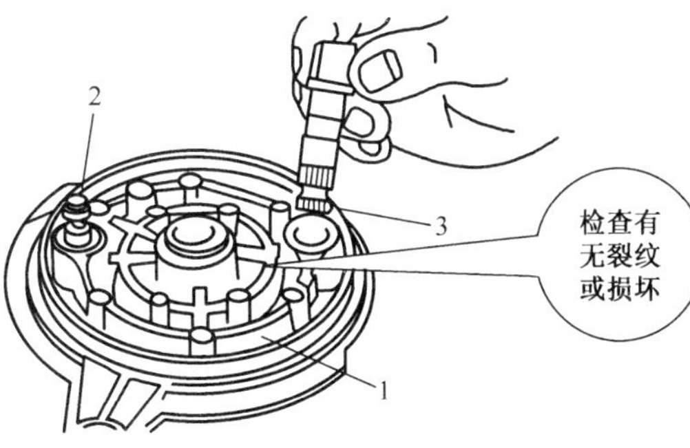

图4-61　检查制动器组件

1. 制动蹄　2. 销轴　3. 凸轮轴

(2)如图4-62所示,检查制动蹄摩擦片和拉簧。如有裂纹或损坏,应成套更换制动蹄和拉簧。

(3)检查制动蹄摩擦片表面,如有光滑区域,应用粗砂纸打磨,如图4-63所示。

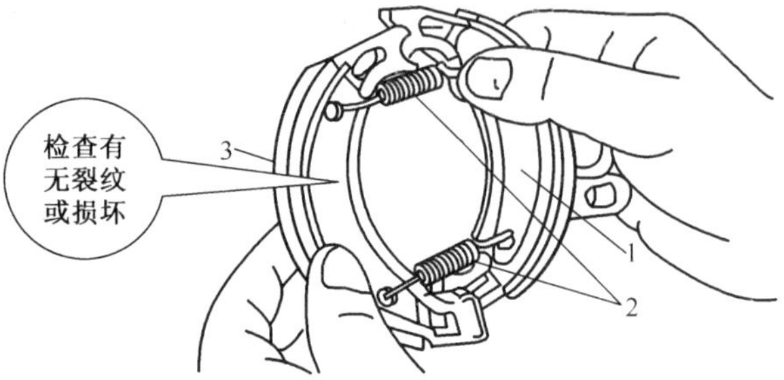

图4-62 检查制动蹄摩擦片和拉簧

1. 制动蹄 2. 拉簧 3. 摩擦片

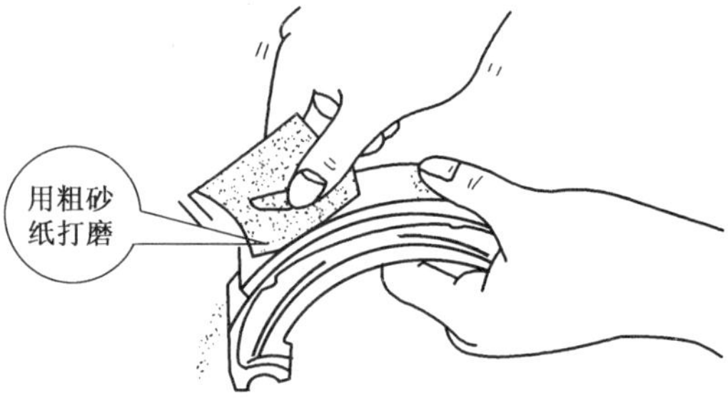

图4-63 修复制动蹄摩擦片

(4)如图4-64所示,用游标卡尺测量制动蹄摩擦片的厚度。如果超出规定值范围,应成套更换制动蹄摩擦片。

(5)如图4-65所示,测量制动鼓(轮毂)的内径。如果超出规定值,应进行更换。制动鼓内表面有油痕或刮痕,应用抹布沾油漆稀释剂擦拭或用金刚砂布抛光。

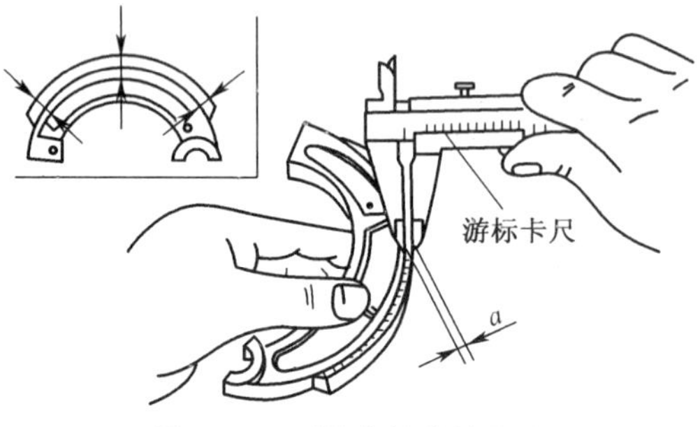

图4-64 测量摩擦片的厚度

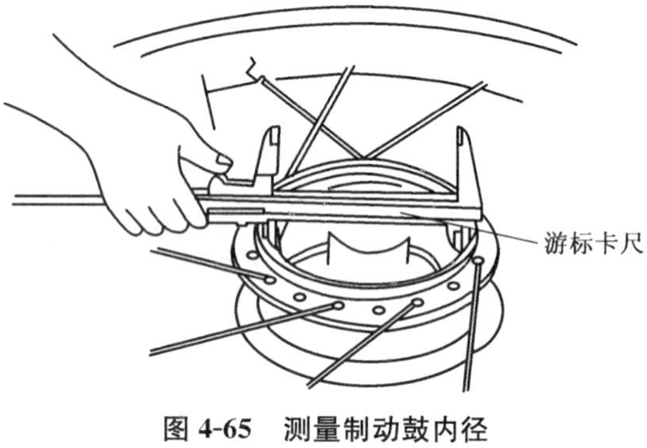

图4-65 测量制动鼓内径

三、减振器的检修

1. 前减振器的检修

(1)检查减振弹簧是否断裂,并测量其自由长度(不得小于规定值)。左、右两根减振弹簧的长度应基本相等。如不符合上述要求则需更换。

(2)将前叉管放在V形铁上测量其径向跳动量,不得大于规定值,否则需更换。

(3)检查前叉管和前叉底筒工作面是否损伤或异常磨损,有则更换。

(4)检查导向套和前叉活塞工作面上是否有严重的划痕或磨损,如有则应更换。

(5)检查油封是否损坏或变形,有则更换。

2. 后减振器的检修

(1)检查缓冲器是否断裂或疲劳。

(2)测量减振器的自由长度不得小于规定值。

(3)检查左、右两个缓冲弹簧的自由长度是否基本一致。如不符合要求,则应更换缓冲弹簧。

(4)检查阻尼器组件是否有漏油现象或杆部弯曲变形现象,如有,则应更换阻尼器组件。

(5)检查其他零件是否有破损或变形现象,如有也应更换。

第四节　电气设备的检修

一、插接件的检修

(1)在检查插接件时,应首先清除插件上的污泥、锈蚀和水气等,再拆开插接件,用电吹风将每一个接线柱吹干,如图4-66所示。

(2)若导线被拉出,则应重新把导线的插接片连接牢固;若接线片被拉出,应修理接插铜片上的倒钩,如图4-67所示,然后将接线片插入接插件。

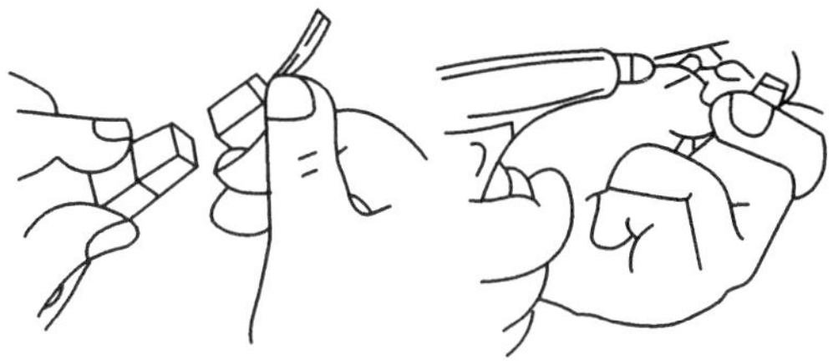

图4-66　拆开并吹干插接件

(3)将修理的每一个插接件连接和拆离2～3次,然后用万用表检查是否导通,如图4-68所示。若发现电路不通,再清理各接线片,直到修复。

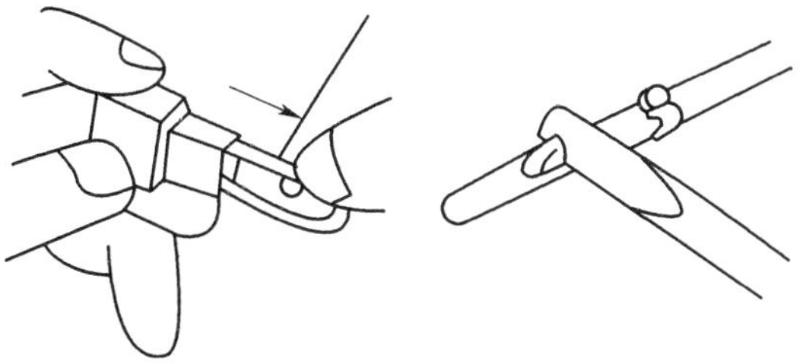

图4-67　检查修理插接件

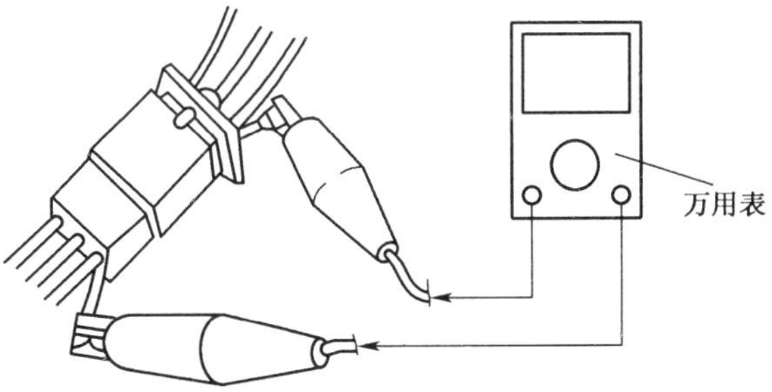

图4-68　用万用表检查插接件

二、蓄电池的检查

(1)检查电解液液面高度,应在蓄电池外壳的上、下标线之间,如图4-69所示。若低于下标线,应补充蒸馏水。

(2)检查电解液密度,应为1.26～1.28g/cm^3。

(3)若密度过底,应进行充电。充电时,按图4-70所示连接蓄电池与充电器。

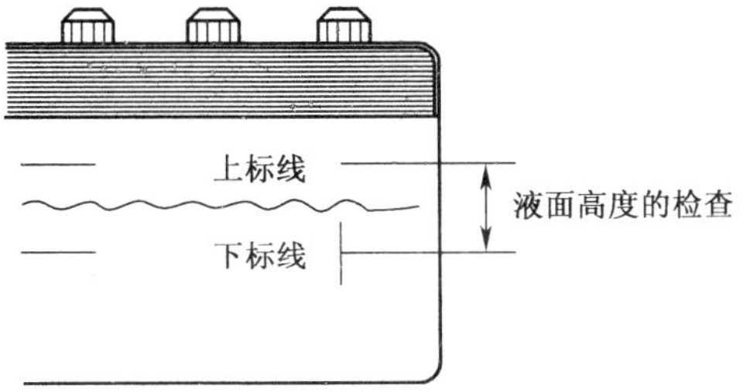

图4-69　蓄电池电解液液位

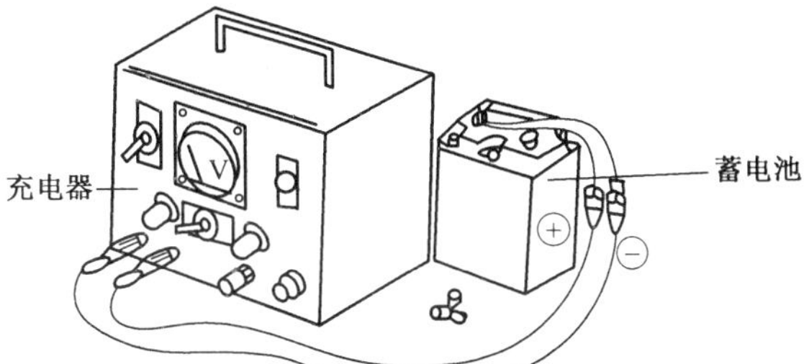

图4-70　充电电路的连接

三、火花塞的检查

(1)火花塞检查内容如图 4-71 所示。

(2)若有积炭,应用火花塞清洁器或钢丝清洁,如图 4-72 所示。

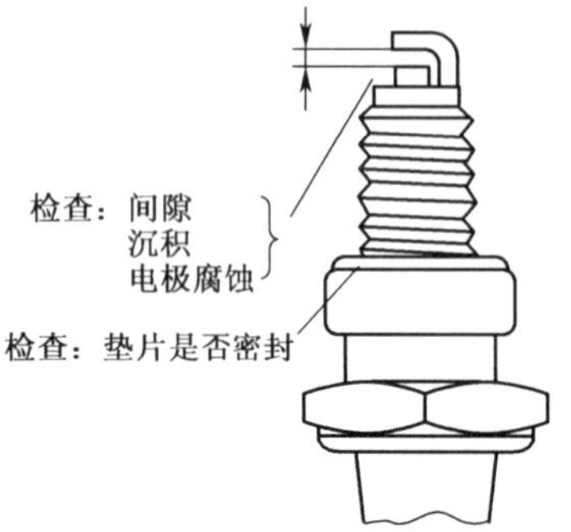

图 4-71　火花塞的检查

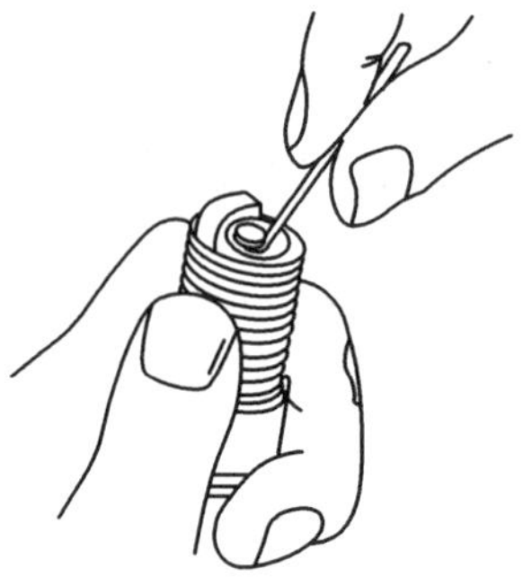

图 4-72　清除积炭

(3)安装时,先用手拧紧,然后再用扳手拧 1/2~3/4 圈。

(4)火花塞的间隙规定值一般为 0.6~0.7mm。

四、点火线圈的检查

(1)拆开点火线圈一次线圈(初级线圈)接线,用万用表欧姆挡测量一次线圈电阻,标准值为 0.1~0.3Ω,如图 4-73 所示。否则说明一次线圈有故障。

(2)拆下火花塞帽,用万用表欧姆挡测量二次线圈(次级线圈)电阻,标准值为 2.7~3.5kΩ,如图 4-74 所示。否则说明二次线圈有故障。

(3)装上火花塞帽,用万用表欧姆挡测量一次接线柱与火花塞帽之间的电阻,如图 4-75 所示,标准值为 6.5~9.8kΩ,否则说明火花塞帽有故障。

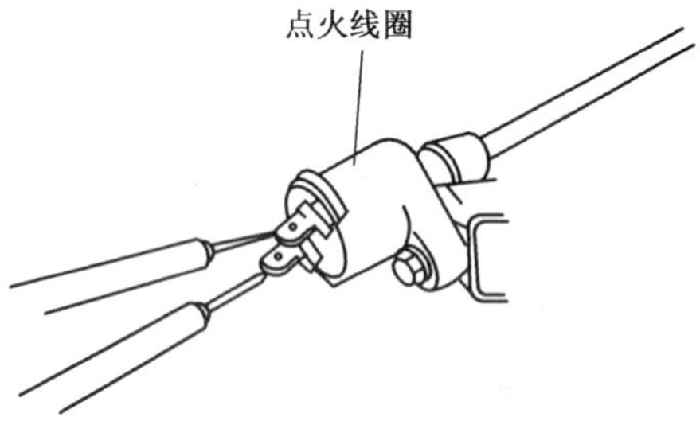

图 4-73　检查点火线圈一次线圈电阻

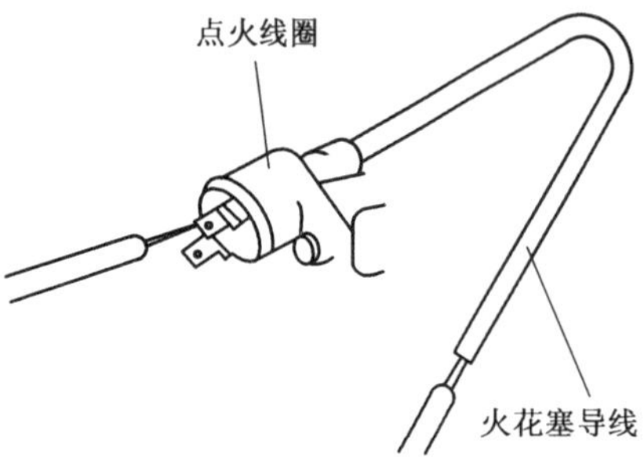

图 4-74　检查点火线圈二次线圈电阻

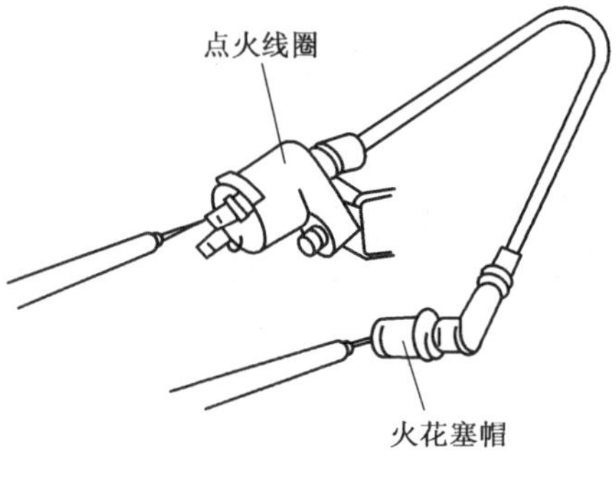

图 4-75　火花塞帽的检查

第五章　摩托车故障诊断与排除

第一节　发动机故障诊断与排除

一、发动机起动困难或不能起动

维修提示：

◆当发动机产生上述故障时，应按照燃油系统、点火系统、气缸压缩压力的顺序来分析。

1. 燃油油路故障

燃油油路故障诊断与排除见表 5-1。

表 5-1　燃油油路故障诊断与排除

项　　目	内　　容
故障可能原因	①油箱内燃油用完 ②油箱盖排气孔堵塞 ③燃油在管内流通受阻；燃油滤网阻塞 ④油箱开关阻塞 ⑤化油器的油道堵塞或针阀卡死无法活动
故障诊断排除程序	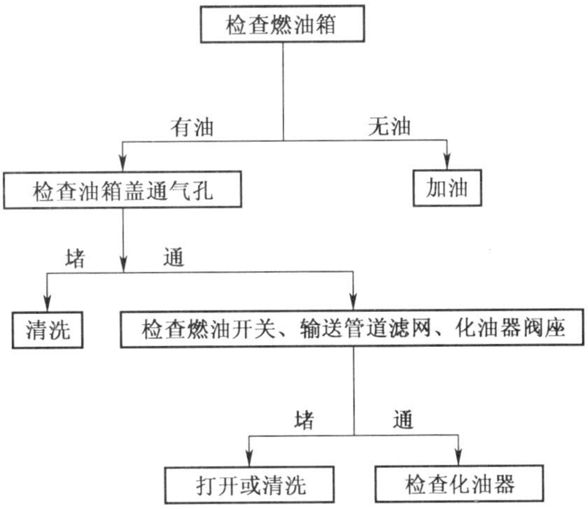
故障排除方法	①清理各阻塞零件 ②加注油料时一定要用滤网过滤 ③拆卸化油器，用压缩空气疏通被堵塞的油道

2. 点火电路故障

点火电路故障诊断与排除见表 5-2。

表 5-2 点火电路故障诊断与排除

<table>
<tr><th>项　　目</th><th>内　　容</th></tr>
<tr><td>故障可能原因</td><td>①火花塞积炭严重或被"淹死"
②火花塞的电极间隙不正确
③点火线圈击穿损坏
④高压线脱落或绝缘不好
⑤磁电机有问题
⑥点火开关漏电</td></tr>
<tr><td>故障诊断排除程序</td><td>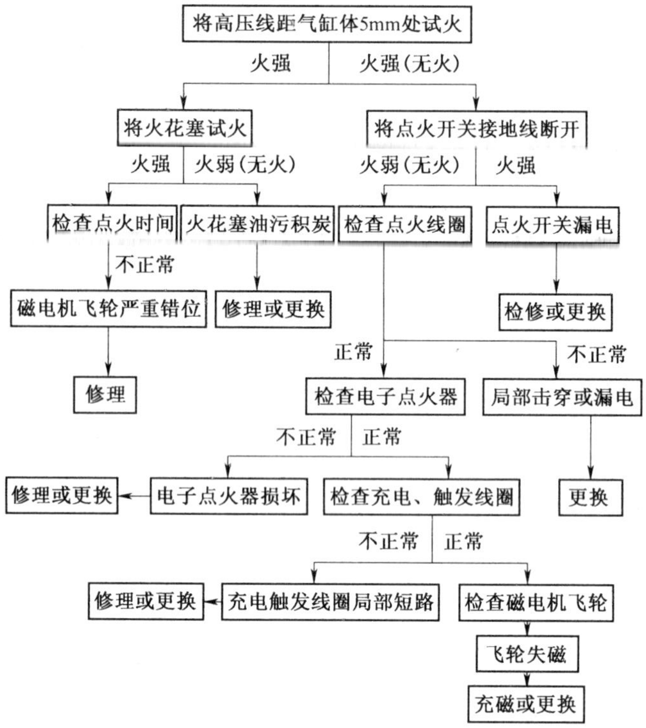
</td></tr>
<tr><td>故障排除方法</td><td>①清除积炭或燃油
②调整火花塞的电极间隙
③更换点火线圈
④重新安装高压线或更换新件
⑤修理磁电机或更换新件
⑥修理点火开关或更换新件</td></tr>
</table>

3. 气缸压缩压力不足故障

气缸压缩压力不足故障诊断与排除见表 5-3。

表 5-3　气缸压缩压力不足故障诊断与排除

项　　目	内　　容
故障可能原因	①气缸与活塞环严重磨损，活塞环失去弹力或损坏 ②活塞磨损或损坏 ③气缸盖垫损坏，气缸盖没有压紧 ④火花塞没有旋紧，火花塞垫片损坏 ⑤曲轴箱漏气，油封损伤 ⑥进气簧片阀密封不好
故障诊断排除程序	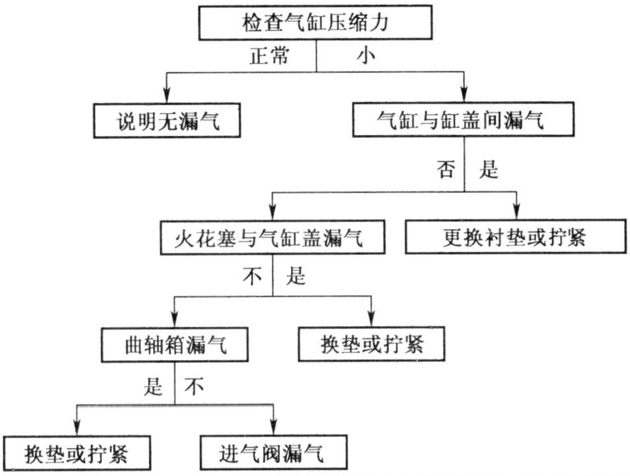
故障排除方法	①更换损坏的气缸和活塞环 ②更换活塞 ③更换气缸盖垫，按规定力矩拧紧气缸盖螺栓 ④重新旋紧火花塞，更换火花塞垫片 ⑤曲轴箱漏气可拧紧各螺钉，如果是接合面密封胶不均匀而导致局部漏气，就需分解曲轴箱，重新涂密封胶以后，合拢安装紧固螺钉；油封损伤，可检查外部是否有油迹，如果确认，那么就需要换新的油封 ⑥对于簧阀污脏造成的密封不良，可以用汽油将污物清洗净，如果是簧片弹性失效，应按原规格要求更换新件

二、发动机自动熄火

发动机自动熄火故障诊断与排除见表 5-4。

表 5-4　发动机自动熄火故障诊断与排除

项　　目	内　　容
故障可能原因	①燃油耗尽或供应不上 ②点火线圈短路或断路 ③磁电机内线圈短路或断路 ④火花塞被击穿 ⑤导线插头脱开 ⑥曲轴箱严重漏气 ⑦发动机过热造成“抱瓦拉缸”

续表 5-4

项　　目	内　　容
故障诊断排除程序	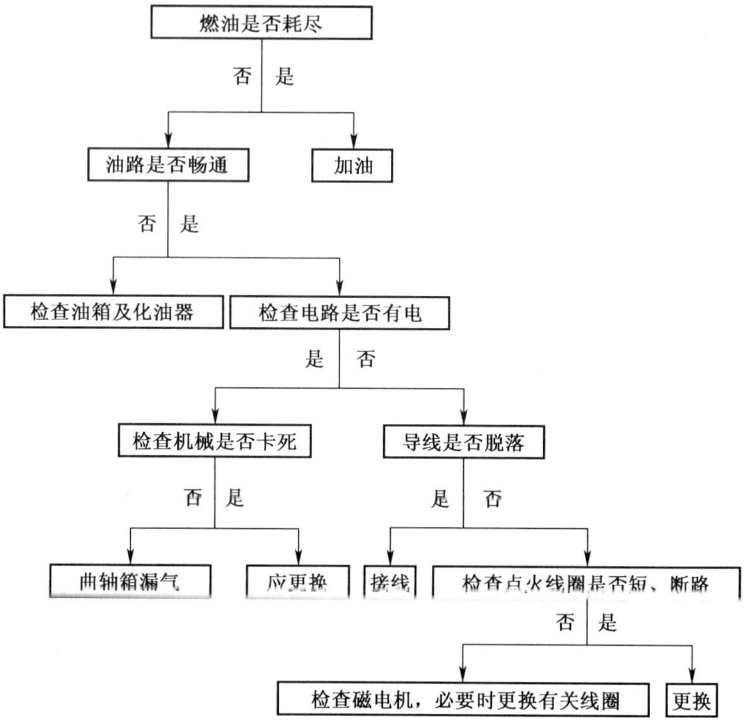
故障排除方法	①添加燃油 ②修理或更换点火线圈 ③修理或更换磁电机 ④更换火花塞 ⑤重新插牢导线插头 ⑥修理曲轴箱漏气部位 ⑦更换发动机轴瓦和气缸

三、发动机过热

发动机过热故障诊断与排除见表 5-5。

表 5-5　发动机过热故障诊断与排除

项　　目	内　　容
故障可能原因	①发动机长时间在大功率或超负荷下工作 ②燃油混合比不符合要求 ③离合器打滑 ④散热不良 ⑤排气管堵塞，废气排不出 ⑥点火时间过迟 ⑦车在原地长时间高速运转而发动机得不到冷却

续表 5-5

<table>
<tr><th>项　目</th><th>内　容</th></tr>
<tr><td>故障诊断排除程序</td><td>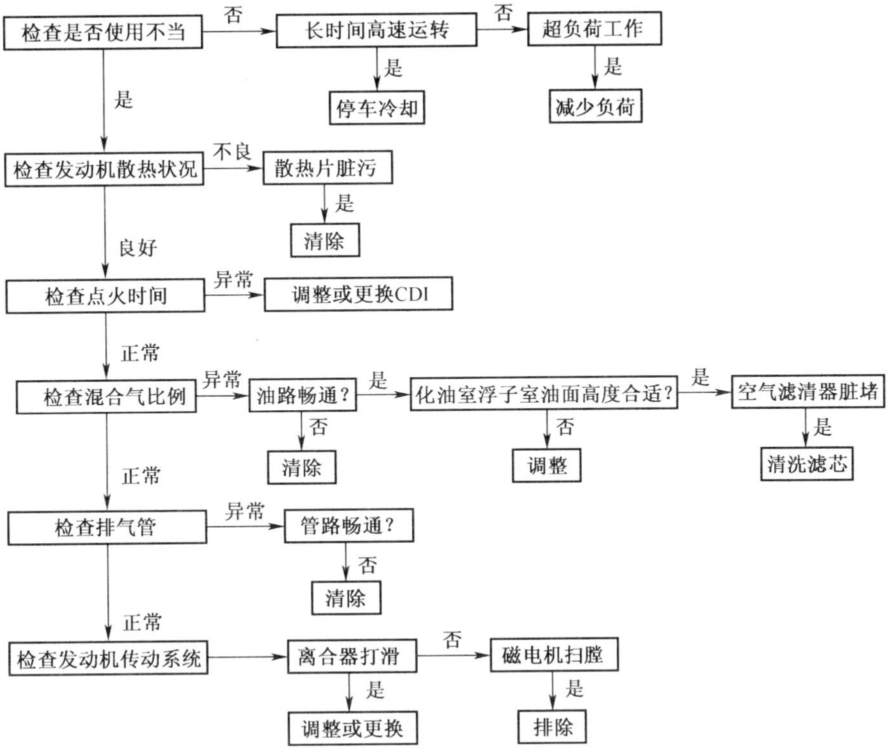
</td></tr>
<tr><td>故障排除方法</td><td>①按正确方法使用
②按规定使用燃油，配好混合比
③调整离合器行程，必要时更换摩擦片
④清除排气管内的积炭和油污
⑤检查磁电机安装位置，调整好点火角</td></tr>
</table>

四、发动机功率不足

发动机功率不足故障诊断与排除见表 5-6。

表 5-6　发动机功率不足故障诊断与排除

项　目	内　容
故障可能原因	①混合气过浓或过稀 ②火花塞断火或火花太弱 ③点火时间过早或过迟 ④燃油率过低，发动机漏气 ⑤清声器堵塞

续表 5-6

<table>
<tr><th>项　　目</th><th>内　　容</th></tr>
<tr><td>故障诊断排除程序</td><td>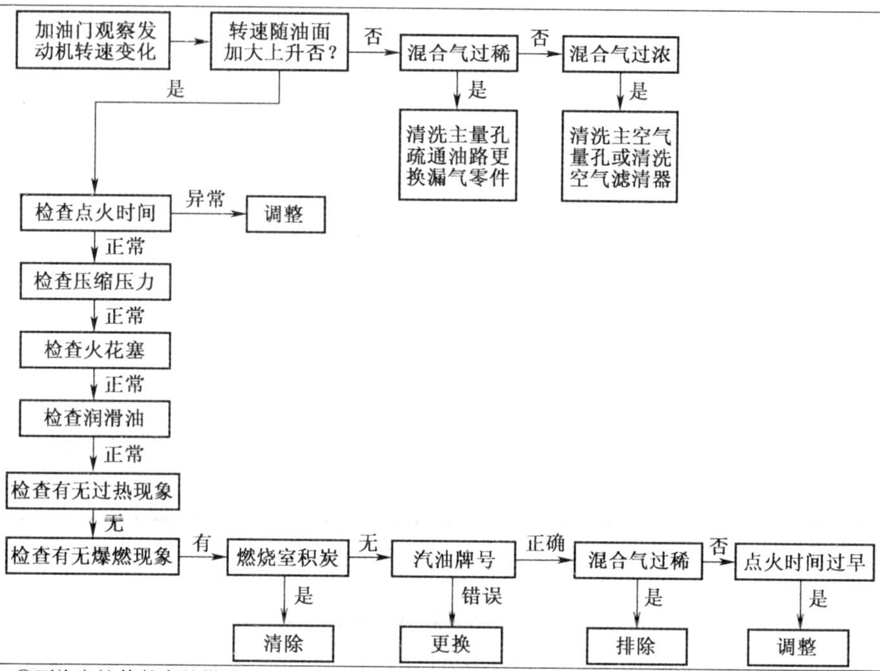
</td></tr>
<tr><td>故障排除方法</td><td>①更换辛烷值较高的燃油
②清除排气管、空气滤清器
③保持燃油供给系统畅通
④调整化油器混合比螺钉，达到最佳值
⑤检查磁电机安装位置，按规定调整点火时间</td></tr>
</table>

五、发动机排气管冒黑烟

发动机排气管冒黑烟故障诊断与排除见表 5-7。

表 5-7　发动机排气管冒黑烟诊断与排除

<table>
<tr><th>项　　目</th><th>内　　容</th></tr>
<tr><td>故障可能原因</td><td>①空气滤清器堵塞
②混合气燃烧不完全
③化油器提供的混合气过浓</td></tr>
<tr><td>故障诊断排除程序</td><td>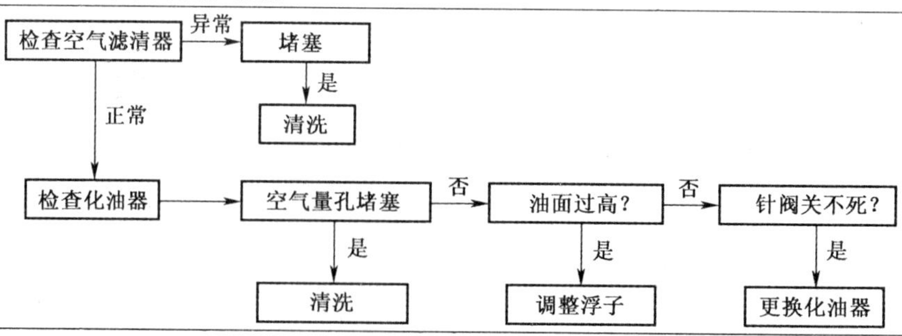
</td></tr>
<tr><td>故障排除方法</td><td>①清除空气滤清器内灰尘
②调整化油器</td></tr>
</table>

六、发动机运转时有异响

发动机运转时有异响故障诊断与排除见表 5-8。

表 5-8　发动机运转时有异响故障诊断与排除

<table>
<tr><th>项目</th><th>内　容</th></tr>
<tr><td>故障可能原因</td><td>①气缸、活塞与活塞环部件的异常响声
②连杆、曲轴与飞轮部位的异常响声
③燃烧室发出的异常响声</td></tr>
<tr><td>故障诊断排除程序</td><td>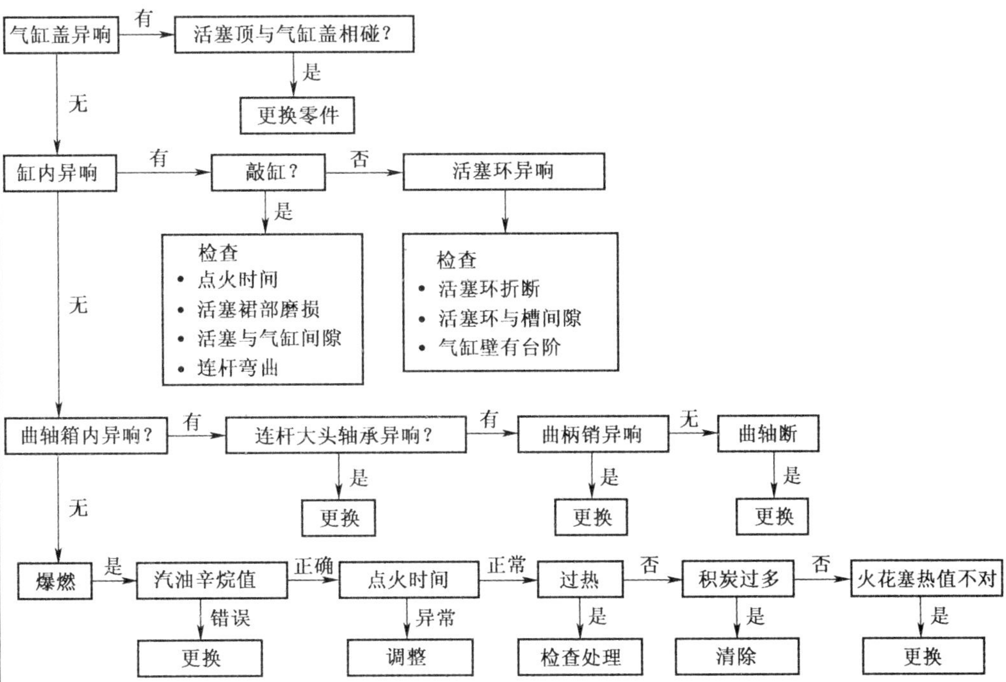
</td></tr>
<tr><td>故障排除方法</td><td>①选择合适汽油
②调整点火时间
③更换磨损零件</td></tr>
</table>

七、发动机无怠速

发动机无怠速故障诊断与排除见表 5-9。

表 5-9　发动机无怠速故障诊断与排除

项　目	内　容
故障现象	油门转把不能完全放松，否则就会熄火
故障可能原因	①化油器怠速截流阀调节螺钉和怠速空气调节螺钉调整不当 ②怠速量孔堵塞 ③化油器接头、曲轴箱、进气阀片漏气 ④化油器浮子室油位过低

续表 5-9

<table>
<tr><th>项　　目</th><th>内　　容</th></tr>
<tr><td>故障诊断排除程序</td><td>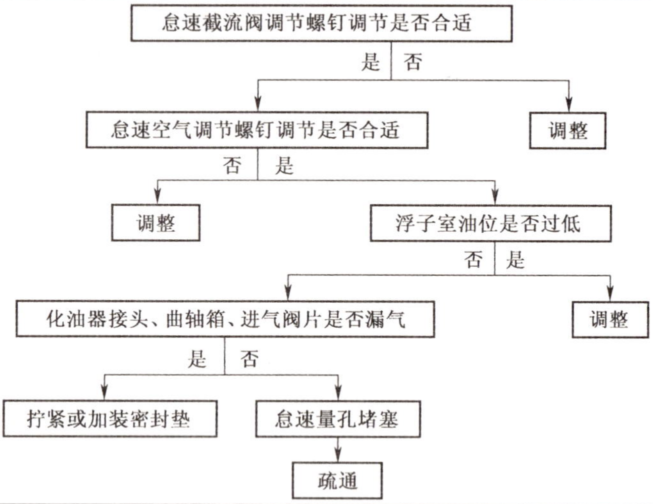
</td></tr>
<tr><td>故障排除方法</td><td>①重新调整化油器怠速截流阀调节螺钉和怠速空气调节螺钉
②疏通怠速量孔
③检查并修复化油器接头、曲轴箱、进气阀片漏气部位
④重新调整化油器浮子室油位</td></tr>
</table>

八、发动机怠速不稳

发动机怠速不稳故障诊断与排除见表 5-10。

表 5-10　发动机怠速不稳故障诊断与排除

<table>
<tr><th>项　　目</th><th>内　　容</th></tr>
<tr><td>故障现象</td><td>发动机怠速运转时，发动机抖动，转速忽高忽低，不稳定</td></tr>
<tr><td>故障可能原因</td><td>①空气滤清器堵塞
②火花塞间隙过小
③可燃混合气过浓或过稀
④点火时间过早</td></tr>
<tr><td>故障诊断排除程序</td><td>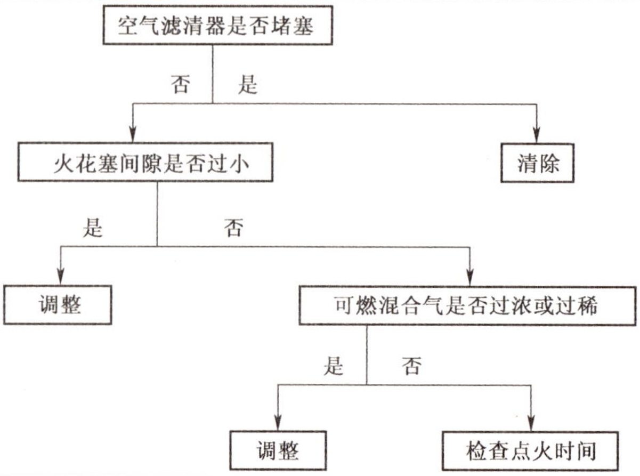
</td></tr>
</table>

续表 5-10

项　目	内　容
故障排除方法	①清洗空气滤清器滤芯 ②调整火花塞间隙 ③调整化油器 ④重新安装磁电机

第二节　传动系统故障诊断与排除

一、离合器打滑

离合器打滑故障诊断与排除见表 5-11。

表 5-11　离合器打滑故障诊断与排除

项　目	内　容
故障现象	①摩托车起步时，离合器握把虽已完全放松，但仍难以起步 ②在行驶时，尽管加大油门，发动机转速很快提高，但车速未能随着发动机的转速相应增加，且在爬坡和重负荷时还有跑不起来的感觉，严重时可听到曲轴箱盖内发出的“咔啦、咔啦”的声响
故障可能原因	①离合器操纵钢索自由行程太小，甚至没有 ②离合器调节螺钉调整不当 ③离合器弹簧拉力不足或拉力不均 ④离合器片磨损 ⑤离合器操纵钢索钢丝被卡住 ⑥离合器主动盘磨出沟槽，阻滞主动片轴向移动
故障诊断排除程序	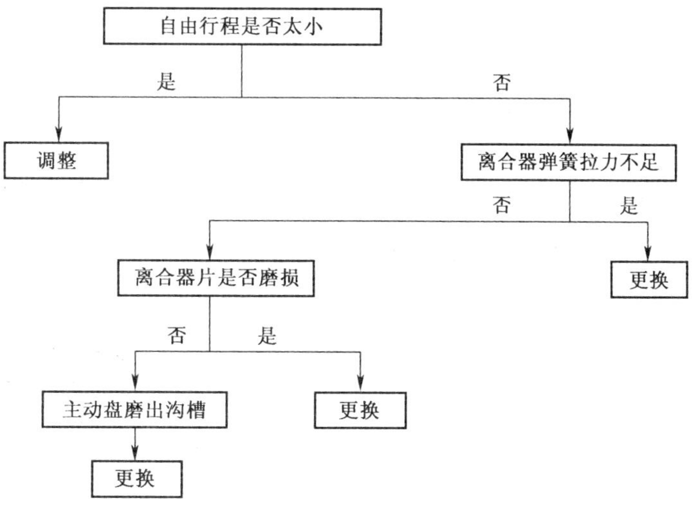
故障排除方法	①调整自由行程 ②清洗摩擦片，严重磨损时应更换 ③离合器弹簧弹力不足时，应成组更换 ④当操纵机构卡滞时，应润滑保养或检修

二、离合器分离不彻底

离合器分离不彻底故障诊断与排除见表5-12。

表5-12 离合器分离不彻底故障诊断与排除

项　　目	内　　容
故障现象	①摩托车行驶时，虽握紧离合器把手仍不能有效减低车速 ②挂挡换挡困难，换挡时变速箱内有齿轮撞击声 ③制动时发动机随着车辆的停止行驶而自动熄火
故障可能原因	①离合器调整不当，自由行程太大，使实际作用在离合器上的行程小于离合器彻底分离所需的距离 ②离合器压紧弹簧弹力不均 ③离合器润滑油的黏度太大或使用过久而稠化，造成主、从动片分离不彻底；离合器内有杂物
故障诊断排除程序	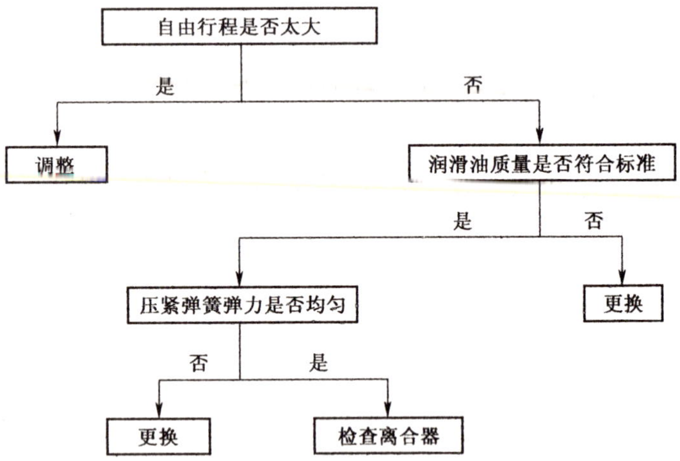
故障排除方法	①调整自由行程 ②更换符合标准的润滑油 ③离合器弹簧弹力不均匀时应成组更换 ④清洗离合器杂质

三、变速器换挡困难

变速器换挡困难故障诊断与排除见表5-13。

表5-13 变速器换挡困难故障诊断与排除

项　　目	内　　容
故障现象	摩托车行驶中，变换挡位或起步变挡时，发生齿轮撞击声，且齿轮难以啮合
故障可能原因	①操作不当，离合器和油门配合不好、离合器分离不彻底 ②发动机怠速过高 ③换挡凸轮上滑槽磨损 ④变速拨叉损坏 ⑤换挡凸轮挡板调整不当等

续表 5-13

项　　目	内　　容
故障诊断排除程序	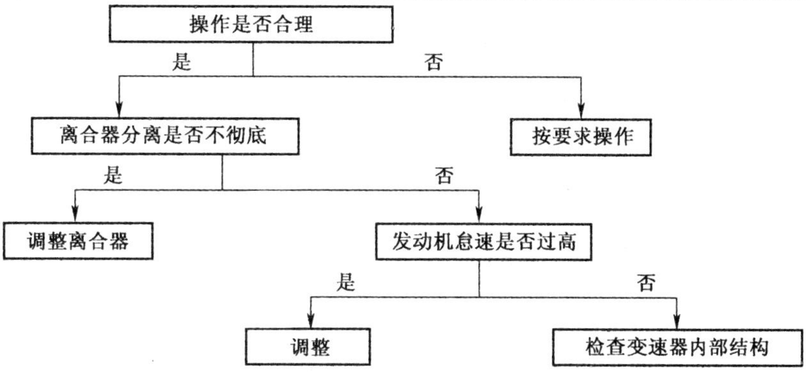
故障排除方法	①换挡困难如果不是因为离合器分离不彻底、怠速过高、操作不当而造成的，应进一步检查变速器内部结构 ②如果是换挡凸轮上滑槽损坏或换挡拨叉损坏，都会使齿轮换挡拨叉动作失调，这时应更换换挡凸轮或换挡拨叉 ③如果是换挡凸轮和换挡拨叉接合部位出现伤痕或毛刺，而使换挡拨叉不能在换挡凸轮上顺利工作，应使用细砂布仔细研磨换挡拨叉和换挡凸轮接合部件 ④若是齿轮卡死、咬死，应卸下齿轮检查，如损坏应更换 ⑤如果是变挡轴弯曲变形导致故障发生，应更换

四、变速器跳挡

变速器跳挡故障诊断与排除见表 5-14。

表 5-14　变速器跳挡故障诊断与排除

项　　目	内　　容
故障现象	在某一挡位行驶中，挡位不经操纵而自然退下
故障可能原因	①操作不当，没有挂到位 ②接合爪磨损，边缘成了圆角 ③换挡凸轮与拨叉磨损 ④装配调整不当，造成齿轮啮入不足
故障诊断排除程序	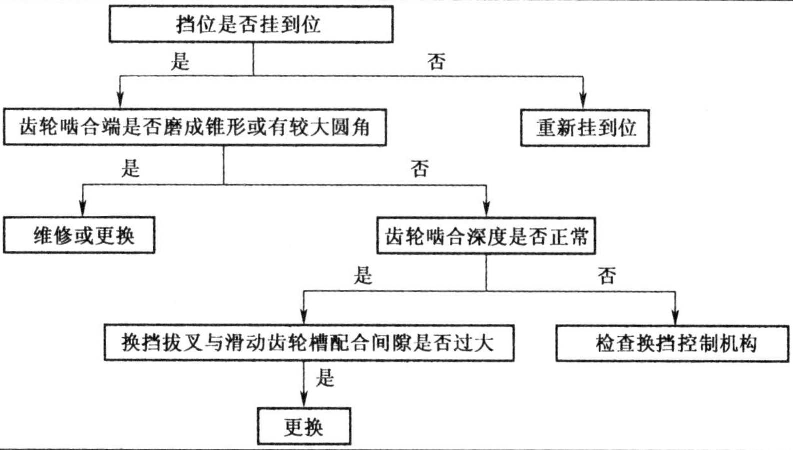

续表 5-14

项　　目	内　　容
故障排除方法	①正确操作 ②更换接合爪 ③更换换挡凸轮与拨叉 ④重新装配调整

五、中间轴轴向窜动

中间轴轴向窜动故障诊断与排除见表 5-15。

表 5-15　中间轴轴向窜动故障诊断与排除

项　　目	内　　容
故障现象	使用离合器时变速箱内发出异常响声
故障可能原因	①起动轴从动齿轮止推轴承损坏 ②离合器轴承损坏
故障排除方法	①更换起动轴从动齿轮止推轴承 ②更换离合器轴承

六、变速器挂不上一挡

变速器挂不上一挡故障诊断与排除见表 5-16。

表 5-16　变速器挂不上一挡故障诊断与排除

项　　目	内　　容
故障现象	挂一挡，发动机内发出异常响声，且不走车，只能用二挡起步
故障可能原因	一挡从动齿轮装反。
故障排除方法	按要求装好

七、起动杆打滑

起动杆打滑故障诊断与排除见表 5-17。

表 5-17　起动杆打滑故障诊断与排除

项　　目	内　　容
故障现象	起动杆很轻松地踏下去而发动机不起动
故障可能原因	①起动掣子块边缘磨成了圆角 ②起动掣子块顶销弹不起来 ③一级主动齿轮掉下

续表 5-17

项　　目	内　　容
故障诊断排除程序	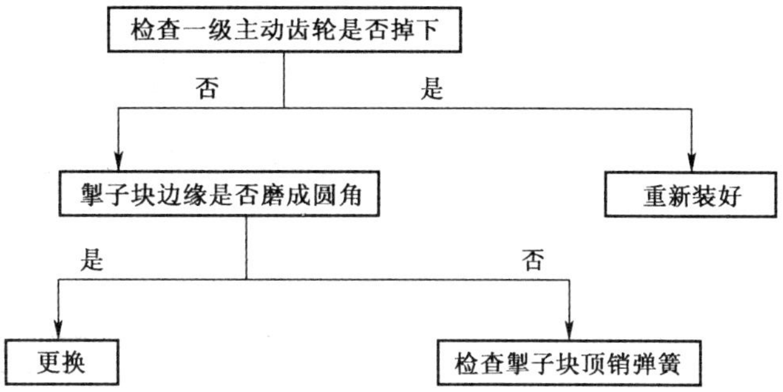
故障排除方法	①更换掣子块 ②更换掣子块顶销弹簧 ③按要求装好一级主动齿轮

八、起动杆不回位

起动杆不回位故障诊断与排除见表 5-18。

表 5-18　起动杆不回位故障诊断与排除

项　　目	内　　容
故障现象	起动杆被踩下去后，弹不回来，并出现“嗒、嗒、嗒”响声
故障可能原因	①起动回位弹簧弹力不够或折断 ②起动轴与离合器侧盖孔配合过紧 ③起动轴变形
故障诊断排除程序	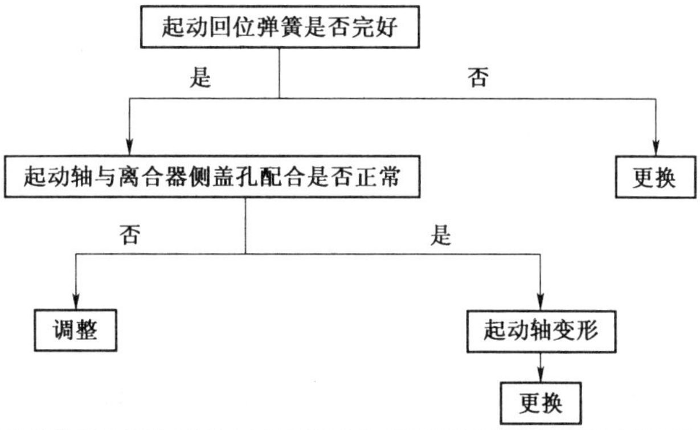
故障排除方法	①更换起动回位弹簧 ②调整起动轴与离合器侧盖孔配合位置 ③更换起动轴

九、起动杆踏不下

起动杆踏不下故障诊断与排除见表 5-19。

表 5-19 起动杆踏不下故障诊断与排除

项　目	内　容
故障现象	正常蹬踏起动杆时，起动杆踏不下去
故障可能原因	①活塞“涨缸”或活塞环折断卡死 ②曲轴箱内流入大量机油或已凝结，使曲轴无法转动 ③磁电机飞轮磁铁掉下卡住飞轮，使曲轴无法转动
故障诊断排除程序	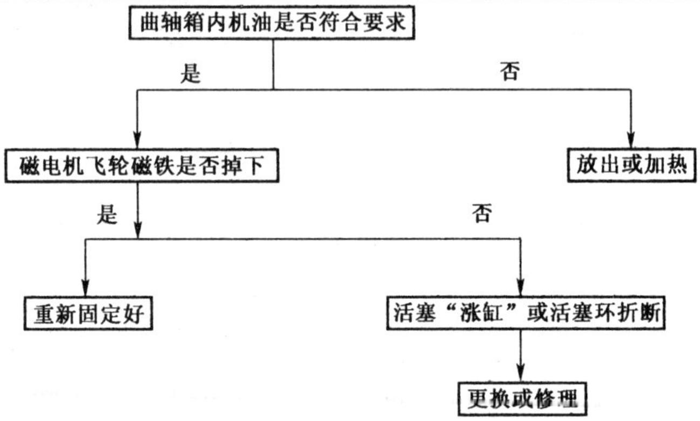
故障排除方法	①更换活塞、活塞环或气缸 ②放掉曲轴箱内机油 ③重新安装磁电机飞轮磁铁

十、后传动中传动链条、链轮早期过度磨损

后传动中传动链条、链轮早期过度磨损故障诊断与排除见表 5-20。

表 5-20 后传动中传动链条、链轮早期过度磨损故障诊断与排除

项　目	内　容
故障现象	该种故障可通过日常检查和在运转中发现
故障可能原因	①链条过紧 ②前后链轮不在同一个平面内工作，加快了链轮、链条侧面的磨损 ③链条太脏、缺乏润滑
故障诊断排除程序	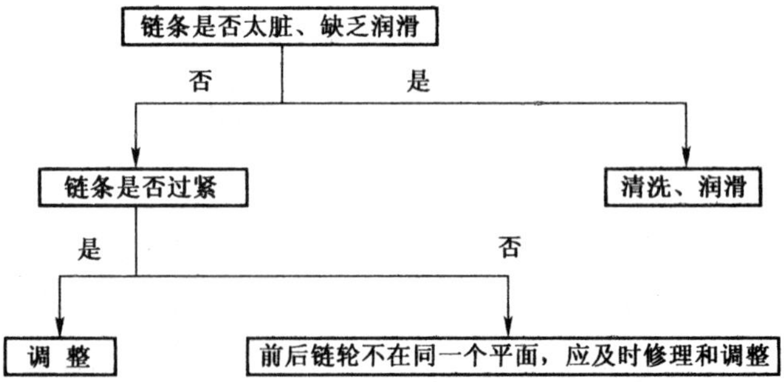
故障排除方法	①调整过紧的链条 ②链条应保持干净并加强润滑 ③当两链轮不在同一平面时，应及时找出原因并修复

第三节　行驶系统与操纵系统故障诊断与排除

一、减振器故障

1. 前减振器过软

前减振器过软故障诊断与排除见表5-21。

表5-21　前减振器过软故障诊断与排除

项　目	内　容
故障现象	将车梯放下，前减振器明显下沉，弹不起来
故障可能原因	①前减振弹簧折断或变形 ②前减振器内润滑油过少
故障排除方法	①更换前减振弹簧 ②添加前减振器内润滑油

2. 前减振器过硬

前减振器过硬故障诊断与排除见表5-22。

表5-22　前减振器过硬故障诊断与排除

项　目	内　容
故障现象	①前减振器压不下去 ②行驶发抖
故障可能原因	前减振器内加油过多
故障排除方法	放出多余的油，并使油量合适

3. 前减振器顶部漏油

前减振器顶部漏油故障诊断与排除见表5-23。

表5-23　前减振器顶部漏油故障诊断与排除

项　目	内　容
故障现象	前减振器顶部漏油
故障可能原因	①漏装油封 ②内杆没拉到位
故障排除方法	①重新装上油封 ②将内杆拉到位

4. 前减振器中部油封漏油

前减振器中部油封漏油故障诊断与排除见表5-24。

表5-24　前减振器中部油封漏油故障诊断与排除

项　目	内　容
故障现象	前减振器中部油封漏油

续表 5-24

项　　目	内　　容
故障可能原因	①油封损坏 ②内杆表面粗糙度不够 ③内外管同轴度不够 ④安装尺寸变形
故障排除方法	①更换油封 ②更换符合要求的内杆 ③更换符合要求的内外管 ④安装尺寸符合要求

二、车辆行驶故障

1. 行驶中后轮甩动

行驶中后轮甩动故障诊断与排除见表 5-25。

表 5-25　行驶中后轮甩动故障诊断与排除

<table>
<tr><th>项　　目</th><th>内　　容</th></tr>
<tr><td>故障现象</td><td>在平坦道路上行驶时，驾驶人感觉后轮甩动</td></tr>
<tr><td>故障可能原因</td><td>①后平叉轴套过度磨损
②后轮辐条松动，轮圈摆动
③后轮胎气压过低
④后减振器弹簧弹力减弱或折断
⑤后减振器内液压油不足或其中一只油量过少
⑥车轮轴承磨损或后轴螺母松动</td></tr>
<tr><td>故障诊断排除程序</td><td>
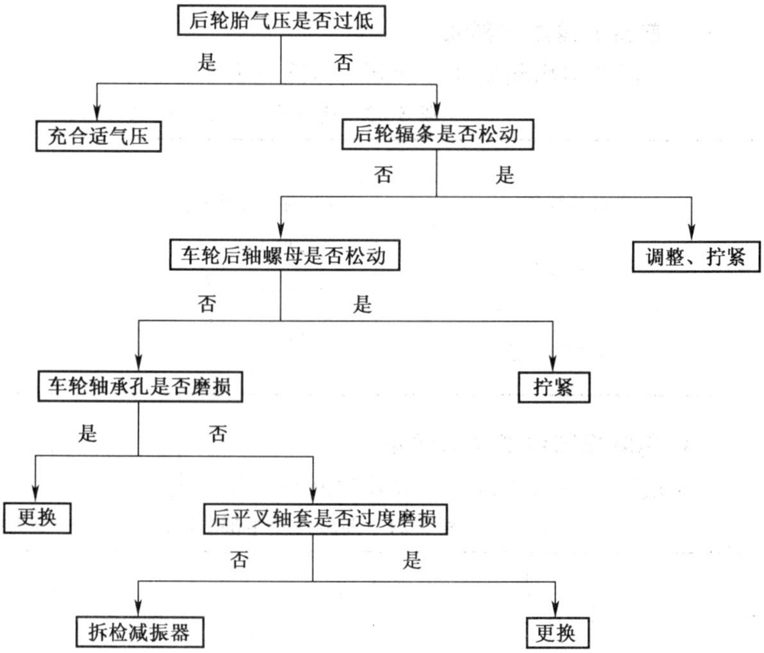

</td></tr>
</table>

续表 5-25

项　目	内　容
故障排除方法	①更换后平叉轴套 ②调整后轮辐条 ③后轮胎充气 ④更换后减振器弹簧 ⑤添加后减振器液压油 ⑥更换车轮轴承或拧紧后轴螺母

2. 行驶跑偏

行驶跑偏故障诊断与排除见表 5-26。

表 5-26　行驶跑偏故障诊断与排除

项　目	内　容
故障现象	在行驶过程中必须用力握住车把，稍一松动，车子就跑向一边
故障可能原因	①方向柱转动不灵活，车子失去了自行平衡的能力 ②前后轮不在一个平面内转动，走的不是一条直线，造成跑偏 ③前后减振器左右两侧减振力不平衡 ④车圈变形，圆周不在一个平面内 ⑤车架弯曲变形
故障诊断排除程序	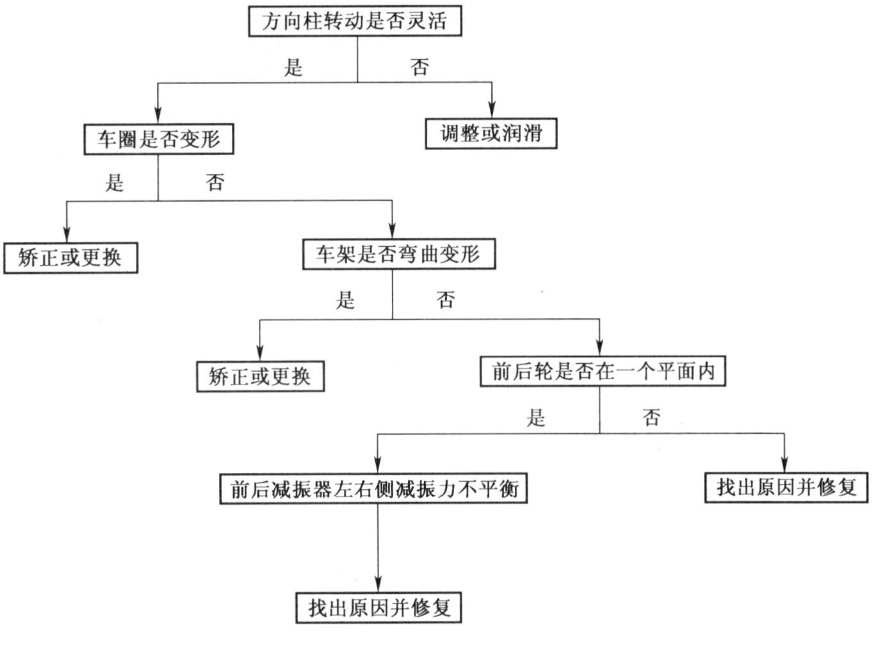
故障排除方法	①调整方向柱 ②调整前后轮 ③调整前后减振器 ④调整车圈变形 ⑤调整或更换车架

三、转向不灵活故障

转向不灵活故障诊断与排除见表5-27。

表5-27 转向不灵活故障诊断与排除

项目	内容
故障现象	正常转动方向把时，感到费力
故障可能原因	①方向柱过紧 ②方向柱挡碗或钢珠损坏 ③前轮充气不足 ④方向柱弯曲变形
故障诊断排除程序	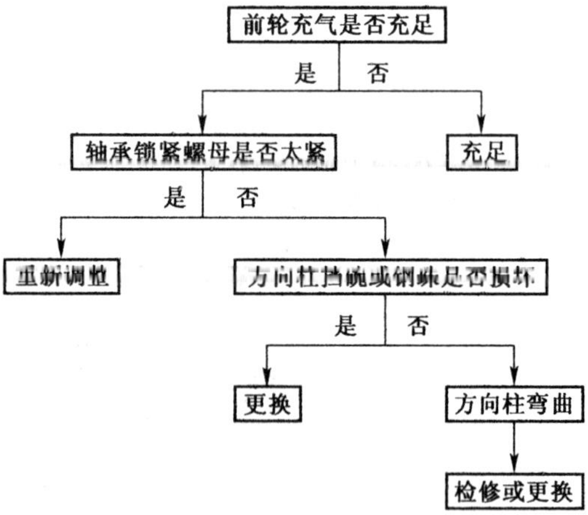
故障排除方法	①重新调整方向柱 ②更换损坏的方向柱挡碗或钢珠 ③给前轮充气 ④更换方向柱

四、制动系统故障

1. 制动鼓发烫

制动鼓发烫故障诊断与排除见表5-28。

表5-28 制动鼓发烫故障诊断与排除

项目	内容
故障现象	用手触摸制动鼓，感觉烫手，且制动效能降低
故障可能原因	①驾驶操作不当 ②使用制动器过频 ③制动装置间隙过小或制动鼓变形与蹄片摩擦 ④制动蹄回位弹簧严重变形，被拉长

续表 5-28

<table>
<tr><th>项　目</th><th>内　容</th></tr>
<tr><td>故障诊断排除程序</td><td>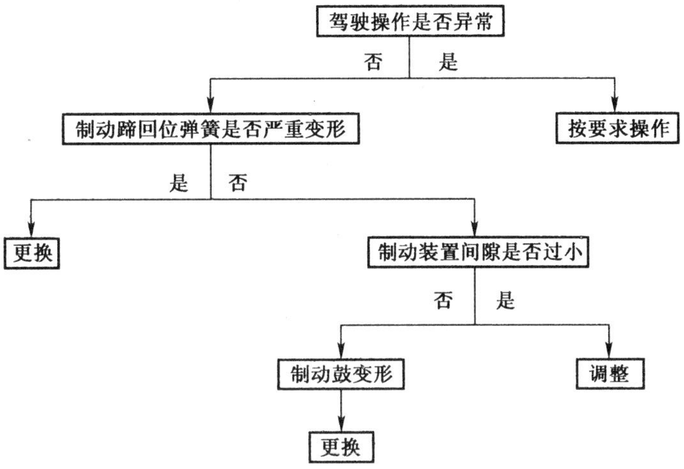
</td></tr>
<tr><td>故障排除方法</td><td>①正确驾驶操作
②正确使用制动器
③调整制动装置间隙过
④更换制动蹄回位弹簧</td></tr>
</table>

2. 摩托车制动不灵

摩托车制动不灵故障诊断与排除见表 5-29。

表 5-29　摩托车制动不灵故障诊断与排除

项　目	内　容
故障现象	摩托车行驶中，当踩下制动踏板或握紧前制动握把时，车轮仍在地面滚动，不能很快停住
故障可能原因	①前后制动器的自由行程过大 ②制动时制动凸轮旋转角度不够大 ③制动蹄块未张开 ④制动钢索的钢丝绳润滑不良或有断股在外套内卡住 ⑤制动凸轮严重磨损，使制动蹄块张开幅度变小 ⑥制动蹄摩擦片上有油污，引起摩擦片和制动鼓打滑 ⑦制动蹄摩擦片严重磨损，与制动鼓间隙过大 ⑧制动蹄摩擦片与制动鼓间接触面过小

续表 5-29

项　　目	内　　容
故障诊断排除程序	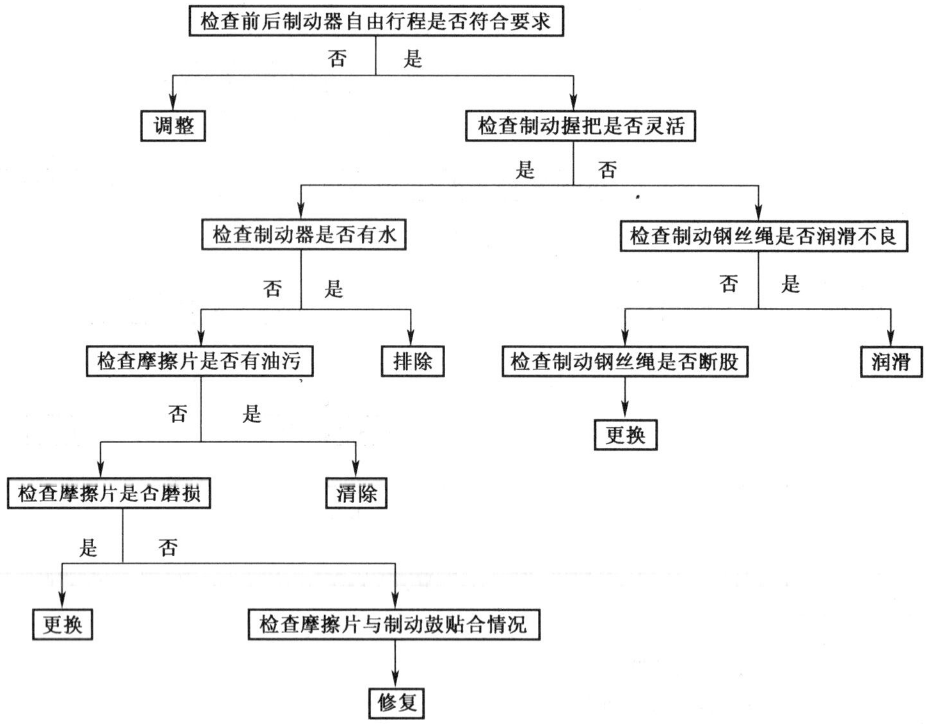
故障排除方法	反复踩踏制动踏板或反复握前制动握把，检查前后制动的自由行程是否适当。若不适当，应按说明书进行调整

第四节　电气设备故障诊断与排除

一、蓄电池供电电路不畅通

蓄电池供电电路不畅通故障诊断与排除见表 5-30。

表 5-30　蓄电池供电电路不畅通故障诊断与排除

项　　目	内　　容
故障现象	发动机不能起动没有电，起动后则正常
故障可能原因	①蓄电池电量不足 ②接线柱松动 ③熔丝熔断 ④点火开关损坏 ⑤导线脱落或断路

续表 5-30

项　　目	内　　容
故障诊断排除程序	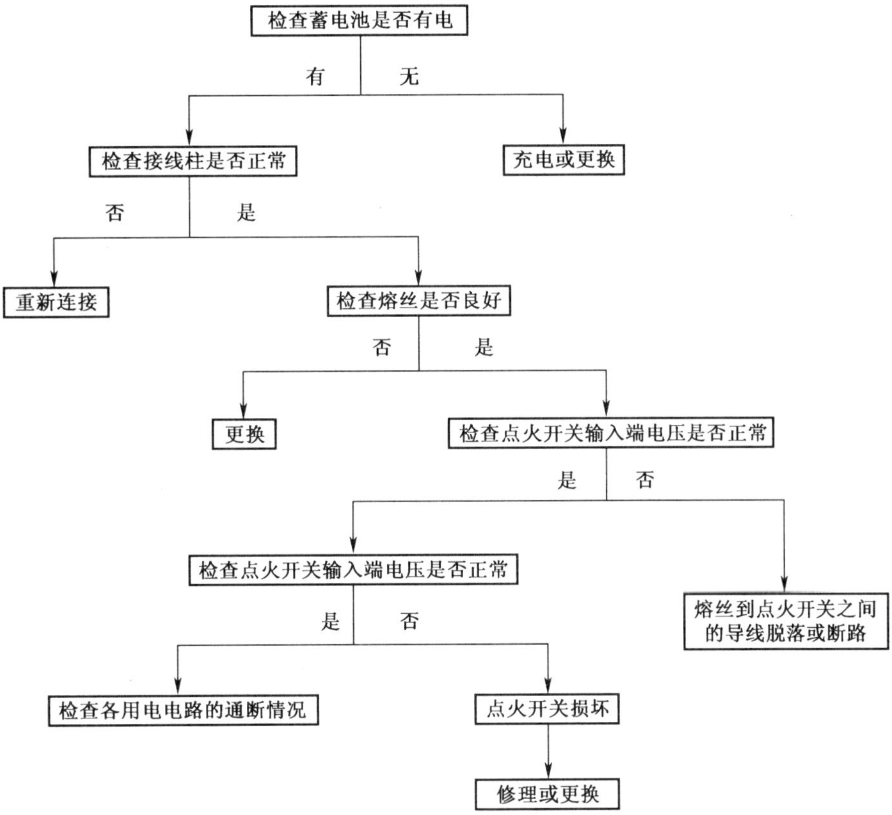
故障排除方法	①对蓄电池充电 ②更换熔丝 ③更换点火开关 ④拧紧接线柱或导线

二、磁电机不充电

磁电机不充电故障诊断与排除见表 5-31。

表 5-31　磁电机不充电故障诊断与排除

项　　目	内　　容
故障现象	蓄电池在性能完好的情况下不能充电，易缺电
故障可能原因	①照明信号线圈断路 ②磁电机飞轮失磁 ③整流器损坏 ④线路有断路

续表 5-31

项　　目	内　　容
故障诊断排除程序	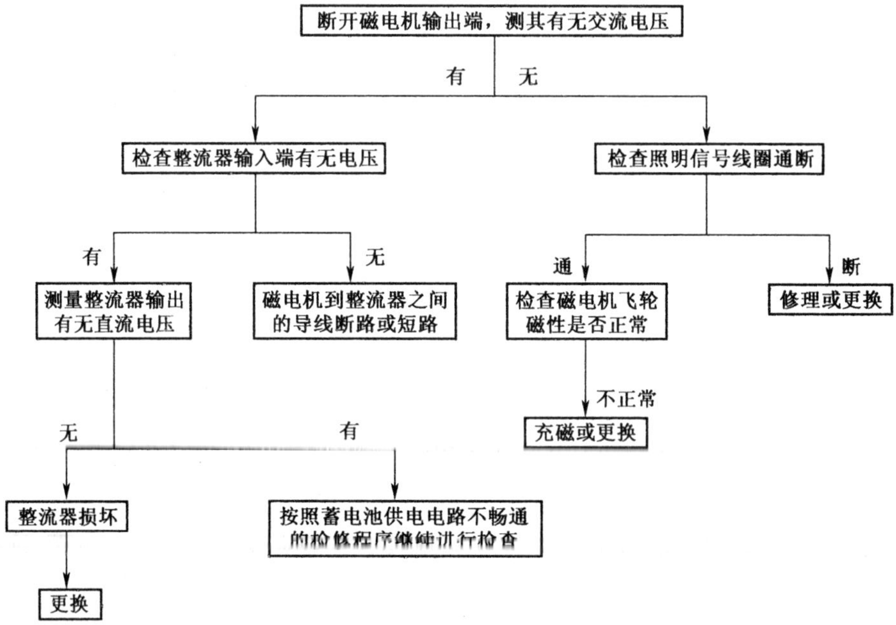
故障排除方法	①重绕或更换照明信号线圈 ②对飞轮磁铁充磁或更换磁铁 ③更换调节器 ④对断线电缆应接通，并用绝缘胶布包扎

三、交流发电机不充电

交流发电机不充电故障诊断与排除见表 5-32。

表 5-32　交流发电机不充电故障诊断与排除

项　　目	内　　容
故障现象	蓄电池在性能完好的情况下不能充电，易缺电
故障可能原因	①导线线路断路或者导线连接处松动 ②发电机线圈短路 ③整流调节组件短路或击穿

续表 5-32

项　　目	内　　容
故障诊断排除程序	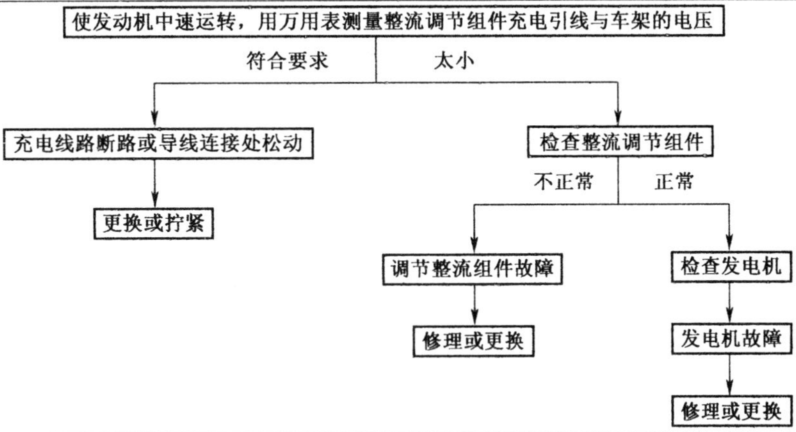
故障排除方法	①更换导线或者紧固连接的导线 ②更换发电机 ③更换整流调节组件或更换发电机

四、里程表不正确指示

里程表不正确指示故障诊断与排除见表 5-33。

表 5-33　里程表不正确指示故障诊断与排除

项　　目	内　　容
故障现象	里程表和速度指针均不动
故障可能原因	①里程表软轴折断 ②前轮毂盖板拨叉或齿轮损坏 ③前轮毂损坏 ④里程表内齿轮损坏
故障诊断排除程序	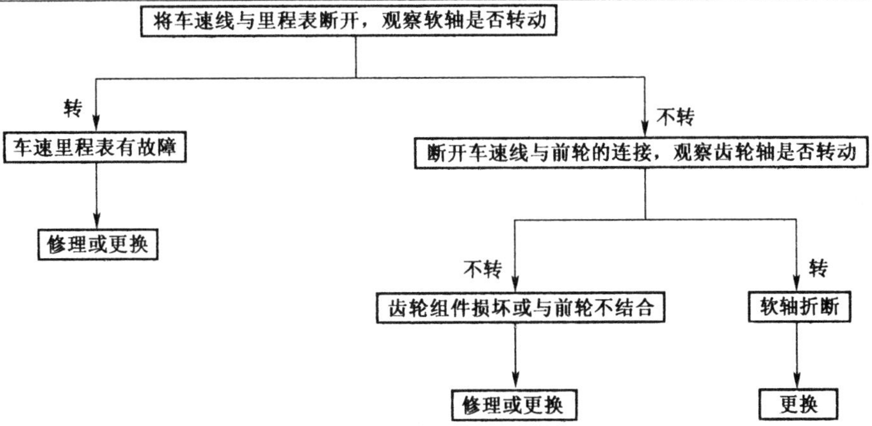
故障排除方法	①更换损坏的里程表软轴 ②更换损坏的前轮毂盖板拨叉或齿轮 ③更换损坏的前轮毂 ④更换损坏的里程表内齿轮

五、前照灯灯泡不发光

前照灯灯泡不发光故障诊断与排除见表 5-34。

表 5-34 前照灯灯泡不发光故障诊断与排除

<table>
<tr><th>项 目</th><th>内 容</th></tr>
<tr><td>故障现象</td><td>在发动机工作的情况下，当点火开关接通前照灯照明挡时，前照灯灯泡不发光</td></tr>
<tr><td>故障可能原因</td><td>①照明线圈短路或者断路
②灯泡灯丝烧坏
③开关接触不良
④相关线断路</td></tr>
<tr><td>故障诊断排除程序</td><td>
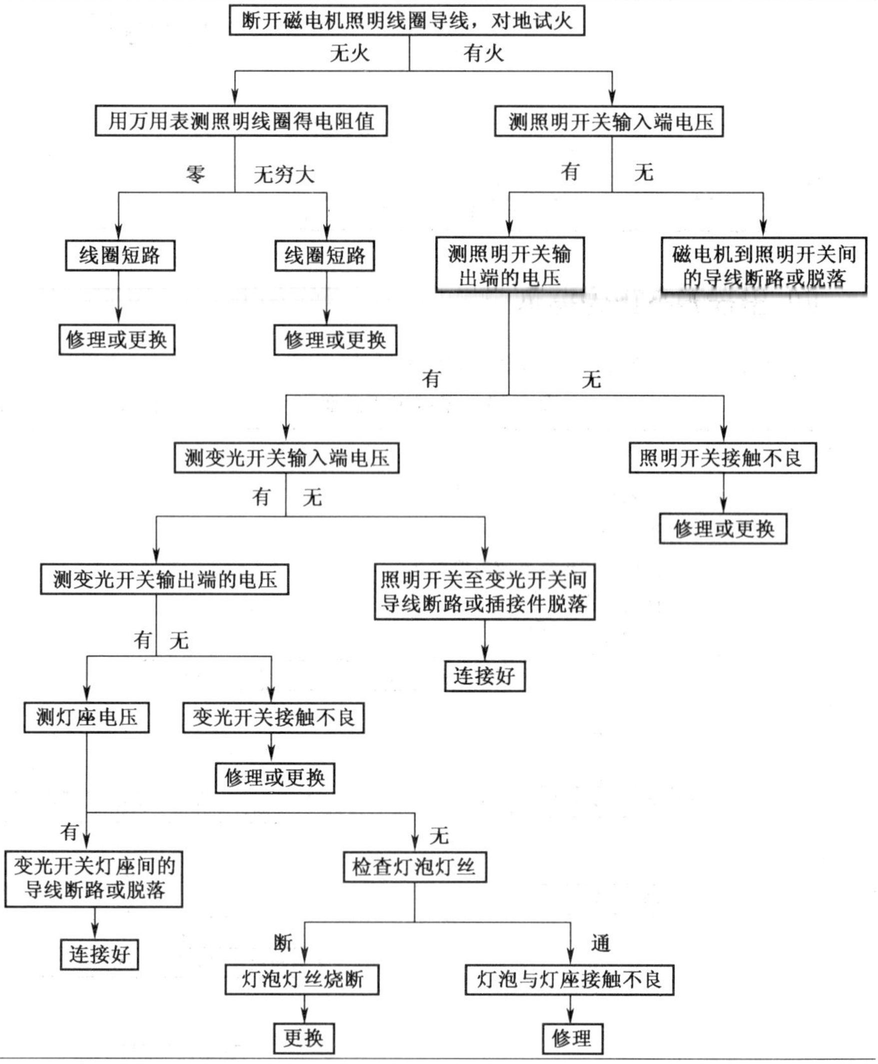

</td></tr>
<tr><td>故障排除方法</td><td>①更换照明线圈
②更换灯泡
③更换开关
④查找并更换相应的线路</td></tr>
</table>

六、前照灯灯光暗淡

前照灯灯光暗淡故障诊断与排除见表 5-35。

表 5-35 前照灯灯光暗淡故障诊断与排除

项目	内容
故障现象	前照灯灯光暗淡
故障可能原因	①照明线圈短路 ②照明开关(即点火开关前照灯挡)有故障 ③变光开关有故障 ④整流器有故障
故障诊断排除程序	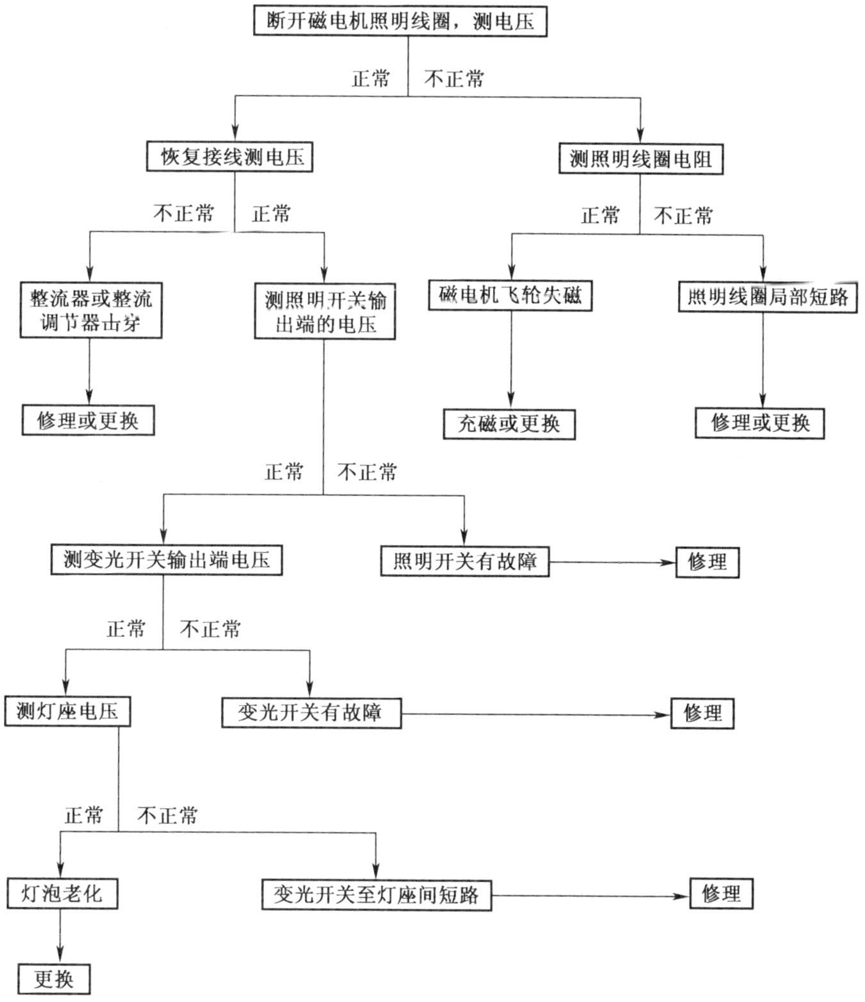
故障排除方法	①更换照明线圈 ②更换照明开关 ③更换变光开关 ④更换整流器

第六章　典型故障维修实例

第一节　发动机典型故障维修实例

实例一　宗申90型摩托车在1挡行驶时起动杆有反弹现象，其他挡位在行驶时一切正常

故障现象	故障原因	故障诊断与排除
一辆宗申90型摩托车，据车主讲，摩托车在1挡行驶时起动杆有反弹现象，其他挡位行驶时一切正常	发动机的滚针、副轴损坏	该故障是典型的发动机故障 ①分解发动机，发现发动机的副轴滚针已严重损坏，副轴也有损坏 ②更换副轴滚针、副轴 ③复装发动机后起动，摩托车在1挡行驶中没有出现起动杆反弹现象，故障排除 分析故障得知，发动机的滚针、副轴出现损坏，使副轴1挡齿轮出现很大的径向间隙，造成了副轴1挡齿轮和起动齿轮有许挡现象，所以摩托车在1挡行驶时起动杆有反弹现象而其他挡位正常

实例二　车辆行驶时排气消音器冒蓝烟

故障现象	故障原因	故障诊断与排除
一辆某品牌125跨式摩托车行驶3万余千米后，出现了排气冒蓝烟现象。维修人员将车上的活塞、活塞环和气门导管油封全部更换，冷车时排气蓝烟稍好一点，但热车后故障依旧	气缸筒不正常磨损后活塞环开口都在同一个方向导致机油上窜至燃烧室	①在冷车时起动发动机，稍作暖车后上路骑行约3km，结果发现，排气消音器冒出较浓的蓝烟 ②检查曲轴箱润滑油的油位：旋出油标尺用不起毛的稠布拭净其头部，再插入曲轴箱内后取出，观察油位确实在油标尺的上下限之间 ③用手检查润滑油的黏度，发现粘在手上感觉油的黏度也比较正常 ④询问维修人员得知，在更换活塞、活塞环、气门导管油封等零件时，取出气缸体时发现二道活塞环开口都在同一个方向，且活塞顶上都有明显的油迹 ⑤为证实故障，再度卸下气缸体，观察活塞环开口在活塞组件上的位置，结果还如维修人员所述，活塞环开口又窜到同一个方向，且该活塞上的组合油环弹性稍差 ⑥根据机械原理分析，活塞环是发动机中唯一作三个方向运动的零件（二冲程发动机除外），若气缸筒因各种因素的影响产生不正常的磨损，气缸的圆度会发生不同程度的变化，当气缸内径磨损成椭圆形状时，活塞环在作周向方向运动时，受活塞环开口弹力的影响，其环的开口外伸至气缸椭圆的最小直径处被阻，二道气环和油环片环先后重叠到同一个方向便不再转动了。再加上油环组件弹力下降，使窜油故障更加明显 ⑦为此，更换新的气缸体总成，复装所拆零件后起动发动机，稍作暖车上路行驶10km，未见排气冒蓝烟现象，原故障排除

实例三 金城 JC125 型摩托车行驶中发动机熄火再也无法起动

故障现象	故障原因	故障诊断与排除
一辆金城 JC125 摩托车,行驶途中发动机熄火后,再也无法起动	进气门有异物关闭不严而漏气	经检查发现,气缸内压缩压力较低。根据故障现象分析,产生该故障的常见原因有:一是气门杆被顶弯,造成严重漏气;二是气门调整螺母松动,导致间隙不对而漏气。按下述方法进行检查 ①打开气门室盖,检查进排气门调整螺母,正常 ②检查气门间隙也正常,拆下气缸头,将燃烧室内注满汽油,随后即发现注入的汽油从进气门(即化油器接口处)流出,证明进气门漏气 ③将进气门拆下取出,发现进气门上与气缸头接合处,粘有一粒小铁屑,由此推断是这粒小铁屑挤压在进气门与缸头接合处,使进气门关闭不严,造成发动机严重漏气而无法起动 ④将铁屑取出后,重新安装好进气门,装好气缸头 ⑤起动发动机并上路试车,发动机起动顺利,摩托车行驶过程中各速行驶正常,故障排除

实例四 重庆雅马哈 CY80 型摩托车发动机不能起动

故障现象	故障原因	故障诊断与排除
一辆重庆 CY80 摩托车,车主说按正常起动方法起动发动机,连踩起动杆十几次,只听到排气管"突、突"的响声,发动机没有起动着车迹象	化油器浮子针阀卡死不能进油	根据该车的故障现象,做以下检查 ①首先在踩起动杆时,脚上有较明显的压力感觉,这说明发动机气缸压缩正常 ②检查点火系统,点火正时正常。拆下火花塞做跳火试验,结果火花连续有力,说明点火系统工作良好 ③拧下化油器放油螺钉,发现只有少许燃油从化油器浮子室流出,因此,判断该车发动机不能起动的故障原因出在供油系统上 ④检修时,首先打开油箱盖进行检查,有油并且油箱盖通气孔畅通无堵塞 ⑤拔下输油管,打开燃油开关,从燃油开关口流出的燃油很多,流量正常 ⑥检查输油管也无堵塞。因此可以判断,化油器浮子针阀已不能进油 ⑦卸下化油器并分解检查,发现浮子已卡死,这样就造成浮子针阀处于关闭状态,燃油流不进浮子室,因而使发动机无法起动 ⑧清洗化油器,排除浮子卡死故障,然后按要求复装(CY80 的标准浮子高度为 23±1mm) ⑨试起动发动机,结果发动机起动顺利,怠速运转正常,驾驶车辆进行路试,车辆行走有力,加速性能良好,故障得以排除

实例五 清洗化油器后,出现发动机难起动,油耗偏大、加速性能差的故障

故障现象	故障原因	故障诊断与排除
一辆单缸 125 踏板式摩托车,因化油器量孔堵塞去维修站进行清洗后,出现发动机难起动,油耗偏大、加速性能差的故障。维修工检查了气缸压缩压力、化油器油位,调整化油器混合气调整螺钉,更换火花塞,保养空滤器等,仍未能找出其根源所在	化油器和空气滤清器处有异物	①因该发动机的故障是综合性的,故首先检查化油器自动加浓阀工作是否正常 ②起动发动机,热机 5min 后,观察发动机排气状况,未见冒黑烟现象,且发动机转速由高到低,确认加浓装置工作正常 ③拆下火花塞试火,其火花呈蓝白色,但火花塞电极颜色却为灰黑色,说明该发动机混合气存在过浓现象 ④仔细检查化油器时意外发现,该化油器的通气平衡橡胶软管内有异物 ⑤取出后起动发动机,竟然一次起动成功,但排气仍冒黑烟 ⑥拆开空滤器滤芯检查,有轻微堵塞现象,吹洗干净后试车,故障依旧 ⑦为验证故障,暂不装空气滤清器盖,支起摩托车中撑支架,起动发动机 ⑧稍作暖车,拉油门至高速,发动机排气正常,未见黑烟冒出。由此说明故障疑点出在空气滤清器盖上 ⑨仔细察看空滤器盖发现,其进气腔的 U 形弯道处塞有一块白色泡沫。原来是人为因素造成了该机的综合故障 ⑩去除异物后起动发动机,热机片刻后上路行驶,发动机加速迅速,排气冒黑烟现象消失,故障排除

实例六　铃木GS125型摩托车发动机自动熄火，不能再起动

故障现象	故障原因	故障诊断与排除
一辆铃木GS125型摩托车行驶途中，排气管突然放炮，随后发动机自动熄火，再多次起动无效	排气门间隙过大	①试起动发动机，打开点火开关，多次起动无效。但起动时，听到排气管有“放炮”声 ②卸下火花塞，进行跳火试验，火花连续强烈 ③用手指堵住火花塞孔，踏动起动杆，手感冲击力很小，这说明气缸压缩性很差 ④该车发动机的形式为四冲程风冷上置凸轮轴式发动机。出现上述故障多数情况下是排气门关闭不严引起的 ⑤检查结果，进气门间隙0.09mm，符合0.08～0.13mm的范围要求。但是排气门间隙过大 ⑥检查排气门调节螺钉及锁紧螺母，无松动 ⑦卸下排气门检查，发现气门杆变形，因而导致排气门不能回位而引起关闭不严 ⑧检修时，更换排气门，清洗并复装所拆零部件 ⑨将气门间隙调整为0.08mm ⑩进行试车。发动机起动顺利，怠速运转正常。路试时，发动机动力良好，行驶正常，故障得以排除

实例七　风冷踏板摩托车行驶时气缸头部有异常声响

故障现象	故障原因	故障诊断与排除
一辆某品牌单缸125型风冷踏板摩托车行驶3万多千米后，出现异响故障，随着时间的推移，其声响越来越严重，且动力明显下降。维修工调整过气门间隙及张紧机构，但异常声响和动力不足故障仍未排除	润滑系统油道堵塞造成零件润滑不良产生异常磨损	①打开点火开关、按起动按钮，发动机起动困难，试着用脚踏起动杆强行起动，并打开风门才能勉强着车 ②发动机起动后用长柄旋具作听诊器，试听出气缸盖上部发出尖锐的“嗒嗒”且有节奏的碰击声响。随着油门的加大，其声响更大，并在回油门时伴有杂乱声，系恶性故障的前兆 ③为防止机件出现重大损坏，立即关闭点火开关，打开气缸盖罩，检查发现进、排气门间隙值偏大 ④拆卸气门摇臂组件发现，凸轮轴及摇臂处已经变色，凸轮轴和衬套磨损严重，基本无油迹，说明该机存在干摩擦状态，初步判定系润滑受阻造成此故障 ⑤放出曲轴箱内的机油，见有大量的金属屑 ⑥随即打开右曲轴箱盖，拆下机油泵观察其滤网，已被异物堵塞 ⑦分解气缸盖和气缸体仔细查看，其曲轴箱与气缸体结合面的油道被胶状物堵塞 ⑧估计是上次检修时密封胶液涂得过多，不慎流入油道，堵塞油道，使气缸盖配气机构在干摩擦状态下运转，从而引起气缸盖上面的零件产生异常磨损，破坏了配气机构的正常配合而发出“嗒嗒”声 ⑨清除机油泵滤油网的金属余屑及污物，洗净油道上的胶状物，清洗机油泵，更换凸轮轴及衬套、气门摇臂 ⑩为稳妥起见，又更换了受损的气缸体和活塞、活塞环组件 ⑪复装发动机，加注专用四冲程润滑油至规定油位 ⑫起动车辆，稍作预热后挂挡起步，发动机声音正常，气缸头部的异常声响消失，故障排除

第二节　传动系统典型故障维修实例

实例八　嘉陵本田 JH125 型摩托车变速器在 3 挡位置时，变速杆不能操作移动故障

故障现象	故障原因	故障诊断与排除
一辆嘉陵本田 JH125 型摩托车变速器在 3 挡位置时，既不能退挡也不能挂挡，变速杆不能移动	变速鼓定位板螺钉松动	(1)造成此故障的原因有 ①齿轮主轴弯曲 ②变速鼓定位板变形或螺钉松动 ③拨叉变形或折断等 (2)根据分析的上述原因，进行以下检查 ①将机油放净 ②分解曲轴箱右半部分，拆下排气管，右曲轴箱盖 ③拆下离合组件，取出主动齿轮和轴套 ④拆下挡圈和从动齿轮组件 ⑤用手挡住变速鼓定板推拉时，发现定位板螺钉松动 ⑥将定位板螺钉拧紧后，挂挡、退挡，灵活自如 ⑦将拆下的零件重新装好试车，故障排除

实例九　金城 CJ70 型摩托车加速时车辆行驶无力故障

故障现象	故障原因	故障诊断与排除
一辆金城 CJ70 型摩托车，加速时车辆行驶无力，发动机加速迟滞	离合器预置压力调整不当	根据以往的维修经验分析，此类故障主要是离合器预置压力调整不当引起的 在金城 CJ70 型摩托车发动机右侧的凸起部分中心凹皱内有一个带锁紧螺母的螺栓，即为离合器的预置压力调整螺栓。调整的方法为 ①松开锁紧螺母，将螺栓左旋至松脱点，此时离合器接合 ②再右旋拧紧 1/4～1/2 圈左右，此时离合器切断 ③调好后，将锁紧螺母拧紧 ④如果调整不合适，当拧得过紧时会出现行驶无力、加速迟滞的现象；当过松时又会出现离合器在怠速时切不断的现象 故障原因找到后，按上述方法对离合器进行调整。调整后试车，摩托车加速时行驶正常，故障得以排除

实例十　铃木 FA50 型摩托车有时加大油门车不走，行驶无力

故障现象	故障原因	故障诊断与排除
一辆铃木 FA50 型摩托车，该车发动机起动困难，加大油门仍不行走，途中行驶无力，加油不走车或行驶无力	摩擦片翘曲变形	(1)铃木 FA50 型摩托车使用湿式多片、自动离心式离合器，使用这种类型离合器的摩托车还有重庆雅马哈 CY80、铃木 FR50/80、本田 C50/70、本田 CF50/70 等型号，其故障现象、原因和排除方法基本相同，分析造成这种故障可能有以下几个原因 ①钢球磨损，导致离心力下降，相对于压板的压力下降，使主、从动片不能很好地贴在一起，产生打滑 ②钢球、滚道均有磨损或毛刺，使钢球活动受阻，造成压板不产生应有的轴向移动 ③摩擦片磨损严重，当钢球达到最大位移时，主、从动摩擦片仍不能很好地贴合在一起

续表

故障现象	故障原因	故障诊断与排除
		④摩擦片断裂、硬化、翘曲变形，主从动鼓的摩擦片导向槽磨损不均等原因也会引起离合器打滑 (2)根据以上故障原因分析，可作逐一检修 ①拆开离合器，检查钢球、滚道是否磨损或有毛刺。若有毛刺，则去除毛刺；若磨损严重，则应更换钢球和滚道 ②检查摩擦片厚度是否合适，有无翘曲变形、断裂或硬化现象，若有上述不良现象，应更换摩擦片；检查摩擦片凸起齿部的宽度，若其宽度不合格，应更换摩擦片；检查主、从动鼓导向槽是否平滑，其宽度要求在使用极限内，否则也应更换主、从动鼓 ③检查离合器弹簧的自由长度刚度，超过使用极限的，应更换弹簧 通过检查，发现摩擦片翘曲变形。更换摩擦片后，试车，故障现象消失，故障得以排除

实例十一　捷达 JD100 型摩托车冷车时起动容易，热车起动时常感觉起动杆踏下无阻力故障

故障现象	故障原因	故障诊断与排除
一辆捷达 JD100 型四冲程新摩托车，冷车一脚起动，热车起动常感觉起动杆踏下无阻力，需慢慢多次踏动起动杆，感到有力后即可起动，起动后一切正常，更换合格机油及调整离合均无明显改善	离合器调整不当而打滑	(1)根据上述现象分析，由于是新车，且起动后骑行一切正常，不会存在小链条掉落或拉缸、气门卡滞、气门变形等问题，故可排除气缸压缩性不足的问题，并断定不起动的原因是曲轴没有运转。曲轴在踏下起动杆时不旋转的原因有两种 ①离合器打滑。起动时起动轴旋转，将动力依次传到副轴一挡齿轮、主轴、主轴从动大齿轮、离合器，再通过离合器内外离合片的摩擦力将起动力传到曲轴，驱动曲轴运转起动。若脚踏起动杆，无金属碰撞打滑声，则为离合系统问题 ②起动机构存在打滑现象。即踏动起动杆，动力没有从起动轴上输送出去，这可通过踏下起动杆时细听是否有齿轮啮合打滑的声响来判断 (2)观察离合器发现，本例属第一种故障。为此，可对离合系统做如下调整 ①将离合线一端取下，离合摇臂回复到位，拆下离合调整小圆盖，松开锁紧螺母，将调整螺钉往外退出，然后缓缓往里旋拧，直到手感到有接触即停止旋进，将调整螺钉向外退出 1/2～1/4 圈，再将螺母锁紧 ②装上离合拉线并调节，使离合手把有 10～20mm 自由行程，若无自由行程须将离合线外套管剥去少许；自由行程过大无法调节则须在外套管头上加上适当长套管或更换拉线解决。另外，离合摇臂提升、回复应运转自如，且回复到底应无卡滞现象，否则需在其转动处点上适量机油润滑，并在离合线下端装上合适的压缩弹簧。为使离合器传递的动力加大，可将直径 12mm 的弹簧垫圈夹在台钳上扳平后稍加扩大，垫在每根弹簧底下，以加大弹簧的压缩量，从而使离合片压紧力加大 经过此番处理，装车路试，离合器打滑现象彻底消失，踩踏起动杆，曲轴不运转的问题也彻底解决

实例十二　幸福 XF125 型摩托车变速器换挡困难故障

故障现象	故障原因	故障诊断与排除
一辆幸福 XF125 型摩托车，当车辆在行驶时，有挂不上挡的感觉并伴有齿轮撞击声。一会儿后，撞击声消失，齿轮进入啮合，摩托车又可正常行驶	变速凸轮导向槽及导向销磨损较严重，配合间隙过大	(1)根据故障现象，分析有以下原因可能造成变速器换挡困难的故障 ①离合器分离不彻底，使齿轮在啮合时，轮齿的线速度不相等，造成齿轮撞击 ②发动机怠速过高，使变速器主轴及主轴上主动齿轮转速过高，必须过很长时间，主动部分速度才能降低到等待啮合的一对齿轮的相同线速度，故有挂不上挡的感觉 ③换挡凸轮止动弹簧损坏，导致凸轮轴转动困难 ④变速拨叉变形、磨损严重，导致齿轮不能进入正确的啮合位置 ⑤变速凸轮导向槽和拨叉上的导向销严重磨损，使拨叉移位受影响 ⑥换挡时，操作动作不协调 (2)根据以上的分析，按下面的流程进行检查 ①检修时，检查确认发动机怠速正常 ②支起支架，使摩托车后轮离地 ③起动发动机，分离离合器 ④摩托车挂上任一挡位时，驱动轮不转动，说明离合器分离彻底。故障肯定出在变速器内 ⑤拆卸变速器，检查换挡凸轮止动器及止动弹簧等均正常 ⑥再检查变速拨叉，确认无变形、磨损，其工作面宽度没有超过维修极限值 4.70mm，且齿轮槽宽度也未超过 5.18mm，均属正常 ⑦检查变速器主、副轴，无弯曲变形，轴承的轴向、径向间隙均正常，齿轮在轴上能正常移动 ⑧经仔细检查发现，变速凸轮导向槽及拨叉上的导向销磨损较严重，配合间隙过大，由此造成摩托车换挡困难 ⑨更换变速凸轮导向槽和导向销，修复装车后，故障即排除

实例十三　五羊本田 250 型摩托车发动机运转正常，但无法行驶故障

故障现象	故障原因	故障诊断与排除
一辆五羊本田 250 型摩托车，该车已经行驶 46000km。一天在行驶途中突然停驶，发动机却未熄火，并且挂挡容易，各挡位感觉明显，但车子却无法行驶	使用不合格的劣质配件	根据该车故障现象，按以下方法检查 ①首先应检查各传动部分链条、链轮机构的故障，经检查均正常 ②检查离合器操纵拉线、握把等均正常 ③从车架上拆下发动机，分解发动机，发现一个拨叉的拨叉销脱落，虽然变速杆可以变速，但只是拨动凸轮板转动而齿轮却不能变速 ④更换新的拨叉，发现各挡位变速非常困难，卡阻严重 ⑤经检查发现，凸轮板组合、拨叉均属劣质产品，凸轮板组合的曲线槽、拨叉的孔加工粗劣，质量极差，根本无法使用 ⑥可能是上次大修发动机时，为了使发动机能够变速，维修人员错误地将拨叉的弧线部位磨削变大，又将变速副轴在右曲轴箱体上的铜套轴承用刮刀加工成椭圆形，使主轴与副轴之间的轴距变大，拨叉同齿轮接触面变窄，这样做虽然可以变速，但遇到变速卡阻时，驾驶人急踩变速杆，使拨叉销被迫拉掉脱出，造成发动机停驶 ⑦分析故障原因是，把不合格的劣质品装在该车上，使车无法行驶。在此提醒维修人员及车主，在更换零件时一定要保证产品质量，宁可多花钱也要购买合格产品 ⑧更换合格的凸轮板组合、副轴铜套、拨叉后，组装发动机 ⑨装复所拆配件后，试起动，发动机正常，行驶几十千米，一切良好，故障得以排除

第三节 行使系统与操纵系统典型故障维修实例

实例十四 金城铃木AX100型摩托车制动器拖滞，车辆行驶阻力大

故障现象	故障原因	故障诊断与排除
一辆金城铃木AX100型摩托车，当放开制动踏板时，制动蹄不能迅速彻底地与制动鼓分离而解除制动，车辆行驶阻力增大，油耗增高，制动鼓灼手	制动凸轮磨损严重且锈蚀	(1)分析造成该车这种现象的常见原因有以下几方面 ①制动机构各零件生锈，导致制动不灵，回位困难 ②制动摩擦片破损或变形，导致在制动蹄回位时仍部分地与制动鼓接触 ③制动踏板的自由行程调整不当，使制动蹄与制动鼓不能完全分开 ④制动凸轮磨损严重，卡住制动蹄，使之不能回位 ⑤制动蹄回位弹簧过软或折断，一使制动蹄不能及时复位 (2)根据该车的故障现象，检修方法如下 ①将摩托车轮支起 ②踩下制动踏板，产生制动后放松 ③用手轻轻转动车轮，车轮难以转动并有阻碍感，证明制动蹄不能及时回位 ④拆开制动器进一步检查，制动蹄块良好，摩擦表面光洁，制动弹簧良好 ⑤再检查制动凸轮，发现制动凸轮磨损严重且严重锈蚀 ⑥拆下制动凸轮，更换新件并清除制动鼓上锈迹 ⑦重新装复拆下的零件，又将踏板转轴及拉杆转轴等处进行润滑保养 ⑧试车，车辆制动灵敏，制动踏板回位迅速，故障排除

实例十五 金城铃木AX100型摩托车解除制动后车辆行驶速度变慢，油耗增加

故障现象	故障原因	故障诊断与排除
一辆金城铃木AX100型摩托车，车主反映在驾驶摩托车时，当放开制动踏板后，车辆行驶速度变慢，油耗增加	制动凸轮严重磨损且有锈蚀，造成制动蹄不能回位	(1)根据维修经验分析，车辆行驶阻力增大，油耗增加，制动鼓有烫手的感觉，很有可能是制动器的制动蹄不能迅速地与制动鼓分离解除制动。造成这种现象的原因有以下几个方面 ①制动摩擦片破损或变形，当制动蹄回位时，仍部分地与制动鼓接触 ②制动凸轮磨损严重，卡住制动蹄，致使制动蹄不能回位 ③制动蹄回位弹簧过软或折断，使制动蹄与制动鼓分离不彻底 ④制动机构各零件生锈，导致制动不灵，制动蹄回位困难 ⑤制动踏板的自由行程过小，使制动蹄与制动鼓不能完全分离 (2)根据上述故障原因，进行以下检修 ①将摩托车车轮支起，踩下制动踏板，产生制动后放松 ②用手轻轻转动车轮，车轮难以转动并有阻碍感，证明制动蹄不能及时回位 ③拆开制动器进一步检查，制动蹄块良好，摩擦表面光洁，制动弹簧良好 ④再检查制动凸轮，发现制动凸轮严重磨损且有锈蚀 ⑤拆下制动凸轮，更换新件并清除制动鼓上锈迹 ⑥装复后，又将踏板转动轴及拉杆转动轴等处上油保养 ⑦最后上路试车，该车制动灵活，回位迅速，故障得以排除

实例十六　嘉陵 JH125 型摩托车转向不易控制

故障现象	故障原因	故障诊断与排除
一辆嘉陵 JH125 型摩托车车主反映在驾驶过程中，该车的转向把左右晃动，转向不易控制，车速提不起来	前轮毂轴承损坏	根据车主的描述，决定先驾车进行路试，检查结果如车主所述。由以往经验进行下述操作 ①先支起摩托车的主停车支架 ②用轮胎气压表测量 2 个轮胎的气压，显示 2 个轮胎的气压符合标准值 ③让一人帮助扶住车体，然后使前轮离开地面，再用手左右晃动前轮，发现前轮有明显的摆动量 ④检查前轮轴的紧固螺母，没有松动现象，怀疑可能是前轮轮毂轴承损坏 ⑤拆下前轮，发现前轮毂轴承确实损坏 ⑥更换前轮毂的轴承 ⑦将所拆零件装复后，再进行上路试车，行驶时逐渐提高车速，转向把转动灵活，不再晃动，故障得以排除 原来该车前轮轮毂轴承损坏后，轴承出现较大间隙，车辆行驶时造成前轮左右晃动，引起转向把也左右晃动，使驾驶人难以控制车辆方向

实例十七　铃木 A100 型摩托车后减振器有异响

故障现象	故障原因	故障诊断与排除
一辆铃木 A100 型摩托车，车主反映当车辆行驶在不平道路上时，后减振器发出明显的撞击声，减振效果不好，乘坐不舒服	后减振器失效	根据车主的描述和以往经验判断，该车故障是由后减振器失效造成的 铃木 A100 型摩托车后减振器由弹簧和液压减振装置组成，当车辆在不平道路上行驶时，如果减振筒内缺少油液，减振器的伸缩行程会明显变长，伸长时减振筒就会因拉到尽头而碰出响声 由于该车后减振器的组件为不可拆连接，故只有更换减振器总成，车的减振性能才能恢复。

实例十八　富先达 FXDl25 型摩托车行驶不平稳，后轮摆动

故障现象	故障原因	故障诊断与排除
一辆新富先达 FXDl25 型摩托车（压铸轮），行驶不平稳，后轮摆动	在内、外胎之间加垫橡胶，造成轮胎不平衡	(1)引起后轮摆动的常见原因主要有 ①轮胎充气不足 ②缓冲套磨损 ③轴承磨损 ④后轮轴紧固螺母松动 ⑤轮圈扭曲等 (2)根据该车的故障现象和常见的原因，按下述方法进行检查 ①将车架起，用手转动后轮，转动灵活，无松旷 ②从车轮后边看，后轮转动时轮胎有扭曲现象 ③检查轮圈轴向及径向跳动均正常，问题就在轮胎上 ④询问车主得知，原来该车近日后轮经常被扎破，于是修补时在里、外胎之间垫了一圈橡胶 ⑤分析此车的故障原因，就是因为加垫了橡胶，造成旋转的轮胎不平衡而出现曲线变化，使车辆行驶不平稳 ⑥更换一套内外胎后，车辆行驶正常，故障被排除

第四节 电气设备典型故障维修实例

实例十九 重庆雅马哈 CY80 型摩托车电喇叭不响

故障现象	故障原因	故障诊断与排除
一辆重庆雅马哈 CY80 型摩托车，车主反映，该车开始喇叭声音变弱，知道喇叭音质可以调节，自己动手调整调整螺钉，结果不但未调好，反而使喇叭不响	喇叭调整不当	根据车主反映的情况分析，喇叭本身可能基本良好，其声音变弱可能与调整或电源等有关 ①打开开关观察，空挡指示灯正常，转动转向灯开关，转向灯频率正常，说明电源良好 ②按电喇叭按钮，喇叭不响，但从空挡指示灯光变弱可以看出，喇叭有电流流过 ③从车体上拆下喇叭，重新进行调整，边调整边使用该车的蓄电池试验，经过调整后，喇叭声音恢复正常 将调整好的喇叭装入车体，接好导线。打开点火开关，按电喇叭按钮，喇叭声音正常，故障排除

实例二十 重庆雅马哈 CY80 型摩托车燃油表指针始终指示满刻度

故障现象	故障原因	故障诊断与排除
一辆重庆雅马哈 CY80 型摩托车，无论燃油箱内燃油多少，燃油表指针始终指示满刻度	燃油表传感器有故障	①根据故障现象，检查燃油表的控制线路连接情况，结果导线连接无误 ②接通或断开通往传感器的连接导线，指针仍指示满刻度，由此怀疑燃油表内出了故障 ③经检查，燃油表也未发现问题。根据燃油表工作原理，怀疑是燃油表传感器有故障 ④拆下燃油表传感器，仔细检查发现，燃油表传感器电阻器断路 ⑤分析故障原因是：由于燃油表传感器的可变电阻在工作时不停地滑动，最终使电阻器接地端的电阻丝磨断，造成了上述故障 ⑥修复磨断的电阻丝后，燃油表指示正常，故障排除

实例二十一 本田 C50 型摩托车起动机转动很慢，不能起动发动机

故障现象	故障原因	故障诊断与排除
一辆本田 C50 型摩托车起动机转动起来很慢，不能起动发动机	起动机电刷支架松动，接触不良	①打开点火开关，按下起动按钮，起动机工作无力、转速很低、不能起动发动机 ②用万用表检测蓄电池电压，显示蓄电池电压正常 ③卸下起动机，将其与蓄电池直接连接试验，起动机转速仍很低 ④对起动机进行分解。分解起动机后检查发现如下情况：起动机的 4 个电刷支架中有 2 个已经松动，没有紧固 分析这个故障，是由于电刷支架没有完全紧固，导致在起动机工作时电刷产生摆动，电刷与整流子接触不良，因而造成起动机工作无力，不能起动发动机 将电刷支架按规定力矩紧固。之后，装复起动机试验，起动机工作恢复正常，发动机能够顺利起动，故障得以排除

实例二十二　五羊本田 WY125 型摩托车灯光发暗或全部不亮

故障现象	故障原因	故障诊断与排除
一辆五羊本田 WY125 型摩托车，磁电机工作时，将灯光开启后，灯光发暗或全部不亮	晶闸管故障	(1)根据该车的故障现象分析，如果磁电机发电量不足或无电压输出，会造成灯光发暗或不亮。磁电机的输出能力下降或线路上压降损失过大时，将导致磁电机不发电或发电量变小，其主要原因可归纳为以下几点 ①磁电机定子线圈短路、断路或绝缘性能不好，引起磁电机输出能力下降，导致磁电机发电量减小或不发电 ②磁钢转子的磁性减弱，在定子绕组上产生的感应电动势下降，导致磁电机发电量减小 ③磁电机线路接头脱焊、松动，断线会引起线路压降损失过大，导致磁电机发电量减小或无输出 ④电压调节器电路中的可控硅击穿或充电电路短路，都将造成磁电机的定绕组短路，导致磁电机不发电 (2)按以下方法进行检修 ①首先检查磁电机线路接头是否松脱，无松脱现象 ②然后起动发动机，将万用表拨至交流电压挡，测量磁电机照明线圈输出电压 ③改变发动机的转速，输出电压随发动机的转速增高而增高，并能达到 12.4～14V，说明磁电机运转正常 ④用替换法检查晶闸管，发现换新的晶闸管后一切正常，可以判定故障就出在晶闸管上 ⑤更换一新的晶闸管，试车，故障现象消失，故障排除

实例二十三　嘉陵 JH90 型新摩托车的灯光和喇叭都不工作，发动机起动却都正常

故障现象	故障原因	故障诊断与排除
一辆嘉陵 JH90 型摩托车，车主反映说新车买来刚 2 个多月左右，使用时发现该车的灯光和喇叭都不工作，发动机起动都正常	点火开关失效，导致蓄电池长时间放电	①询问车主得知，由于是新车，没舍得使用，放置的时间比骑行的时间都长 ②按喇叭开大灯，均无反应，证实了车主的说法 ③用试灯连接蓄电池两个极桩，试灯不亮；用万用表测量该车蓄电池电压，结果为 0V。由此判断该车的蓄电池无电 ④更换一只新的蓄电池，按喇叭开大灯，结果仍无反应。说明全车线路仍然没有电流 ⑤拔下点火开关插接件，用万用表的电阻挡测量蓄电池正极至点火开关插接件的火线(红线)的电阻值，测量结果为零，说明该导线没有断路 ⑥用一根导线短接该插接件的红线与紫线(点火开关转到 ON 挡时的电源输出线)，然后再按喇叭开大灯，结果发现工作均正常，判断该车的点火开关有故障，不能正常工作 ⑦将点火开关转到 ON 挡，用万用表的电阻挡测量红线与紫线之间的电阻值为无穷大，说明点火开关失效 ⑧更换一只该车型的点火开关后，再观察灯光和喇叭，结果均工作正常，故障排除

实例二十四　长洪 CH125 型摩托车前照灯时亮时灭

故障现象	故障原因	故障诊断与排除
一辆长洪CH125型摩托车，车主反映在使用前照明灯时，发现有时会突然熄灭，灭一会后又忽然重新亮起来，没有规律	灯泡与灯座接触不良	①根据故障现象分析，很有可能是灯泡接触不良的故障 ②在拆卸检查灯泡的过程中，感觉灯泡有些烫手，灯泡的温度过高 ③取下灯泡后观察，发现灯座上面的焊锡有熔化现象 ④原来故障产生的原因是灯泡与灯座经常接触不良，导致灯泡时亮时灭 ⑤灯泡的温度怎么会超高呢？观察发现，该车的左把手上是远近光选择开关，而右把手为远光开关 ⑥经询问车主得知，车主在晚上开灯行驶时，习惯打开左把手远近光选择近光后，又打开右边的远光开关。这样远近光灯泡同时发亮，时间稍长，灯泡温度当然会很高 ⑦将灯座和灯泡上面的焊锡重新焊接，再叮嘱车主，在夜间行车时，不能同时打开远光和近光，只能使用远光和近光选择开关 ⑧经过2个月后再询问车主，车主说前照灯工作正常，灯光故障再也没有发生过

实例二十五　金城 CJ70 型摩托车前照灯近光正常，远光暗淡

故障现象	故障原因	故障诊断与排除
一辆金城CJ70型摩托车，车主反映该车在夜间行驶打开灯光开关时，发现前照灯近光灯正常，变换远光时，远光灯发暗，影响行车	前照灯远光线路短路	①根据车主的描述，先起动发动机，然后将点火开关转到夜间位置 ②发现仪表灯、尾灯亮度正常，操纵手把开关、前照灯的近光亮度正常，使用远光时整个照明灯灯光变弱 ③根据上述检查情况分析，可能因前照灯远光线路故障所致 ④经仔细检查该车的前照灯远光控制线路，发现手把开关中的红色导线焊接处，导线的线头上有毛刺与把座相接触，造成远光控制线路短路 ⑤用绝缘胶布将有毛刺的线头重新包好，再复装车的把座、前照灯和导线插头 ⑥起动发动机，近光灯和远光灯亮度均正常，工作良好，故障排除

实例二十六　铃木 AX100 型摩托车前照灯灯光暗淡，蓄电池严重亏电

故障现象	故障原因	故障诊断与排除
一辆铃木AX100型摩托车，前照灯灯光暗淡，且蓄电池亏电严重，影响行车使用	发电机整流器有故障	(1)造成前照灯亮度不足、灯光暗淡故障的可能原因有 ①发电机发电不足 ②照明线路有故障 ③未使用规定规格的灯泡 (2)根据分析情况，做如下检查 ①首先拆下并检查灯泡，符合规格 ②用万用表测灯泡的供电电压，发现仅有4V ③用万用表电压挡测量从发电机照明线圈输出端的电压，仍为4V ④怀疑是照明线圈有匝间短路现象，但用万有表测试，结果正常 ⑤结合蓄电池严重亏电的现象，根据以往的经验分析判断，可能是发电机整流器有问题 ⑥分解发电机，将整流器取下，测正、反向阻值，发现同正常值有很大差距 (3)更换一新的整流器，前照灯亮度恢复正常，使用几天后，蓄电池电量充足，故障得以排除

实例二十七　名流100型摩托车前照灯远光暗淡

故障现象	故障原因	故障诊断与排除
一辆光阳名流100型摩托车，在打开前照灯的远光灯时，发现灯光暗淡	远光指示灯连接线短路	①为了验证车主所述，起动发动机，打开照明灯开关，前照灯的近光亮度正常，远光很暗，灯丝只是一个红点。说明前照灯的远光线路故障 ②卸下前照灯罩检查，前照灯的远、近光线路连接良好 ③起动发动机试验，拔下通向远光指示灯的蓝色导线后，远光灯的亮度恢复正常，说明远光指示灯或其连接线短路 ④卸下远光指示灯发现，其蓝色的电流输入线与绿色的接地线的绝缘层烧熔粘结在一起。原来是两根导线的芯线接触，导致远光线路被短路 ⑤剥开蓝色线与绿色线的粘结，用胶布包裹两线绝缘层的破损处，装复所拆各件 ⑥发动机工作时前照灯远光的亮度恢复正常，故障排除

实例二十八　铃木AX100型摩托车喇叭不响，转向灯不亮

故障现象	故障原因	故障诊断与排除
一辆铃木AX100型摩托车喇叭不响，转向灯不亮	点火开关与车体线连接插头与插座接触不良	①经检查，转向灯灯泡良好，蓄电池储电充足，熔丝良好 ②打开点火开关，按喇叭按钮，喇叭不响；拨动转向灯开关，左、右转向灯都不亮 ③起动发动机重复试验，信号系统仍不工作；置点火开关于夜间行驶位置，打开照明灯开关，前照灯、仪表灯、尾灯都不亮 ④根据该车的实际布线分析及故障现象认为，点火开关与车体线连接的总插头接触不良的可能性较大 ⑤卸下前照灯灯罩，拨动点火开关与车体线连接的总插头发现，插头与插座接合得不紧。由于接触不良，点火开关不能接通信号系统和照明系统的电流通路 ⑥紧定松动的插头与插座，消除其接合时的松动。起动发动机试验，照明系统和信号系统工作恢复正常，故障排除